亚洲命运共同体研究

李向阳 等◎著

世界知识出版社

图书在版编目（CIP）数据

亚洲命运共同体研究／李向阳等著．--北京：世界知识出版社，2025.4. --ISBN 978-7-5012-6970-9

Ⅰ．D83

中国国家版本馆 CIP 数据核字第 2025Q4L695 号

责任编辑　刘豫徽
责任出版　李　斌
责任校对　陈可望

书　　名	亚洲命运共同体研究 Yazhou Mingyun Gongtongti Yanjiu
作　　者	李向阳　等
出版发行	世界知识出版社
地址邮编	北京市东城区干面胡同 51 号（100010）
经　　销	新华书店
网　　址	www.ishizhi.cn
电　　话	010-65233645（市场部）
印　　刷	北京中科印刷有限公司
开本印张	787 毫米×1092 毫米　1/16　29½印张
字　　数	220 千字
版次印次	2025 年 4 月第一版　2025 年 4 月第一次印刷
标准书号	ISBN 978-7-5012-6970-9
定　　价	98.00 元

版权所有　侵权必究

目 录

绪　论　亚洲命运共同体与习近平外交思想

　　　　　　　　　　　　　　　　　　李向阳　001

第一节　以人类命运共同体为主线把握习近平
　　　　外交思想的理论脉络　　　　　　　002

第二节　习近平外交思想的实践性、整体性、
　　　　中国定位与世界情怀的统一性　　　021

第三节　亚洲命运共同体：人类命运共同体
　　　　在亚洲地区的实践与映射　　　　　033

第一篇　亚洲命运共同体理念

第一章　亚洲命运共同体的内涵　　钟飞腾　053

　第一节　亚洲价值观与全人类共同价值的关系　055

第二节　中国和亚洲国家提出的两波亚洲
　　　　价值观　　　　　　　　　　　　068
第三节　亚洲价值观与亚洲命运共同体建设　087

第二章　亲诚惠容理念与亚洲命运共同体构建

王俊生　095

第一节　亲诚惠容理念与亚洲命运共同体
　　　　构建的关联　　　　　　　　　　096
第二节　落实亲诚惠容理念需要处理的关系　109
第三节　以亲诚惠容理念为指南推动构建
　　　　亚洲命运共同体　　　　　　　　124

第三章　共商共建共享与亚洲命运共同体　孙西辉　131

第一节　共商共建共享的内在逻辑　　　　132
第二节　共商共建共享的必要性　　　　　151
第三节　共商共建共享的可行性　　　　　172

第二篇 构建亚洲命运共同体的平台

第四章 亚洲命运共同体之发展共同体 　　张中元　187
　　第一节　亚洲发展共同体的基本内涵　　189
　　第二节　构建亚洲发展共同体的价值和目标　　204
　　第三节　亚洲发展共同体的平台构建　　217

第五章 亚洲命运共同体之安全共同体 　　张　洁　236
　　第一节　亚洲安全共同体的哲学基础与理论内涵　　237
　　第二节　构建亚洲安全共同体的必要性与可行性　　250
　　第三节　构建亚洲安全共同体的实践原则与路径选择　　260

第六章 亚洲命运共同体之人文共同体
　　　　　　　　　　许利平　王晓玲　275
　　第一节　何为亚洲人文共同体？　　275

第二节　构建亚洲人文共同体的两大基础　279

第三节　构建亚洲人文共同体的愿景　301

第四节　打造亚洲人文共同体平台　307

第三篇　构建亚洲命运共同体的路径

第七章　亚洲地区的双边与次区域命运共同体

沈铭辉　沈陈　319

第一节　过去十年亚洲命运共同体建设的探索　320

第二节　亚洲双边与次区域命运共同体的建设经验　333

第三节　进一步构建亚洲命运共同体的愿景与路径　344

第八章　开放的区域主义与亚洲命运共同体

李志斐　354

第一节　新时代背景下的开放的区域主义　355

第二节　开放的区域主义与亚洲命运共同体构建的关系　368

第三节　开放的区域主义推动亚洲命运共同体
　　　　构建的实践　　　　　　　　　　　　378

第九章　"一带一路"与亚洲命运共同体　谢来辉　397
　第一节　亚洲是"一带一路"建设的起点　　　398
　第二节　"一带一路"推进构建亚洲命运
　　　　共同体的探索　　　　　　　　　　　413
　第三节　"一带一路"与亚洲命运共同体
　　　　构建的愿景　　　　　　　　　　　　434

参考文献　　　　　　　　　　　　　　　　442

后记　　　　　　　　　　　　　　　　　　459

005

绪论　亚洲命运共同体与习近平外交思想

李向阳*

人类命运共同体是习近平外交思想的主线。作为人类命运共同体在亚洲地区的实践，亚洲命运共同体是习近平外交思想的重要组成部分。本书试图从多学科角度对亚洲命运共同体进行学理化阐释。[①]为此，首先，我们要准确把握习近平外交思想的理论框架，这是开展学理化阐释的前提。其次，为开展学理化阐释，我们将从方法论角度探讨习近平外交思想的实践性、整体性、中国定位与世界情怀的统一性。最后，以人类命运共同体为基础解析亚洲命运共同体的内涵：它既是融入"亚洲

---

* 李向阳，中国社会科学院亚太与全球战略研究院院长、研究员；中国亚太学会会长。
① 《习近平总书记在中共中央政治局第六次集体学习时强调，推进理论的体系化、学理化，是理论创新的内在要求和重要途径》，中央政府网，2023年6月30日，https://www.gov.cn/yaowen/liebiao/202307/content_6889434.htm。

元素"的区域命运共同体,又是人类命运共同体在亚洲地区的实践和映射。

第一节 以人类命运共同体为主线把握习近平外交思想的理论脉络

习近平外交思想是一个完整的理论体系,而人类命运共同体是把握这一理论体系的主线。[①] 人类命运共同体不是凭空产生的一种理念,而是基于对百年未有之大变局的发展方向和对现行全球治理体系所作的客观评估,提出的一项科学论断。

一、对现行全球治理体系的基本判断

现行全球治理体系的基础被西方主流学者称为自由

[①] 对习近平外交思想的系统介绍,参见中共中央宣传部、中华人民共和国外交部《习近平外交思想学习纲要》,人民出版社、学习出版社,2021。

主义国际秩序（Liberal International Order, LIO）。① 这一秩序同时吸收了威斯特伐利亚秩序的内容，从而形成了以联合国、国际货币基金组织、世界银行、关税与贸易总协定（世界贸易组织的前身）等为核心的全球治理体系。在战后相当长时期内美国是这一秩序的当然主导者，但进入20世纪70年代后，伴随美国的相对衰落和其他发达国家、发展中国家的崛起，这一秩序的合法性开始受到挑战。近年来，这种挑战进一步加剧，一方面是来自这一秩序的内生矛盾与"自由核心国家"的挑战，如民粹主义，另一方面是来自像中国这样新兴经济体的挑战。很显然，这种判断反映了以美国为主的守成国立场。

2017年5月，习近平总书记在第一届"一带一路"国际合作高峰论坛上首次提出了现行全球治理面临的和平赤字、发展赤字和治理赤字。2019年3月，习近平主

---

① 2021年著名的国际问题期刊《国际组织》为纪念其创刊65周年而组织一期专刊，回顾和讨论战后国际秩序的形成、演变与发展方向。他们把战后的国际组织和秩序概括为自由主义国际秩序。参见 David A. Lake, Lisa L. Martin and Thomas Risse, "Challenges to the Liberal Order: Reflections on International Organization," *International Organization* 75, Spring 2021, pp. 225-257。

席在巴黎举行的中法全球治理理论论坛闭幕式上进一步提出了治理赤字、信任赤字、和平赤字与发展赤字。[①]从"三大赤字"到"四大赤字"反映了中国基于广大发展中国家的立场,对现行全球治理体系作出的客观判断。更重要的是,中国领导人以人类命运共同体为主线,提出了破解"四大赤字"的中国方案:坚持公正合理,破解治理赤字;坚持互商互谅,破解信任赤字;坚持同舟共济,破解和平赤字;坚持互利共赢,破解发展赤字。

不可否认,第二次世界大战后确立的全球治理体系在相当长时期内发挥了积极的作用,但面对百年未有之大变局,改革这一体系的呼声也越来越高。其一,以《联合国宪章》为基础的政治安全体系发挥了维护世界和平的功能,特别是避免了大国之间的战争。但伴随国际格局的变化,如何在适应国际格局变化诉求的同时维护其运行的有效性,成为改革争议的主要议题。其二,

---

[①] 习近平:《携手推进"一带一路"建设》,载《习近平谈"一带一路"(2023年版)》,中央文献出版社,2023,第163—174页;《共同努力把人类前途命运掌握在自己手里》,同上书,第241—243页。

以布雷顿森林体系为核心的国际金融体系总体上维护了全球金融体系的稳定。事实上，在设计布雷顿森林协定时，大西洋两岸的政治领导人接受了开放市场和社会稳定之间的妥协。面对当今反全球化浪潮与地缘政治冲突加剧，如何改革这一经济多边主义机制已成为各方关注的焦点。[1] 其三，以关税与贸易总协定为核心的多边贸易机制通过自身升级（演变为世界贸易组织）、不断扩大成员方规模、举行多轮贸易投资自由化谈判，大大降低了全球的关税、非关税壁垒，国际贸易成为拉动世界经济增长的重要动力。但进入 21 世纪，特别是 2008—2009 年的国际金融危机之后，世界贸易组织几乎陷入瘫痪。因而，构建人类命运共同体，破解现行全球治理体系的"四大赤字"，并不是要推倒重来，也不是另起炉灶，而是推进国际关系民主化，推动全球治理朝着更加公正合理的方向发展。[2]

---

[1] Maurice Obstfeld, "Economic Multilateralism 80 Years after Bretton Woods," *PIIE Working Paper*, No. 24-9.
[2] 中华人民共和国国务院新闻办公室：《〈携手构建人类命运共同体：中国的倡议与行动〉白皮书》，2023 年 9 月，https://www.gov.cn/zhengce/202309/content_6906335.htm。

二、人类命运共同体的内涵

2013年3月,习近平总书记在莫斯科国际关系学院的演讲中首次提出了人类命运共同体理念。[①] 2015年9月在第七十届联大一般性辩论上他进一步提出打造人类命运共同体的"五位一体"总体框架:建立平等相待、互商互谅的伙伴关系,营造公道正义、共建共享的安全格局,谋求开放创新、包容互惠的发展前景,促进和而不同、兼收并蓄的文明交流,构筑尊崇自然、绿色发展的生态体系。[②] 在此基础上,2017年1月在联合国日内瓦总部提出了构建人类命运共同体的"五个世界"的总目标:坚持对话协商,建设一个持久和平的世界;坚持共建共享,建设一个普遍安全的世界;坚持合作共赢,建设一个共同繁荣的世界;坚持交流互鉴,建设一个开放包容的世界;坚持绿色低碳,建设一个清洁美丽

---

① 习近平:《顺应时代前进潮流,促进世界和平发展》,载习近平《论坚持推动构建人类命运共同体》,中央文献出版社,2018,第4—12页。

② 习近平:《携手构建合作共赢新伙伴 同心打造人类命运共同体》,载习近平《论坚持推动构建人类命运共同体》,中央文献出版社,2018,第252—258页。

的世界。[1]

按照不同的划分标准，人类命运共同体有多种类型。首先，基于国际合作的领域，它可分为人类卫生健康共同体、网络空间命运共同体、核安全命运共同体、海洋命运共同体、人与自然生命共同体、地球生命共同体等。其次，基于国际合作的对象，它可分为双边命运共同体与区域命运共同体。目前，我国已经和超过10个国家签署了双边命运共同体文件；与近10个区域或区域组织签署了区域命运共同体文件，如中非命运共同体、中阿命运共同体、中拉命运共同体、中国—太平洋岛国命运共同体、周边命运共同体等。[2] 在学理上，上述两种划分的清单还远没有穷尽，因为无论是人类命运共同体所应用领域还是合作的对象都还将继续扩展。最后，基于其构成，人类命运共同体可分为价值共同体、责任共同体和利益共同体。与前两种相比，这是一个更

---

[1] 习近平：《共同构建人类命运共同体》，载习近平《论坚持推动构建人类命运共同体》，中央文献出版社，2018，第414—426页。
[2] 中华人民共和国国务院新闻办公室：《〈携手构建人类命运共同体：中国的倡议与行动〉白皮书》，2023年9月，https://www.gov.cn/zhengce/202309/content_6906335.htm。

007

具学理化的划分标准。

价值共同体是人类命运共同体的理念基础。长期以来,西方国家以所谓的"普世价值"占据国际社会的道义制高点,真正目的是维护他们在现行国际关系与国际秩序中的主导地位。他们把所有不接受"普世价值"的国家都看成是非民主的,是现行国际秩序的挑战者。这是一种新型的冷战思维。对此,习近平主席在2015年第七十届联合国大会一般性辩论时就明确提出"和平、发展、公平、正义、民主、自由,是全人类的共同价值"。[①] 与"普世价值"相比,"共同价值"将和平与发展置于首位,具有高度的包容性,是对"普世价值"的超越。

责任共同体是人类命运共同体的保障,它源于全球性问题的存在。全球化在给人类带来巨大共同利益的同时,也使气候变化、生态失衡、网络安全、恐怖主义、毒品泛滥等问题超越国界,成为人类社会共同面临的全

[①] 习近平:《携手构建合作共赢新伙伴 同心打造人类命运共同体》,载习近平《论坚持推动构建人类命运共同体》,中央文献出版社,2018,第253页。

球性挑战。这些挑战超出了任何国家或国家集团独自应对的能力。因此，应对这些问题是所有国家的共同责任。同时，责任共同体又是国际合作的基础。微观层面个体之间的合作需要权利和责任的匹配，同样国家层面的合作亦是如此。为此，包括联合国在内的国际组织提出"保护的责任"（Responsibility to Protect），甚至认为需要在内部功能与外部义务方面把"主权"理念从"作为控制的主权"（sovereignty as control）转变为"作为责任的主权"（sovereignty as responsibility）。[①]

如果说价值共同体是命运共同体的理念基础，那么利益共同体则是命运共同体的物质基础。没有利益共同体，命运共同体将是无本之木。利益共同体并非只是经济利益，而是整个国家利益的总和。在人类命运共同体之下构建利益共同体首先要坚定维护本国核心利益。只有以国家利益为基本出发点，坚决维护本国核心利益，对于国际社会整体利益和全人类共同利益的讨论才能有

---

① 廖凡：《全球治理背景下人类命运共同体的阐释与构建》，《中国法学》2018年第5期，第41—60页。

其现实基础，否则就容易沦为"看上去很美"的道德空谈。① 因此，维护本国利益与推动构建利益共同体并不矛盾，甚至可以说前者是后者的必要条件。当然，如果像近年来某些国家所倡导的"本国优先论"，两者间就呈现出互为矛盾的关系。

总之，价值共同体、责任共同体与利益共同体共同组成了命运共同体。其中，基于共同价值的价值共同体决定了人类命运共同体的属性和目标，同时也与现行全球治理的自由主义国际秩序构成了根本的区别。

三、共商共建共享：构建人类命运共同体的指导原则

针对现行全球治理体系的"四大赤字"，2015年10月习近平主席在中共中央政治局第二十七次集体学习时明确提出了"共商共建共享"的全球治理观。② 在某种

---

① 廖凡：《全球治理背景下人类命运共同体的阐释与构建》，《中国法学》2018年第5期，第41—60页。
② 习近平：《弘扬共商共建共享的全球治理理念》，载习近平《论坚持推动构建人类命运共同体》，中央文献出版社，2018，第259—261页。

意义上，共商共建共享是指导构建人类命运共同体的基本原则。

（一）共商原则的核心是全球事务由各国一起商量着办

这既是国际关系民主化的要求，也是构建公正合理国际秩序的前提。为贯彻共商原则，首先，要求所有国家无论大小或贫富都是平等的。其次，国际规则的制定过程是平等的，换言之，一方面，不能把某些国家排除在规则的制定过程之外；另一方面，在规则的制定过程中，不能允许某些国家拥有主导权。最后，国际规则的实施过程是平等的，具体来说，一是不存在规则的非中性现象，即同一条规则对不同国家产生不同的影响；二是规则对每个国家的约束力都是相同的；三是如果出现争端应有一个超国家机构进行公正裁决。

在现行全球治理体系中，理论上能够满足共商原则的通常是指多边机制，比如联合国、世界贸易组织、国际货币基金组织、世界银行等。但在实践中，他们都不完全满足共商原则。以世界贸易组织为例,首先,由于存在规则门槛,并非所有的国家或地区都能加入进去;其次,它(及其前身关税与贸易总协定)的历次多边贸易谈判进程都是由少数发达国家所主导的;最后,规则的非中性现象是普遍存在的。即便如此,发达国家仍然认为其决策过程"过于民主化",因为贸易谈判采取的是"一揽子式"模式,即所有成员意见要达成一致。还有少数国家,如美国认为该组织的仲裁机制不利于自己。因而,过去20年该机构处于半瘫痪状态。近年来,发达国家在这一组织内开始推行新的决策理念或机制——诸边主义,即在立场相似的成员方之间开展谈判、制定新规则,实施"只对签署方生效"的原则。这实际上已经放弃了多边主义理念,在多边主义框架下形成了新的贸易集团。这就背离了多边主义的应有之意,沦为伪多边主义。共商原则需要践行真正意义上的多边主义。

(二) 共建原则的核心是治理体系由大家携手建设

这既是国际合作可持续的必然要求,也是落实责任共同体的途径。

首先，共建原则涉及国际合作中民主决策问题。在二战后构建的全球治理体系中，大国主导着治理体系建设的方式。以国际金融体系为例，二战结束前夕，英美为争夺战后国际金融体系的主导权曾展开激烈的争夺，但由于美国已成为世界霸主，而原有霸主英国的实力已无法与美国抗衡。最终，以美国方案（怀特计划）为基础的布雷顿森林体系得以确立，美国持有国际货币基金组织最大的股权。尽管随后这一体系经历了多次改革，但美国及其盟友的主导权地位一直没有改变。相比之下，2013年10月由中国提出成立亚洲基础设施投资银行（亚投行）的倡议则走出了一个不同的道路。根据《筹建亚投行备忘录》，亚投行的法定资本为1 000亿美元，中国初始认缴资本目标为500亿美元左右，中国出资50%，为最大股东。2015年3月由于英国的加入引发一大批欧洲发达国家跟随加入，其结果是亚投行的股权结构（及相应的投票权）作出了重大调整，中国的出资比例下调为34.6%，投票权份额为29.8%。这就是共建原则的体现。[1]

其次,共建原则涉及全球治理体系建设中成员国的权利与义务的匹配问题。理论上,假定所有成员国的能力是相同的,所要构建的治理体系是从零开始的,那么成员国的权利与义务的按比例匹配就是最合理的。而在现实中,这种假定并不存在。以《联合国气候变化框架公约》谈判为例,中国所倡导的共同但有区别的责任原则得到了广大发展中国家的普遍认同,原因一是现有的气候变化问题是历史造成的,发达国家对此负有不可推卸的责任;二是多数发展中国家尚未完成工业化,不具备与发达国家同比例减排的能力。最终,这一原则成为公约的核心内容。

最后,共建原则涉及全球公共产品的供给不足问题。在一国之内,公共产品是由政府提供的,但在国际社会不存在世界政府,国际公共产品供给不足是一种常态。民族国家之间的合作是解决这一问题的出路,但并非所有国家都具有提供国际公共产品的能力,因而大国

---

[1] 李向阳:《"一带一路"的经济学分析》,中国社会科学出版社,2019。

客观上负有提供国际公共产品的义务。"一带一路"框架下的基础设施与互联互通建设为克服这一难题提供了一种选择。

（三）共享原则的核心是发展成果由各国人民共同分享

共享原则是实现共同发展、落实利益共同体的保障。

任何类型的国际经济合作都必然要涉及参与国的利益分配。如何确定参与国之间的利益分配机制是国际经济合作的核心内容，同时也是最可能发生纠纷的领域。然而，现行全球治理体系并没有提供利益共享、共同发展的理念和机制。

习近平总书记在继承中国儒家义利观的基础上，融入当代国际合作的特征，提出了正确义利观理念，为中国与其他国家，尤其是与发展中国家开展合作提供了遵循。从2013年3月出访非洲时最早提出正确义利观理念起，他在很多场合围绕义利相兼、以义为先的理念从不同角度阐释了正确义利观的要求或内涵。中国也在践行"多予少取、只予不取"的正确义利观理念。

四、全球发展、安全、文明倡议：构建人类命运共同体的重要依托

以打造人类命运共同体的"五位一体"总体框架和"五个世界"总目标为指南，2021年9月在第七十六届联合国大会一般性辩论上习近平主席首次提出了全球发展倡议，并阐释了坚持发展优先等"六项主张"。[①] 全球发展倡议，最根本的目标是加快落实联合国2030年可持续发展议程，最核心的要求是坚持以人民为中心，最重要的理念是倡导共建团结、平等、均衡、普惠的全球发展伙伴关系，最关键的举措在于坚持行动导向，推动实现更加强劲、绿色、健康的全球发展，共建全球发展共同体。[②]

2022年4月在博鳌亚洲论坛2022年年会开幕式上

[①] 习近平：《坚定信心，共克时艰，共建更加美好的世界》，中央政府网，2021年10月11日，https://www.gov.cn/xinwen/2021-10/11/content_5641889.htm。

[②] 中华人民共和国国务院新闻办公室：《〈携手构建人类命运共同体：中国的倡议与行动〉白皮书》，中央政府网，https://www.gov.cn/zhengce/202309/content_6906335.htm。

习近平主席首次提出了全球安全倡议,并阐释了坚持共同、综合、合作、可持续的安全观,共同维护世界和平和安全等"六项主张"。① 全球安全倡议目的是同国际社会一道,弘扬《联合国宪章》精神,倡导以团结精神适应深刻调整的国际格局,以共赢思维应对各种传统安全和非传统安全风险挑战,走出一条对话而不对抗、结伴而不结盟、共赢而非零和的新型安全之路。

2023年3月在中国共产党与世界政党高层对话会上,习近平主席首次提出全球文明倡议,并阐释了共同倡导尊重世界文明多样性等"四项主张"。② 全球文明倡议向全世界发出增进文明交流对话、在包容互鉴中促进人类文明进步的真挚呼吁,为推动构建人类命运共同体注入了精神动力。

"三大倡议"是对现行全球治理赤字的应对方案,也是为落实构建人类命运共同体"五大世界"目标的依托。有学者认为,鉴于现行全球治理面临的"四大赤

---

① 习近平:《携手迎接挑战,合作开创未来》,新华网,2022年4月21日,http://www.news.cn/politics/leaders/2022-04/21/c_1128583284.htm。
② 习近平:《携手同行现代化之路——在中国共产党与世界政党高层对话会上的主旨讲话》,人民出版社,2023。

字"挑战和实现"五大世界"目标的要求，未来可能不会止于"三大倡议"。①

五、"一带一路"：构建人类命运共同体的重要实践平台

"一带一路"的目标定位有三个：中国扩大开放的重大战略举措、中国经济外交的顶层设计、推动构建人类命运共同体的重要实践平台②。对比这三大目标定位，人类命运共同体更具有终极特性。在中国领导人的视野中，人类命运共同体理念一开始就是和"一带一路"联系在一起的。2013年10月习近平主席访问印度尼西亚期间在其国会发表了题为《携手建设中国—东盟命运共同体》的演讲。在这次演讲中，他不仅提出了建设更为紧密的中国—东盟命运共同体，还首次提出了二

---

① 曾向红、田嘉乐：《"三大倡议"的内在联系及其世界意义》，《教学与研究》2023年第4期，第82—90页。

② 习近平：《"一带一路"建设是扩大开放的重大战略举措和经济外交的顶层设计》，载《习近平谈"一带一路"（2023年版）》，中央文献出版社，2023，第76—77页；习近平：《"一带一路"建设是推动构建人类命运共同体的重要实践平台》，载《习近平谈"一带一路"（2023年版）》，中央文献出版社，2023，第200—202页。

十一世纪"海上丝绸之路"。①

针对人类命运共同体与"一带一路"的关系,在中国政府发布的《推动共建丝绸之路经济带和 21 世纪海上丝绸之路的愿景与行动》中,把"一带一路"的最终目标确定为打造政治互信、经济融合、文化包容的利益共同体、命运共同体与责任共同体。②

作为"一带一路"的最终目标,人类命运共同体显然超越了现有多边与区域经济一体化的贸易投资自由化的目标,其最突出的特征是体现了共同发展的要求。在人类命运共同体这一最终目标之下则是"五通"目标:政策沟通、设施联通、贸易畅通、资金融通、民心相通。③由此可见,即便是"五通"目标,其范围和水平也超越了贸易投资自由化的目标。

---

① 习近平:《共同建设二十一世纪"海上丝绸之路"》,载《习近平谈"一带一路"(2023年版)》,中央文献出版社,2023,第 9—12 页。
② 国家发展改革委员会、外交部、商务部:《推动共建丝绸之路经济带和 21 世纪海上丝绸之路的愿景与行动》,人民网,2017 年 4 月 25 日,http://ydyl.people.com.cn/n1/2017/0425/c411837-29235511.html/。
③ 逻辑上,相对于人类命运共同体目标,"五通"更具有手段的特性。换言之,"五通"可被视为人类命运共同体理念在"一带一路"领域的具体实践。需要指出的是,"一带一路"是推动构建人类命运共同体的重要实践平台,这并不等于说"一带一路"是推动构建人类命运共同体的唯一平台。除了"一带一路",实现人类命运共同体的目标还必须依托其他领域的平台或路径。

过去的实践证明，共建"一带一路"已成为推动构建人类命运共同体的先行者。其一，共建"一带一路"奉行发展导向，超越了现行全球治理的规则导向，创建了一种新型的国际合作模式。这一新型的国际合作模式以其开放性和多元性超越了现行全球治理体系下的国际合作模式，为不同类型国家的共同发展提供了机遇。其二，共建"一带一路"在开发和利用共建国现有比较优势的同时，为发展中国家，尤其是最不发达国家创造新的比较优势，为推动发展中国家的经济起飞奠定了基础。其三，作为中国的全球治理观，共商共建共享原则过去在"一带一路"建设中得到了具体贯彻，为改革现行全球治理体系提供了一个新的路径选择，获得了国际社会的普遍认同。其四，共建"一带一路"秉承正确义利观，超越了西方国家的"价值观外交"，为中国特色经济外交指明了方向。

第二节　习近平外交思想的实践性、整体性、中国定位与世界情怀的统一性

习近平外交思想是基于百年未有之大变局背景下全球治理改革与中华民族伟大复兴的需要而产生的。它在吸收借鉴人类社会优秀文明成果的同时,发扬光大了中华传统的"和"文化。因而,我们必须要从方法论的角度把握它的实践性、整体性、中国定位与世界情怀的统一性。

一、人类命运共同体的过程性决定了它的实践性

人类命运共同体理念的提出反映了中国对基于纯粹个体理性的世界秩序观的反思。个体理性是近代西方民族国家世界秩序观的理性基础,但为新兴的主权国家体

系背书的个体理性秩序观在世界政治互动中却产生了现实困境。对超越旧秩序观的人类命运共同体而言，它所体现的是关系理性与交往理性，实现了对个体理性的超越。① "五个世界"的目标就是在这种理性转型基础上对未来世界秩序的表述。

现实中，对持久和平、普遍安全、共同繁荣、开放包容、清洁美丽这"五个世界"的认知经常存在一个误区，认为它们都是未来而遥远的目标；对照国际秩序的现状，认为它们甚至是遥不可及的目标。这种误解源于忽略了人类命运共同体的过程性特征。所谓过程性是指为实现目标所做的努力本身就是目标的组成部分。因此，人类命运共同体不是一个静态概念（目标），而是一个动态概念（目标）。只有把它置于发展过程之中，人类命运共同体的实践性才能真正发挥出来，成为推动全球治理改革、指导中国对外政策，乃至实现中华民族

---

① 郭树勇、于阳：《全球秩序观的理性转向与"新理性"：人类命运共同体的理性基础》，《世界经济与政治》2021年第4期，第4—32页。

伟大复兴的行动指南。① 在这种意义上，人类命运共同体的过程性是其实践性的理论基础。

第一，作为终极目标的人类命运共同体。人类命运共同体与马克思提出"自由人联合体"的理想社会形态具有内在的一致性。只有通过自由人的联合体才能实现自身解放，获得自由全面的发展。这是共同体发展的最高形式。人类命运共同体理念的另一个来源是中华传统的"和"文化，即协和万邦的国际观、和谐共生的安全观、义利合一的发展观、和而不同的文明观与天人合一的宇宙观。按照"天下体系"论的说法，这是一个"对于政治冲突的一个理性化最优解"。②

第二，作为阶段性目标的人类命运共同体。人类命运共同体理念源于马克思"自由人联合体"的共同体

---

① 这与赵汀阳的"天下体系"论相吻合。作为现代世界主义的集大成者，康德的永久和平论为一战后的国联与二战后的联合国提供了理论基础，但他是从国际条件去寻找世界和平的可能性，而"天下体系"论的方法是反转过来的，是从世界和平理念去反推世界和平所需的必要条件。赵汀阳：《以天下重新定义政治概念：问题、条件和方法》，《世界经济与政治》2015年第6期，第4—22页；赵汀阳：《天下观与新天下体系》，《中央社会主义学报》2019年第2期，第70—76页。

② 赵汀阳：《天下：在理想主义与现实主义之间》，《探索与争鸣》2019年第9期，第100—108页。

理念和中华传统的"和"文化，但它并非是简单地照搬，而是基于全球化所引发的全球性问题与民族国家存在之间的矛盾而提出的人类社会发展的愿景，具有鲜明的时代特征。① 作为一种阶段性目标，人类命运共同体的实现路径也必然是基于现实的选择。以践行多边主义为例，国际法被认为是重要的载体之一。国际法是国际社会通用的话语体系，多边主义是对这种通用性的有力支撑。国际法旨在建立一个基于国家同意的规则体系，而当代国际法就包含着多边主义的精髓。以国际法为基础的国际秩序是真正多边主义的题中应有之义。然而，在实践中国际法与国际秩序的理念仍可能被扭曲，比如，近年来西方国家倡导的所谓"基于规则的秩序"（rules-based order）就会导致有选择的多边主义（selective multilateralism）。为此，中国政府提出了对应的新理念，"以国际法为基础的国际秩序"（International Law-Based International Order）。② 因此，作为阶段性目标，人类命

---

① 廖凡：《全球治理背景下人类命运共同体的阐释与构建》，《中国法学》2018年第5期，第41—60页。

② 参见廖凡《多边主义与国际法治》，《中国社会科学》2023年第8期，第60—79页；李将《论"以国际法为基础的国际秩序"的规则观》，《国际法研究》2023年第5期，第56—78页。

运共同体能够与推动全球治理改革、制定中国对外政策直接结合。

第三,作为政策目标的人类命运共同体。在人类命运共同体"五个世界"的表述中,习近平总书记不仅提出建设"五个世界"的目标,而且还提出了具体路径:对话协商、共建共享、合作共赢、交流互鉴与绿色低碳。[①]

二、从整体上准确把握习近平外交思想的脉络

作为习近平外交思想的主线,人类命运共同体是对未来世界秩序观的整体描述,提供了中国的治理观、发展观、合作观、安全观、生态观。对习近平外交思想开展学理化阐释需要跨学科或多学科的研究。如何从整体上准确把握习近平外交思想的脉络,在方法论层面至少要注意以下问题。

---

① 习近平:《共同构建人类命运共同体》,载习近平《论坚持推动构建人类命运共同体》,中央文献出版社,2018,第418—422页。

第一，明晰基本概念的内涵与外延。概念是理论体系的基础要素，对概念的准确界定是把握理论体系的前提。在这方面，与已有的概念进行区分就显得至关重要，比如全人类共同价值对应现有的"普世价值"；"一带一路"的发展导向对应现行全球治理体系中的规则导向；"以国际法为基础的国际秩序"对应"基于规则的国际秩序"等。这种区分为准确理解把握理论体系奠定了基础。

但对于新概念的界定则可能会遇到困难，尤其是在实践中需要探索尚未定型的概念，如"一带一路"迄今并无一个学理化的定义，以至于国内外有多种表述。[1] 这不仅影响了"一带一路"理论框架的构建，更影响了外部世界对"一带一路"的认知。[2]

另一类概念源于中国古代文化，对其规范的界定是确保外部世界理解并认可的前提。以正确义利观为例，

---

[1] 比如把"一带一路"定义为丝绸之路经济带与21世纪海上丝绸之路的统称。这本身并没有错误，但这属于逻辑学上的语词定义法的定义，无助于消除外部世界的误解和猜疑。逻辑学上的实质定义需要运用属加种差定义法。这种类型的"一带一路"定义在学术界远未取得共识。

[2] 参见 Todd H. Hall, Alanna Krolikoski, "Making Sense of China's Belt and Road Initiative: A Review Essay," *International Studies Review*, Volume 24, issue 3, Septermper 2022, pp. 1-18。

它源于中国儒家的义利观，属于一个伦理学概念。通过赋予其新的内涵使之成为指导国家间合作的指导原则，是一个逻辑上的巨大跳跃，需要开展系统的学理化研究。

还有一类概念在不同学科有不同的定义，比如多边主义与真正的多边主义。践行真正的多边主义是针对西方国家实施有选择的多边主义或伪多边主义而言的，但由于不同学科对多边主义的定义存在差异，从而导致中外之间对"什么是真正的多边主义"的内涵认知出现分歧。

第二，符合形式逻辑的基本要求。在理论研究中，不同学科的专家基于自身的逻辑提出的判断可能会产生合成谬误现象。以"一带一路"的目标定位为例，中国学术界提出了数十种目标，如国际产能合作、获取海外能源资源、拓展海外市场、推进人民币国际化、推动中国企业"走出去"、解决中西部发展不平衡、扩大对外开放、推动构建人类命运共同体建设，等等。站在中国自身的角度，这些目标都具有合理性。但"一带一路"不是中国一家的独奏，而是国际社会的合唱。因此，一些共建国的学者就提出，如果把国际产能合作、获取海外能源资源、拓展海外市场、推进人民币国际化结合起来，那么这与18—19世纪的殖民者行为有何区别？这显然是一种合成谬误。中国有自身的利益诉求，共建国也有自己的利益诉求。这两类利益诉求既有一致性，又有差异性。满足各方的最大公约数应该成为"一带一路"的目标定位。按照最大公约数原则，"一带一路"的目标定位只能有三个：一是中国扩大开放的重大战略举措；二是中国经济外交的顶层设计；三是推动构建人类命运共同体的重要实践平台。至于没有被纳入上述目标的内容应该是"一带一路"顺利实施的结果，而不应该是预设的目标。

第三，既要讲清楚理论的必要性，又要阐明其可行性。习近平外交思想是一种科学的理论，宣传其理论和实践价值固然重要，探讨其可行性与实践路径同样重要。国内学术界对前者的研究投入较多，对后者的关注较少。原因之一是，如上所述，一些重要的基础概念缺少学理化界定,如"一带一路""三大倡议"(发展倡议、和平倡议、文明倡议),致使很多研究陷于其必要性分析,忽略了可行性研究。

缺少可行性研究客观上会限制理论本身对实践的指导作用。以"三共"原则为例,在任何组织或合作机制内部,落实共商原则都会面临民主与效率的背离:强调公平与民主会降低组织的决策效率;反之亦然。寻求两者间的平衡是所有组织决策必须要优先解决的问题。落实共建原则理论上有可能会面临国际公共产品的供给不足难题。落实共享原则可能会面临委托—代理关系所引发的道德风险问题。以共建"一带一路"为例,在步入第二个十年之际,高质量发展迫切需要在"硬联通"的基础上推动以机制化为主的"软联通"。为落实"三共"原则,这些都已成为构建"软联通"优先解决的问题。

三、习近平外交思想的中国定位与世界情怀的统一性

以人类命运共同体为导向的习近平外交思想在理论层面把传承中华优秀传统文化与兼收并蓄人类优秀文明成果相结合,在实践层面把服务于中华民族伟大复兴与推动全球治理改革相结合,因而具有中国定位与世界情怀的统一性。

第一,推动构建人类命运共同体是中国式现代化的本质要求之一。党的二十大报告中指出,要以中国式现代化推动中华民族伟大复兴。中国式现代化既有各国现代化的共同特征,更有基于自己国情的中国特色,其中之一就是走和平发展道路的现代化。这意味着,中国不会走西方国家国强必霸的老路;中国的发展将为世界的发展提供更大的机遇;以人类命运共同体为指南推动全球治理的改革符合中国的利益,也符合人类发展的共同利益。

第二，人类命运共同体是对现有自由主义国际秩序的超越，而不是替代或另起炉灶。谈到自由主义国际秩序，人们可能首先会想到"美国主导""以规则为基础""开放"，但这并不是它的全部。它所涵盖的主权平等、和平解决争端、自决、不干预也构成了《联合国宪章》的组成部分。中国领导人反复强调，践行真正的多边主义就是要维护以联合国为核心的国际体系。在这种意义上，寻求与现有自由主义国际秩序的最大公约数是推动构建人类命运共同体的重要内容。

第三，为全球提供国际公共产品是中国走和平发展道路实现中华民族伟大复兴的必然要求。中华民族伟大复兴既需要提升自身的硬实力，也需要提升自身的软实力。其中，提供国际公共产品就是提升软实力的重要途径。如上所述，国际公共产品存在供给不足是一种常态。近年来，中国已经成为国际理念公共产品、器物公共产品、制度公共产品领域的重要提供者，但围绕这一领域的可行性分析与实践路径研究还远不到位，许多重要的理论判断在国内民众和学术界都尚未达成共识。

第四，实现国内外话语体系的统一。话语体系是建立在学科体系与学术体系之上的。实践中，国内外两套话语体系的现象仍然存在。"讲好中国故事"一方面取决于讲述方式与技巧，另一方面更重要的是取决于讲述的内容和话语体系。前面提到的有关"一带一路"目标定位的"泛化"表述就是国内外话语体系不统一的案例。反过来，我们可以看一下战后美国在构建布雷顿森林体系中的话语表述：为了维护国际金融与贸易体系的稳定，规避战前金本位带来的制约，未来的国际金融体系需要建立在"双挂钩"（美元与黄金挂钩，其他国家货币与美元挂钩）机制之上。很显然，"双挂钩"机制运行的结果必然是确立美元的世界货币地位，但它没有被预设为布雷顿森林体系的目标。为了分享这一体制带来的收益，其他国家明知其后果却仍然要参与进来。这就是内外话语体系统一的优势。对中国而言，习近平外交思想本身就体现了中国定位与世界情怀的统一，我们完全有能力实现这一目标。

第三节 亚洲命运共同体：
人类命运共同体在亚洲地区的实践与映射

对于人类命运共同体与亚洲命运共同体的关系，习近平主席在博鳌亚洲论坛 2015 年年会上明确指出，"通过迈向亚洲命运共同体，推动建设人类命运共同体"。[①] 这表明，人类命运共同体与亚洲命运共同体有着内在的一致性。在理论层面，亚洲命运共同体可视为人类命运共同体在亚洲的映射；在实践层面，它实际上是被注入"亚洲元素"的区域命运共同体。只有把这两个层面结合起来，我们对亚洲命运共同体才能有一个全面的认识。

---

① 习近平：《迈向命运共同体，开创亚洲新未来》，载习近平《论坚持推动构建人类命运共同体》，中央文献出版社，2018，第 203—213 页。

一、为人类命运共同体注入"亚洲元素"

对于什么是"亚洲元素",学术界并无共识,但在全球范围内亚洲受到的关注度之高是其他地区无法比拟的,关键在于亚洲的发展潜力巨大。基于亚洲的现状与发展前景,我们认为"亚洲元素"至少包含以下内容。

(一)探索符合自身需要的现代化道路是亚洲国家的共同诉求

按照世界银行的划分标准,除了日本、韩国、新加坡业已步入发达国家行列,亚洲绝大多数国家尚未完成现代化进程。[①] 尤其是世界上人口最多的两个国家印度和中国还在探索现代化发展道路。

从20世纪60年代开始,日本和东亚"四小虎"选择出口导向型模式实现了经济起飞。随后,包括中国在

[①] 国际上通常把是否属于经济合作与发展组织(OECD,简称经合组织)成员作为判定发达国家的标准。目前,日本与韩国已经成为经合组织的成员。至于亚洲石油输出国通常被作为一个独立的国别组单列。

内的多数亚洲国家都在复制这一发展模式。但随着中国经济规模迅速扩大以及印度加入进来，出口导向型模式正在受到挑战，关键原因一方面在于亚洲缺少最终消费市场，只能依赖欧美市场的需求；另一方面自国际金融危机爆发以来，反全球化浪潮日趋高涨，欧美发达国家的保护主义回潮。新兴经济体要规避"中等收入陷阱"风险，不发达国家如何实现经济起飞，这是亚洲国家可持续发展必须要应对的议题。

（二）亚洲国家社会制度的差异性决定了必须构建超越意识形态的合作机制

社会制度的差异性是亚洲的特色之一。这里既有社会主义国家，又有资本主义国家。该地区以往的区域合作历史显示，社会制度的差异性并没有成为它们的障碍，比如越南、老挝都先后加入了东盟。至于本地区的自由贸易区安排更是超越了社会制度的差异性。

超越社会制度和意识形态差异性的合作机制表明亚洲地区的合作符合人类命运共同体的包容性。正如中国政府发布的《携手构建人类命运共同体白皮书：中国的倡议与行动》白皮书所强调的：构建人类命运共同体，坚持开放包容，坚持互利共赢，坚持公道正义，不是以一种制度代替另一种制度，不是以一种文明代替另一种文明，而是不同社会制度、不同意识形态、不同历史文化、不同发展水平的国家在国际事务中利益共生、权利共享、责任共担。[①]

（三）传统安全与非传统安全的交织决定了亚洲需要构建共同、综合、合作与可持续的安全机制

进入后冷战时期，亚洲是世界主要大国竞争的焦点，从奥巴马时期的亚太"再平衡战略"到特朗普、拜登时期的"印太战略"、北约东进亚太等都是围绕亚洲展开的。

本地区的传统安全风险源除了持续不断的中东地区

[①] 中华人民共和国国务院新闻办公室：《〈携手构建人类命运共同体：中国的倡议与行动〉白皮书》，2023年9月，中央政府网，https://www.gov.cn/zhengce/202309/content_6906335.htm。

外，阿富汗问题、印巴领土争端、朝鲜半岛问题、南海问题、缅甸国内政治动荡、中印边界问题等遍及大多数地区。至于非传统安全领域涉及的问题更多。

与此相对应，亚洲缺少统一的地区安全机制，既没有像欧洲地区的欧洲安全与合作组织（OSCE），也没有像独联体地区的独联体集体安全条约组织（CSTO）。仅有的上海合作组织还难以发挥区域安全架构的功能。相反，美国正致力于在本地区构建多种所谓的"小多边"机制。

（四）亚洲文明的多元性需要兼容并蓄、交流互鉴

对比其他大洲的（相对）单一文明特征，亚洲地区拥有世界上所有的文明形态：基督文明、伊斯兰文明、印度文明、犹太文明、儒教文明在这一地区同时存在。亚洲地区共有1 000多个民族。即使在一国之内，不同宗教群体和民族并存也是常见的现象。

多宗教、多民族共存既有可能成为区域发展和安全的动力源，也有可能成为阻碍区域发展和安全的风险

源。中国领导人强调，构建人类命运共同体不是一种文明替代另一种文明。文明的兼容并蓄与交流互鉴是亚洲国家的共同诉求，也是落实全球文明倡议的选择。

二、以开放的区域主义践行真正的多边主义

亚洲命运共同体的理论与实践属性决定了为此所展开的所有合作都具有区域主义特征。以区域主义为主体的合作如何与践行真正的多边主义相吻合是构建亚洲命运共同体必须要回答的问题。

在国际关系学科内，究竟什么是多边主义并无统一的定义。代表性的定义有两种：一个是拉格（John Ruggie）的定义：多边主义是"依据普遍行为原则协调三个或三个以上国家的制度形式"。[①]另一个是罗伯特·基欧汉（Robert Keohane）的定义：所谓多边主义指的是多个国家组成的集团内部通过某些制度安排协调各国

---

① 秦亚青：《多边主义研究：理论与方法》，《世界经济与政治》2001年第10期，第9—13页。

政策的一种实践。[①] 无论是哪种定义，他们都强调协调国家的数量（三个及以上）。基于这种传统，国际关系领域对多边主义概念的使用是多元的，甚至是混乱的，比如，许多区域经济一体化安排被称为多边主义；近年来某些西方国家组建的"小集团"被称为"小多边"（minilateralism）。

相比之下，我们认为，国际经济学对多边主义概念的使用更为规范。国际经济合作的形态可分为：多边主义（multilateralism）、诸边主义（plurilateralism）、区域主义（regionalism）、双边主义（bilateralism）以及单边主义（unilateralism）。其中，多边主义对应的是单边主义或孤立主义，诸边主义、区域主义、双边主义则是它们之间的中间形态。在经济学家看来，多边主义是国际经济合作的最优选择，因为只有多边主义有助于提高全球福利水平，其他形态都是次优选择（单边主义是最坏的选择）。传统上，经济学关心的重点是多边主义与区

[①] 约翰·鲁杰：《多边主义》，苏长河等译，浙江人民出版社，2003。

域主义的关系。[①] 美国经济学家巴格瓦蒂对两者的关系曾有过经典的表述：如果区域主义是封闭的，它就会成为多边主义的绊脚石（stumbling blocks）；反之，如果区域主义是开放的，它就会成为多边主义的垫脚石（stepping blocks）。[②] 这意味着，开放性决定了诸边主义、区域主义与双边主义的性质。

实践中，亚洲地区的区域合作机制，无论是经济领域的还是外交安全领域的大都呈现出开放性特征。比如，《区域全面经济伙伴关系协定》（RCEP）最初是东盟与其他六国（中国、日本、韩国、澳大利亚、新西兰、印度）分别签署的双边自由贸易区协定，以此为基础形成了本地区最大的自由贸易区协定（印度没有参加）。由此可见，这种双边自贸区协定一开始就具有开放性特征。正是这种开放性，使《区域全面经济伙伴关系协定》成员数量还在不断扩大中。此外，像亚太经济

[①] 原因在于，首先是人们对单边主义的危害具有普遍的共识；其次是诸边主义只是近年来在多边主义框架内的一种变形；最后也是最重要的，多边主义与区域主义是战后最常见的两种国际经济合作形态。

[②] Bhagwati, J., *The World Trade System at Risk* (Princeton: Princeton University Press. 1991).

合作组织（APEC）、《全面与进步跨太平洋伙伴关系协定》（CPTPP）也具有一定的开放性。

近年来，由中国倡导的区域合作安排都具有鲜明的开放性特征，如上海合作组织、金砖国家机制、亚洲基础设施投资银行等。在这方面最为突出的要属"一带一路"，体现了真正意义上的开放性。其一，理论上只要接受丝路精神（和平合作、开放包容、互学互鉴、互利共赢）的国家都可以加入进来。其二，"一带一路"的发展导向决定了它并不预设规则门槛，避免有些国家无法满足规则的要求而被排除在外。其三，不以规则为门槛并不等于说不需要规则。伴随合作的深化与拓展，规则制定成为一个必然的趋势。从"硬联通"到"软联通"反映的就是这种趋势。在规则制定过程中，"一带一路"有可能会诉诸诸边主义原则。也就是说，不同国家参与合作的领域存在差异，他们会根据合作的需要选择特定领域的谈判。表面看来，这与世界贸易组织内某些发达国家的诸边主义行为有相似之处，但其本质是不同的。前者是基于自愿和开放性原则，而后者则是基于排他性原则。[①] 因此，是否在践行多边主义不是看协调的国家数量多少，而是看是否满足自愿和开放性原则。

同时，我们也必须承认，在亚洲并非所有的区域合作机制都是开放的。近年来，美国在"印太战略"框架下推出的一系列"小多边"机制就不具有这种属性，如美英澳三边安全伙伴关系（AUKUS）、四边机制（QUAD）、"印太经济框架"（IPEF）等，原因是它们的初始动机就是制造区域内的对抗。

三、以人类命运共同体为指导构建亚洲命运共同体

在博鳌亚洲论坛2015年年会上，习近平主席对通过迈向亚洲命运共同体，推动建设人类命运共同体进行

[①] 目前，学术界对"一带一路"是多边主义还是区域主义属性尚未达成共识。基于推动构建人类命运共同体的实践平台定位，"一带一路"无疑具有多边主义属性。但基于现实的可行性，它在起步阶段应该是区域主义属性的。比如，迄今为止共建国参与"一带一路"都是与中国签署双边合作文件，共建国之间没有类似的合作文件。这显然不满足多边主义机制的要求。事实上，所有多边主义机制都是从区域主义机制起步的。因此，目前把"一带一路"划入区域主义合作机制内并不排斥它的未来属于多边主义合作机制。参见李向阳《"一带一路"：区域主义还是多边主义？》，《世界经济与政治》2018年第3期，第34—46页。

了系统论述,提出迈向命运共同体必须坚持的四项原则:各国相互尊重、平等相待;坚持合作共赢、共同发展;坚持实现共同、综合、合作、可持续的安全;坚持不同文明兼容并蓄、交流互鉴。[①]这一论述为构建亚洲命运共同体指明了方向。

(一) 以发展为导向的亚洲利益共同体

亚洲地区面临的共同任务是发展。按照世界银行的衡量标准,多数亚洲国家没有达到发达国家的标准。过去半个世纪的实践证明,政治制度、意识形态、宗教文化的差异没有成为亚洲国家开展经济合作的障碍。相反,基础设施与互联互通发展的滞后倒是成为亚洲国家合作的制约。因此,发展是亚洲国家的基本诉求。

亚洲开发银行的一项研究显示,本地区国家要保持现有的增长势头,到2030年基础设施建设投资需求将达到22.6万亿美元,每年需要1.5万亿美元。如果考

[①] 习近平:《迈向命运共同体,开创亚洲新未来》,载习近平《论坚持推动构建人类命运共同体》,中央文献出版社,2018,第203—213页。

虑到应对全球气候变化协议的要求，这一额度还要提高到 26 万亿美元。目前，多边开发银行只能满足亚洲发展中国家基础设施投资所需融资的 2.5%。[①] 麦肯锡对全球基础设施投资需求所做的一项研究显示，为了满足目前的经济增长速度，到 2030 年全球每年需要的基础设施建设投资为 3.3 万亿美元；如果与现行的基础设施投资规模相比，每年的投资缺口为 3 500 亿美元。要实现联合国的可持续发展目标（SDGs），全球基础设施投资规模还需在现有水平上每年再增加 1.1 万亿美元，相应的投资缺口会进一步增加。[②] 以基础设施为核心的互联互通发展的滞后不仅成为许多国家经济发展的瓶颈，而且客观上剥夺了一批不发达国家参与区域经济合作的机遇。

在区域经济合作方式上，亚洲地区的合作呈现出发展导向特征。与发展导向相对的是规则导向。规则导向型合作的基本特征表现为：其一，绝大多数成员国都面

[①] ADB, *Meeting Asia's Infrastructure Needs*, Manila, Philippines, 2017.

[②] Haider, Z., "Addressing the Global Infrastructure Deficit: Channels for U. S. -China Cooperation," CSIS, 2017, https://www.csis.org/addressing-global-infrastructure-deficit-channels-us-china-cooperation.

临进入的规则门槛；其二，事先制定规则确定成员国的权利、义务以及争端解决机制，甚至包括退出机制；其三，规则的制定过程通常是由少数国家主导的；其四，规则的实施对大小国家会有不同的结果。总之，规则导向的核心要义是"先定规则，后做事"；相比之下，发展导向则是"先做事，后定规则"。换言之，发展导向并不排斥规则，只是为了发展这一最终目标，事先并不制定详尽的规则，参与合作自然也就没有规则门槛；伴随合作的深化，参与者会根据发展的需要制定规则；这种规则的制定和实施反映了参与者的共同诉求。[①] 中国所倡导的"一带一路"就是这种发展导向的代表。在一定程度上，东盟的发展历程也体现了发展导向的特征。

即便是亚洲的区域经济一体化模式也有别于其他地区。与拉美地区的区域经济一体化相比，亚洲地区呈现为以市场为导向的一体化，而拉美则呈现为以协议为导向的一体化。亚洲的区域经济一体化模式最大的优势在

---

① 李向阳：《"一带一路"的经济学分析》，中国社会科学出版社，2019。

于有助于克服国内政治利益集团的反一体化倾向，原因是这种一体化是由市场驱动的（然后再有一体化协议）。[1] 与欧洲的区域经济一体化相比，两者间的差异性表现为欧洲人的"求同"思维和亚洲人的"求通"思维。亚洲的一体化是以互联互通为治理导向的，这种互联互通是指，国家之间在最大限度保留主权的前提下，通过以基础设施联通、政策协调和人员互动为主要内容的合作，形成平等、通达的关系网络。通过这种方式既注重保留各国发展模式的差异性，又通过对接国家发展战略，寻求共通性。[2]

（二）以兼容为导向的亚洲价值共同体

人类命运与共的现实迫切要求发展面向各国共同公共需求的共同价值，以各国普遍信仰的全球共同价值来支撑、维系和巩固国家间合作共赢体系的持久稳定和有效作用。2011年《中国的和平发展》白皮书也提出，

---

[1] Aminian N., Fung K. C., Francis Ng, "Integration of Markets vs. Integration by Agreements," *Policy Research Working Paper*, No. 4546, 2008.
[2] 吴泽林：《亚洲区域合作的互联互通：一个初步的分析框架》，《世界经济与政治》2016年第6期，第70—92页。

要以命运共同体的新视角，寻求人类共同利益和共同价值的新内涵。

然而，在亚洲地区，文化、宗教、意识形态的多元性决定了价值观的差异性。亚洲地区既有资本主义国家，又有社会主义国家，既有儒教、佛教，又有基督教、伊斯兰教、印度教等。"和而不同"、相互尊重与寻求最大公约数成为必然的选择。这种最大公约数就是超越"普世价值"的人类共同价值。

以东盟的发展历程为例，其最初是在冷战时期基于意识形态对抗而产生的，伴随冷战的结束与经济合作的深化逐渐演变为一个超越意识形态的区域共同体，像越南、老挝这样的社会主义国家也被纳入其中。2015年12月31日建成了以政治安全共同体、经济共同体和社会文化共同体三大支柱为基础的东盟共同体，同时通过了愿景文件《东盟2025：携手前行》。这一超越意识形态、宗教文化与经济发展水平的共同体确立了独具特色的东盟模式。这表明，亚洲国家完全有可能以"和而不同"、相互尊重的方式构建区域价值共同体。

（三）以协商为导向的亚洲责任共同体

破解当今全球治理的"四大赤字"是所有国家的共同责任。在亚洲地区，这"四大赤字"突出表现为：缺少涵盖区域内所有国家的治理体系，形成了治理赤字；历史纠葛阻碍了区域内大国的相互信任，产生了信任赤字；恐怖主义、国家间的领土领海争端及其他非传统安全加剧了和平赤字；区域内不发达国家和贫困人口数量仍然位居全球前列，构成了发展赤字。

破解区域内的"四大赤字"，构建亚洲责任共同体，突破口在于协商一致。这与西方国家倡导的"主权让渡"（如"人权高于主权"）、"规则裁决"、军事干预有着明显的区别。在这方面，东盟也是一个成功的例子。

东盟最初在建立合作时，基于对主权让渡的排斥，采纳了关系治理的模式，在形式上构建了一个由若干主权国家组成的集合，而不是一个紧密的区域组织。在《东盟宪章》生效之前，东盟的决策方式采取了一国一票一致同意和非正式表决的协商一致,并结合本地区特色,对此有所发展,形成了具有特色的东盟"Y—X原则",即:如果东盟中一个或少数几个成员国表示将暂不参加某个方案所规定的集体行动,但又不反对该项议案,而其他成员国却表示不仅支持而且愿意参加该方案所规定的集体行动,则该方案可以作为东盟的决议通过。针对处理内部争端,东盟成员国通常不是在东盟的组织框架内,而是在国家关系层面上通过双边努力解决。这种解决方式被归纳为"广泛协商,寻求一致""搁置争议""自我克制,互谅互让"以及"利用第三方从中调解"。即使在2007年11月20日东盟国家签署了《东盟宪章》之后,协商一致原则仍然是东盟治理结构的一项基本原则[①]。

对亚洲命运共同体进行学理化阐释是一项新的尝试。一方面需要对以人类命运共同体为主导的习近平外交思想有准确的把握;另一方面还需要对习近平外交思

---

① 陈伟光、王燕:《共建"一带一路":基于关系治理与规则治理的分析框架》,《世界经济与政治》2016年第6期,第93—112页。

想在亚洲的实践作出客观的评估。这项工作需要多学科的研究，同时不同学科的研究又须达成共识。尽管在动笔之前课题组召开了数次研讨会，并把全书内容明确划分为理念、平台和路径三篇，但各篇（章）之间的内容仍然有可能重复，具体观点也有可能存在分歧。希望读者能够提出批评性意见，以便于未来我们开展更深入的研究。

第一篇

亚洲命运共同体理念

第一章　亚洲命运共同体的内涵

钟飞腾[*]

2015年3月，习近平主席在出席博鳌亚洲论坛时提出了"亚洲命运共同体"思想。[①] 亚洲命运共同体是人类命运共同体在亚洲的实践，同时也是被赋予亚洲元素的一种区域命运共同体。2023年10月，习近平主席向纪念亲诚惠容周边外交理念提出10周年国际研讨会发表书面致辞时指出："新的时代背景下，我们将赋予亲诚惠容理念新的内涵，弘扬以和平、合作、包容、融合为核心的亚洲价值观，为地区团结、开放和进步提供新

---

[*] 钟飞腾，中国社会科学院亚太与全球战略研究院研究员、大国关系研究室主任。
[①] 习近平：《迈向命运共同体　开创亚洲新未来——在博鳌亚洲论坛2015年年会上的主旨演讲》，《人民日报》2015年3月28日，第2版。

的助力。"① 亲诚惠容是中国在推动周边外交时践行的理念，"周边"和"亚洲"两者并不完全重叠，但从上述论断中不难发现，"周边"和"亚洲"出现了融合的势头，亚洲价值观作为亚洲元素的核心要件在构建亚洲命运共同体中发挥基础性作用。

亚洲价值观和全人类共同价值共享的理念是"和平"。在全球化和自由贸易遭遇逆流之际，"和平、合作、包容、融合"依然是亚洲所推崇的理念，其指向也是为了继续塑造一个有利于推进中国式现代化的外部环境。中国倡导的亚洲价值观，其影响力和新加坡等中小国家倡导的亚洲价值观有所不同。中国倡导的亚洲价值观，一方面承认其他亚洲国家的价值观的合理性，肯定他们在推动构建人类命运共同体中的作用；另一方面，也从更广阔的视角出发，将占人类多数的发展中国家的人们日常所用的价值理念推向全球。亚洲的人口占世界的一半以上，亚洲价值观是对西方价值观的超越，应当

---

① 《习近平向纪念亲诚惠容周边外交理念提出10周年国际研讨会发表书面致辞》，《人民日报》2023年10月25日，第1版。

在全人类的共同价值中占据主导地位。

第一节　亚洲价值观与全人类共同价值的关系

　　价值观是一个民族最为核心的精神内涵，亚洲在人类文明发展进程中经历过三个明显的阶段性变化，亚洲价值观对人类的影响也随之起伏。第一，亚洲在人类发展史上曾发挥主导性作用，有关亚洲文化和文明的讨论长期占据着人类典籍的显著位置。第二，以亚洲为主要代表的东方国家，在西方崛起之后经历了显著的衰落，因而其文明和价值观较少被西方文明认可，亚洲价值观的影响范围也被约束在亚洲地域范围之内，个别时候甚至被排除在主流教科书之外。第三，20世纪后半期亚洲开始出现明显的复兴，与历史上鼎盛时期的价值观有所不同的是，这一时期反对帝国主义和殖民主义的任务在亚非拉发展中国家之间建立了纽带，在这些反西方的基础上形成的新的亚洲价值观，正对人类发展产生越来越大的影响。作为回应，西方世界也极为关注人口大国如中国和印度等推崇的价值观。自然，对于美西方来说，社会主义的中国要比选择西方民主制的印度面临更大的挑战。例证之一是中国领导人坚持"大力弘扬和平、发展、公平、正义、民主、自由的全人类共同价值",[①] 而非西方坚持的所谓"普世价值"。

"亚洲"这个概念既是地理名词，同时也反映了各种势力对这一地域范围的观念性认识。[②] "亚洲"一词最初的含义，在2000多年前，是位于现今中东地区的国家以它们为中心，对太阳升起的地方的一种称呼。西方崛起后，欧洲人以它们为中心，按照距离欧洲的远近，将亚洲分割为近东、中东和远东。二战结束后，殖民势力瓦解，世界各国开始以联合国为中心命名各个区域，其使用范围要远比个别领导人和学者的议论来得广

---

① 习近平:《习近平著作选读》第二卷，人民出版社，2023，第543页。
② 十多年前，印度裔加拿大籍学者阿米塔·阿查亚认为，不存在一个单一的亚洲概念，并将二战后亚洲的概念划分为五个阶段，分别是"帝国主义者的亚洲"（Imperialist Asia）、"民族主义者的亚洲"（Nationalist Asia）、"普世主义者的亚洲"（Universalist Asia）、"地区主义者的亚洲"（Regionalist Asia）以及"例外主义者的亚洲"（Exceptionalist Asia）。在阿查亚看来，第五种将成为主要的政治势力。参见 Amitav Acharya, "Asia Is Not One," *Journal of Asian Studies* 69, no. 4 (2010): 1001-1013。

泛和深远。尽管亚洲已成为世界各国约定俗成的名词，但各个国际组织对亚洲的地理范围和成员国家仍有不同的分类。按照中国外交部的分类，亚洲目前有47个国家（不包括俄罗斯和塞浦路斯）和中国香港、中国澳门特别行政区两个地区。[①] 按照联合国的分类，联合国193个成员国分类为5个地区团体，其中"亚洲"扩展为"亚太"，包括53个成员国，约占总成员国数量的27.5%。亚洲开发银行（ADB）的"发展中亚洲"概念不包括西亚，但纳入了太平洋岛国；而世界贸易组织（WTO）和国际货币基金组织（IMF）在定义"亚洲"时不包括中亚和西亚，但都包括了一定数量的太平洋岛国。上述国际组织的分类中，国际货币基金组织的分类包括的亚洲国家数量最少。[②]

中国所采用的"亚洲"的定义更接近联合国统计局的定义，而亚洲开发银行、世界贸易组织和国际货币基金组织的"亚洲"概念更接近"亚洲—太平洋"，反

[①] 参见中国外交部的"国家和组织"分类中的"亚洲"，https://www.mfa.gov.cn/web/gjhdq_676201/。

[②] 关于各机构对"亚洲"的定义，参见钟飞腾《超越地缘政治的迷思：中国的新亚洲战略》，《外交评论》2014年第6期，第28页。

映了日本和美国作为海洋国家的地缘战略考虑。鉴于中国作为亚洲国家一员的地理特性,以及面临着陆海兼备的地缘环境特性,我们显然要坚持和发展联合国对亚洲的定义,既要重视西亚,同时也应该适当考虑南太平洋地区,坚持陆上亚洲和海上亚洲的统一性。随着中国的国际影响力的提高,中国对亚洲地缘范围的看法也会随之改变,比如,中国学术界曾将中国周边分为"小周边"和"大周边"。目前来看,世界各国普遍接受的是,亚洲分为东亚、东南亚、西亚、中亚和北亚,亚洲占地球陆地面积的30%,亚洲人口约占世界人口的60%。

历史上,亚洲长期占据人类文明的核心位置。借助于安格斯·麦迪森整理的数据,我们不难得出这一结论。[①] 一是从人口占比看,从公元1年到公元1000年,亚洲的人口占全球总人口的比重从74.6%略降至68.3%。在第二个千年的绝大部分时期(截至1820年),亚洲人

[①] 安格斯·麦迪森(Angus Maddison, 1926-2010)是荷兰格罗宁根大学荣休教授,其主持研究的《世界经济千年统计》(麦迪森:《世界经济千年统计》,伍晓鹰、施发启译,北京大学出版社,2009)在学术界享有盛名,也被中国学术界广泛使用。2010年辞世之后,其数据库被转移至格罗宁根大学,个别数据已更新至2023年。该数据来源可参见"GGDC >Historical Development > Maddison Historical Statistics," University of Groningen, https://www.rug.nl/ggdc/historicaldevelopment/maddison/original-maddison。本文该段数据来自该数据库。

口占比基本上维持在68%。随着欧洲殖民势力的入侵，到第一次世界大战前夕亚洲人口占比已不足55%，比100年前下降了约13个百分点。第二次世界大战结束后，亚洲人口占比才停止了下降趋势。二是从经济占比看，从公元1年至公元1000年，亚洲经济总量占世界的比重显著超过人口的占比，这意味着亚洲国家整体上比其他地区富裕。1500年，亚洲经济总量占比与人口占比齐平。1600年，亚洲经济总量占比低于人口占比约3个百分点，到1820年已低于人口占比约9个百分点。从1820年到1870年，亚洲经济总量占比急剧下降了21个百分点，这一衰落的态势一直持续到1950年，当年亚洲经济总量占比已不足全世界的20%。此时，西方世界（包括西欧、美国、加拿大、澳大利亚和新西兰）的经济总量占全世界的比重接近60%。正是在这样一种压倒性的经济优势地位下，西方价值观才得以向全球扩张，并被西方世界宣扬为"普世价值"。不过，按照麦迪森基于购买力平价（PPP）方法的衡量，到2008年国际金融危机前夕，西方经济总量占世界的比重已跌破40%。并且，亚洲经济总量于2005年超过西方。这一经济实力演变正是我们理解国际社会辩论亚洲价值观的基本场域。

在亚洲的人口下降，特别是经济总量占比下降的时期，有关亚洲的特性被西方社会看作是野蛮和低等的，亚洲外交的规范也逐渐被欧洲替代。据记载，15世纪东南亚受到中国朝贡贸易的影响，承认中国的强大，在同中国交往时，使用中文致信以表示臣服，而到了17世纪，东南亚逐渐熟悉了欧洲的外交方式。[①] 1793年，英国使臣马戛尔尼访华是中西礼仪之争的著名案例。中英之争被法国学者称为"天下唯一的文明国家"与"世上最强大的国家"之间的冲突，尽管那时英国只有区区800万人，而中国拥有3.3亿人口。[②] 到19世纪中叶，中国在鸦片战争战败后，迅速翻译了《万国公法》，以了解西方的国际规范和价值观，到1880年前后，中国在大多数主要西方国家和日本设立了公使馆，天朝上国

[①] 安东尼·瑞德：《东南亚的贸易时代：1450—1680》第二卷，孙来臣等译，商务印书馆，2013，第324—339页。

[②] 佩雷菲特：《停滞的帝国：两个世界的撞击》，王国卿等译，三联书店，1995，第2页。

的身份定位让位于民族国家构成的"国际大家庭"的一员。[①] 面临西方的武力入侵和规则的植入，亚洲各国作出了不同的调整。实际上，在国际规范背后是价值观的问题，清朝是被迫进行调整，并不认同西方价值观，因而速度很慢，而日本属于快速调整的国家之一。这一时期的典型代表是日本思想家福泽谕吉有关亚洲的论述。1885年，福泽谕吉发表《脱亚论》，主张与西方文明国家共进退，而将中国、朝鲜等视作半文明和野蛮国家。由于有了价值观的认同，日本的转变是极快的。

进入20世纪后，从菲律宾开始，亚洲的民族、民主革命运动风起云涌，各种思潮也相互争鸣。1899—1901年短暂存在的第一菲律宾共和国被称为亚洲第一个民主政体的共和国，对亚洲民族、民主革命产生了积极影响。[②] 从那时开始，西方社会的一些理念也被视作是亚洲摆脱殖民统治的思想资源。辛亥革命、五四运动

[①] 徐中约：《中国进入国际大家庭：1858—1880年间的外交》，屈文生译，商务印书馆，2018。
[②] 贺圣达：《菲律宾革命与近代文化的发展——纪念菲律宾革命100周年》，《东南亚》1996年第3期。

对中国和亚洲其他国家的影响极其深远。到20世纪二三十年代，中国社会爆发了中国文化本位和全盘西化的文化论战。印度近代史上的杰出人物，如泰戈尔、甘地、尼赫鲁等，都受过良好的西方教育，虽然主张亚洲的价值观，但内心深处仍高度认可英式资本主义。[①]印度尼西亚共和国的缔造者苏加诺总统曾回忆，他在青年时代曾详细阅读过孙中山提出的三民主义。[②]孙中山有关亚洲国家如何在王道和霸道之间选择的思想对其他国家也产生了影响，但这种影响很快因日本军国主义扩张而遭放逐。[③]1941年，印度学者泰戈尔在去世之前的一次演讲中有力地区分了英国和英帝国主义，后者对待印度从未给予在西方社会中普遍存在的"对人际关系中尊严的维护"。[④]

二战结束后，去殖民化进程加速，亚洲团结互助的势头迅速上涨，这其中最为知名的是20世纪50年代的

[①] 梁忠翠：《泰戈尔、甘地与尼赫鲁的中国观及其影响》，《山东理工大学学报（社会科学版）》2018年第5期。

[②] 王晓秋：《辛亥革命的世界意义》，《中共中央党校学报》2011年第6期，第104页。

[③] 王毅：《思考二十一世纪的新亚洲主义》，《外交评论》2006年第3期，第7页。

[④] 阿马蒂亚·森：《四海为家——阿马蒂亚·森回忆录》，刘建、张海燕译，中国人民大学出版社，2024，第222页。

万隆会议以及和平共处五项原则。万隆会议的起源是1954年2月在科伦坡召开的五国总理会议，印度、印度尼西亚、巴基斯坦、锡兰（今斯里兰卡）和缅甸等国领导人讨论了亚非会议的可能性。此时，美国正推出"大规模报复战略"，并计划在东南亚建立马尼拉条约组织，其成员包括泰国、菲律宾、巴基斯坦、澳大利亚和新西兰。美国的这一战略对中国、印度、印度尼西亚等都造成不小的挑战，客观上推动了中印等国的接近。1954年10月，毛泽东在中南海与来访的印度总理尼赫鲁进行三次谈话，将"东方人""东方国家"作为论述的中心，不仅强调与印度有反对帝国主义欺辱和殖民主义的共同需求，而且也突出了同为亚洲国家要维护和平的需求。此外，毛泽东也向尼赫鲁表示，美国在亚洲搞东南亚条约，只征询了巴基斯坦、泰国和菲律宾的意见，但没有问过中国和印度。[①] 亚洲国家的这种联合，其主要目标是进一步迫使殖民势力的撤退。

[①] 中共中央文献研究室编《毛泽东年谱（一九四九——一九七六）》第二卷，中央文献出版社，2013，第302—309页。

1955年召开的万隆会议，不仅是第一次由"有色人种"发起和主导的多边会议，也标志人类文明的发源地走出了历史发展最低点，进入文明觉醒和联合自强的阶段，亚洲国家开始从寻求独立逐步转向提出自己关于国际关系运行的规则和理念，即和平共处五项原则。参加万隆会议的29个国家中，有23个来自亚洲（巴基斯坦、泰国和菲律宾均参加了此次会议），6个来自非洲。[①] 这些国家多数都是二战后才建国，虽然个别国家参与美国主导的反共体系，但总体而言，仍愿意维护亚洲的团结与合作。1956年10月，印度尼西亚总统苏加诺访问中国时曾表示，"遵奉建国五基［潘查希拉］[②]的我们和在中华人民共和国的你们之间，有着很多基本的共同点，有着共同的见解，共同的情感，共同的思想，共同的理想"。[③] 同月，毛泽东在会见来访的巴基斯

---

① 这6个非洲国家分别是埃及、埃塞俄比亚、加纳（时称黄金海岸）、利比里亚、利比亚和苏丹。亚洲国家除发起的5国之外，还包括阿富汗、柬埔寨、中国、伊朗、伊拉克、日本、约旦、老挝、黎巴嫩、尼泊尔、菲律宾、沙特阿拉伯、叙利亚、泰国、土耳其、越南民主共和国、越南国、也门等。《世界知识》1995年第6期，第19页。

② 在印尼语中，"潘查"的意思是五，"希拉"的意思是基础、原则。"潘查希拉"里面有五项基本原则：第一是信奉唯一的真主；第二是属于全人类一部分的印度尼西亚的民族主义；第三是人道原则；第四是有领导的民主；第五是社会正义。

③ 《苏加诺在清华大学的演说》，《人民日报》1956年10月5日，第2版。

坦总理苏拉瓦底时指出，希望巴基斯坦和印度用协商办法解决问题，亚非各国应根据万隆会议精神，建立和平共处和友好的关系。①苏加诺在20世纪60年代还曾表示，美国和英国干涉亚洲事务，使得亚洲的问题难以解决。要解决亚洲的问题，最好实行以"协商"为核心的"亚洲方式"。苏加诺还主张，在反对帝国主义和殖民主义的斗争中，团结不应仅限于亚非拉国家，而应当包括一切为了建立新的世界秩序而奋斗的"新兴力量"。②中国与亚非拉发展中国家享有反帝反殖民的经历，在此基础上提出的和平共处五项原则具有全球范围的适用性，这也是后来中国政府提出人类命运共同体的重要渊源之一。

1971年中国恢复了在联合国的合法席位，不再游离于多数国家参与的国际体系之外，不仅进一步充实了中国关于世界的认识，而且也使中国人对全人类所需要的思想和价值有了新的认识。改革开放以后，中国更是

---

① 中共中央文献研究室编《毛泽东年谱（一九四九——九七六）》第三卷，中央文献出版社，2013，第12—13页。
② 《苏加诺总统谴责美英干涉亚洲事务》，《人民日报》1964年2月26日，第3版。

主张要吸收一切有利于推进现代化的思想资源，特别是学习亚洲邻国成功实现现代化的经验。20世纪90年代初，中国与几乎所有亚洲其他国家都建立了正式的外交关系，亚洲在中国外交布局中处于优先位置。向世界开放，首先也是与亚洲国家建立联系，特别是与东盟建立紧密的联系，为中国理解多边主义提供了学习和展示的舞台。中国格外重视亚洲本土的价值理念，既反映出中国的和平发展要立足于本区域这样一种观点，也表明中国的发展务必充分重视区域之外西方势力实施干预的风险。如果能够团结绝大多数的亚洲国家，那么在中国崛起进程中就有了更大依托，而要团结更多的亚洲国家，除了物质因素之外，价值和理念的作用也越来越重要。

基于同亚洲国家长期打交道的经验，中国认为，发展中国家只有处于一个和平的环境中，才能进入稳定的发展进程中，没有和平和稳定，经济发展无从谈起。多数发展中国家都是人口众多、经济发展水平低，不少还面临人地关系紧张的挑战，在发展经济时容易遭遇资金、市场和技术的困境，即便有了一定程度的发展，也容易因为民粹主义和民族主义而中断，因而也要处理公平和公正的问题。等到经济有较大的发展，社会稳定之后，人们才会真正注意如何通过自由和民主来进一步提升福利，否则单纯的民主选举将造成严重的社会分裂和政治僵局，亚洲国家对此是有深刻体会和认识的。斯卡拉皮诺，这位被誉为迄今为止在亚洲政界和学界拥有最广泛人脉的美国学者，在总结一生与亚洲打交道的经历后得出一项重要论断："世界各国的统治方式将是多样化的，要求别国与我们的制度保持一致，或者任意地从外部将民主植入一个处于完全不同的文化和经济发展阶段的社会是危险的。"[①] 亚洲国家根据自己的发展历程，不是全盘照搬西方社会推崇的价值观，而是有选择性的应用，这一经验为其他地区的发展中国家树立了良好的参照。

---

① 罗伯特·斯卡拉皮诺：《从莱文沃思到拉萨：经历大变革年代》，刘春梅、胡菁菁译，北京大学出版社，2010，第234页。

第二节 中国和亚洲国家提出的两波亚洲价值观

在有关重构亚洲观念和价值观的过程中，许多亚洲国家都曾登上历史舞台，但其地位、角色和遗产是不同的。谁能代表亚洲？在20世纪50年代，印度自认为能代表亚洲，亚洲其他一些国家也寄希望于实施西方民主的印度，但印度在经济发展上裹足不前。20世纪60年代，瑞典经济学家缪尔达尔在《亚洲的戏剧：南亚国家贫困问题研究》中表达对亚洲发展前景的担忧，堪称这一时期国际社会对亚洲发展的代表性观点。[①] 按照英国式民主构建起来的印度，未能在英国殖民200年后获得发展，一定程度上打破了亚洲国家对西式民主的迷信。按照印度经济学家阿马蒂亚·森最近给出的权威论断：

[①] 冈纳·缪尔达尔：《亚洲的戏剧：南亚国家贫困问题研究》，方福前译，首都经济贸易大学出版社，2001。

"［英国］殖民统治的二百年也是一个非常严重的经济停滞时期，［印度］实际人均国民生产总值几乎没有提高一星半点。"①

早在20世纪80年代末90年代初，新加坡、马来西亚等国的领导人就曾提出过亚洲价值观，强调亚洲新兴工业化国家在人权领域与西方有着不同的标准。这主要源于这两个国家变得富裕，并且因为要维持这种地位，而实施了不同于亨廷顿等所预测的"第三波民主化"的治理方式。按购买力平价计算，到20世纪80年代初，日本、中国香港和韩国的人均GDP分别达到了美国的72.2%、56.5%和22.1%，新加坡、马来西亚和泰国人均GDP分别达到了美国的48.8%、19.7%和13.7%。到冷战结束那一年，新加坡的人均GDP接近1.5万美元，马来西亚的人均GDP约为5 000美元，分别约占美国的65%和23%。而此时，无论印度还是中国，人均收入仍不足美国的10%。② 引人注目的是，新

---

① 阿马蒂亚·森：《四海为家——阿马蒂亚·森回忆录》，第219页。
② 根据麦迪森提供的数据计算所得，该数据来源可参见"GGDC >Historical Development > Maddison Historical Statistics," University of Groningen, https://www.rug.nl/ggdc/historicaldevelopment/maddison/releases/maddison-database-2010。

加坡此时的收入水平超过了芬兰、以色列、新西兰、西班牙和爱尔兰等国,与英国的收入水平也很接近了。按照收入水平衡量,新加坡实际上已经可以算是工业化的富裕国家,也成为诸多亚洲国家艳羡的榜样。正是在这种背景下,出现了有关亚洲价值观的第一波讨论。

在国际社会辩论亚洲价值观20多年后,中国领导人重提亚洲价值观,其目标不只是要弘扬一种不同于西方的价值观,更是为了在百年未有之大变局背景下建立你中有我、我中有你的命运共同体。中国提出的亚洲价值观,与上一波东亚国家提出的亚洲价值观,既有密切的联系,也有很大的不同。

一、新加坡和马来西亚推崇的亚洲价值观

在经济增长和收入上涨的支撑下,为了更好地治理国家以及回应美国的批评,新加坡政府提出了亚洲价值观的课题。新加坡前总理李光耀回忆,冷战结束后,美国政府将推广"人权"和"民主"等价值作为其对外

政策的重要任务。而在李光耀看来,这套说辞并没有将英法两国的60多个前殖民地国家带入发达国家行列,新加坡的成功不完全是融入西方主导的国际体系的结果,尽管后者极为重要。1991年5月,李光耀应日本《朝日新闻》邀请赴东京参加论坛时,就围绕"人权"和"民主"等议题和美日重要人物展开论争。李光耀认为:"任何社会要成功推行民主的政治制度,它的人民必须先得在教育和经济上达到高水平的发展,有人数可观的中产阶级,生活不再只是为了基本求存而斗争。"[1] 1994年初,李光耀与美国《外交事务》季刊主编法里德·扎卡瑞亚围绕亚洲价值观的访谈发表在该刊上,引起了全世界的广泛关注。李光耀认为,东亚儒家社会同西方自由放任的社会,有着根本的差异。儒家社会相信个人脱离不了家庭、朋友以至整个社会,而政府不可能也不应该取代家庭所扮演的角色。西方社会则大多相信政府无所不能,在家庭结构崩溃时足以履行家庭固有的义务。李光耀只是部分接受西方价值观,同时推

---

[1] 李光耀:《经济腾飞路:李光耀回忆录(1965—2000)》,外文出版社,2001,第524页。

崇儒家伦理。① 新加坡提出的亚洲价值观在西方引发很大的议论，原因之一正如杜维明后来提出的，新加坡设想让儒家价值观，而不是印度教、佛教或其他亚洲各国国内的价值观，成为"亚洲第一价值观"。②

1997年亚洲金融危机对新加坡等提出的亚洲价值观造成了一定的冲击，但无论是李光耀还是马来西亚总理马哈蒂尔，均不认为亚洲价值观会终结。2000年，时任马来西亚总理马哈蒂尔在香港演讲时表示："任何人都不应将自己的价值观、意识形态或制度强加给亚洲。虽然每个人都应该关心人权、环境等，但亚洲内外的任何人都不应该任命自己或自己的国家为警察，负责确保每个人的行为。亚洲国家天生就懂得什么是对的，什么是错的。"③ 同一时期，韩国前外长韩升洲在北京大学发表演讲时认为，不管对亚洲价值观采取何种态度，

---

① Fareed Zakaria and Lee Kuan Yew, "Culture Is Destiny: A Conversation with Lee Kuan Yew," *Foreign Affairs* 73, no. 2 (March–April, 1994): 109–126.

② 杜维明：《家庭、国家与世界：全球伦理的现代儒学探索》，张友云译，《国外社会科学》1999年第5期，第8页。

③ Mahathir Mohamad, *The Wit and Wisdom of Dr Mahathir Mohamad* (Kuala Lumpur: Didier Millet, 2015), p. 148.

至少有两个原因使大家必须重视研究亚洲价值观，一是亚洲价值观将继续指导亚洲国家的行为，也将继续是亚洲各国家经济发展中的突出因素；二是亚洲价值观也是帮助亚洲国家走出经济危机的一个重要手段。[1] 李光耀则更深刻地指出，美西方之所以对亚洲的民主与人权这么感兴趣，焦点并不在亚洲四小龙，他们关注的是中国将会出现什么样的局面，试图以人权或者民主为手段影响中国未来的发展。[2]

新加坡和马来西亚属于推动亚洲价值观的第一波正面案例，其原因当然不仅仅是经济层面的，也有文化因素起作用。李光耀后来回忆，他在目睹英国逐步放弃亚洲的殖民地以及这些殖民地不同的发展历程之后，就已经开始思考并谈论亚洲价值观，而不是等到新加坡经济真正腾飞后才开始涉猎这一课题。尽管经济发展是价值观生成的基础条件之一，但价值观也不完全是经济发展的结果，文化认同和身份归属也发挥了重要作用。按照

---

[1] 袁明：《从亚洲价值观谈起》，《世界知识》2000年第20期，第22页。
[2] 李光耀：《经济腾飞路：李光耀回忆录（1965—2000）》，第529页。

李光耀的说法，这种文化认同源于他小时候在家中学习儒家伦理的经历，这些价值观并没有随着他去英国剑桥大学留学而消除，因为儒家的一套理念涉及身份认同。无论怎么学习西方的价值观，他也不会变成英国人，内心深处仍是东方的精神价值体系。李光耀接受儒家思想的核心要义，即修身、齐家、治国、平天下的价值理念，并且认识到，人人都必须以成为君子作为目标是有吸引力的国家治理理念。当他成为新加坡总理后，就利用群众意识、大我精神，提倡以社稷为重，发动民众跟随。新加坡倡导的是个别人可能得牺牲某些权益，但整个社会获益的亚洲价值观。[①]

尽管新加坡和马来西亚的两位领导人均强调亚洲价值观，但也不是全盘否定西方价值观。李光耀认为，新加坡在法治建设方面吸收了很多西方的做法，有立法机构和独立的法院共同决定案件的结果，人为干涉的因素是极少的。之所以要重视西方的这套价值理念，归根到底是为了加快新加坡的现代化建设。到了20世纪90年

[①] 李光耀：《李光耀观天下》，北京大学出版社，2015，第288—289页。

代后期，与其他遭遇金融危机冲击的国家相比，新加坡的表现良好，人均国内生产总值进入世界前十位。为此，李光耀将新加坡的故事归结为两部分，一是反映了工业国的进步、发明、科技、企业精神和进取心，二是汇聚到人类为增加财富和改善生活而开拓新领域的故事的一部分。①

美国学者也曾高度肯定新加坡借助亚洲价值观整合不同族群的利益，进而实现其现代化进程。以对小国政治经济和国家安全文化的比较研究知名的彼得·卡赞斯坦，在论及美国与亚洲关系时曾有过这样一种论断，"新加坡大胆设计并实现了其现代化进程。然而比这个成就更让人惊叹的是，这种现代化并没有过多地受到西方化的左右，而是保留了新加坡多种族的社会特征。政府成功地使人们认同了亚洲价值观，为其在政治上和道德上的领导地位找到了依据。在处理种族多样性问题上，新加坡采取的是自上而下的'色拉拼盘'模式，②

---

① 李光耀：《经济腾飞路：李光耀回忆录（1965—2000）》，第640页。
② 英文原文为"salad bowl"，指的是各个文化就像沙拉的成分一样，虽然被汇集在一起，但并非融合成单一的同质文化，而是保留自己独特的风味。该说法比"大熔炉"更强调文化之间的独立性。

而不是自下而上的'熔炉'模式"。与此同时，卡赞斯坦也指出："'亚洲价值观'在20世纪90年代曾经被美国一些颇有声望的保守派智囊团所推崇。尽管是这样，对于大部分亚洲国家来说，牵强地把这一认同概念推广到地区范围还是毫无意义的。'亚洲价值观'没有明确的地理界线，是新加坡精英们进行国家建设的思想保证，但不能用它来夸大亚洲某一经济奇迹在地理和文化上的优势。"[1]

为何美国学者总是不希望在亚洲的经济奇迹和亚洲的文化之间建立密切的联系呢？这是一个值得思考的问题。从根源上说，随着亚洲在近代的衰落，西方的大哲，如黑格尔等人将亚洲视作是落后的文化，即便是马克思本人，也将亚洲的生产方式视作是落后的。一旦形成文化上的固有论断，尽管现实条件改变了，但人们的认知仍会留在过去。有的时候，这种滞后性可长达数十年。李光耀在20世纪90年代末出版的回忆录中提及，

---

[1] 彼得·卡赞斯坦：《美国帝国体系中的中国与日本》，白云真译，《世界经济与政治》2006年第7期，第9页。

他本人属于以英国为中心的一代,而他的儿子李显龙这一代比较注重美国。即便如此,20世纪90年代,留学美国的新加坡学生人数也只是留学英国学生的三分之二。① 当然,文化与经济的断层有时候也会产生一种信念,即便在经济落后时仍有发展的潜力。李光耀对中国的经济发展有较为乐观的看法,在很大程度上源于从文化视角出发的信念。

二、中国版本的亚洲价值观

以改善人类福祉而言,中国减贫的故事已经赢得世界的喝彩。以经济总量的增幅而言,自20世纪70年代末迄今,中国经济总量占世界的比重几乎增长了十倍,其他国家还未曾在四十多年的时间里获得这样的成绩。因而,依据经济逻辑,中国提出亚洲价值观也是很自然的。但是,与新加坡等国反复强调亚洲价值观的核心是儒家伦理不同,中国并未在亚洲价值观中宣扬儒学或者

---

① 李光耀:《经济腾飞路:李光耀回忆录(1965—2000)》,第401、391页。

"儒教"。文化对经济发展起作用，但文化的要义远远超越经济，涉及人伦、家庭、社会、国家和世界的关系等。并且，从中国历史上也了解到，尽管不少邻国普遍学习中国的礼仪、规范和制度，但也都经历了本土化的过程。即便是普遍被认为属于"儒家文化圈"的朝鲜半岛、日本以及越南，接受儒家影响的程度差异很大，这些国家和地区的精英阶层接受作为学问或者统治者教养的"儒教"，但其民间社会在日常生活中仍是高度地方化的，因而只是适度地接受"儒学"。[1] 基于调查问卷和数据的实证分析也表明，工业化程度更高的东北亚国家，在家庭价值观和权威取向上反而要比其他亚洲地区来得低，相比之下，东亚人比非亚洲人更重视工作伦理、责任和节俭。[2] 因而，精英层面和社会层面的差异，是理解中国版本的亚洲价值观，以及区分传统中国和现代中国赞赏的价值观的重要视角。对当代中国而言，以人民为中心的施政理念，与传统中国也有很大的区别。

---

[1] 宫嶋博史:《两班：朝鲜王朝的特权阶层》，朱玫译，中西书局，2024，第4页。
[2] So Young Kim, "Do Asian Values Exist? Empirical Tests of the Four Dimensions of Asian Values," *Journal of East Asian Studies* 10, no. 2 (May-August, 2010): 315-344.

更重要的是，与马来西亚、新加坡等国相比，中国拥有辽阔的土地、世界级规模的人口和极为辉煌连贯的历史，更加强调身份认同和自尊，因而理所应当推崇源于中国社会的价值观。研究中国历史地理的著名学者谭其骧曾有过一个重要论断，即中国文化既有时代差异，又有其地区差异，但中国文化也有共同性，这个共同性可以简要概括为包容性，以汉族为主体的中华民族，一贯对待不同文化采取容许共存共荣的态度。[①] 自万隆会议以后，中国便充分认识到与亚洲国家同呼吸、共命运的重要性，也不会唯我独尊，将适用于中国社会的价值观强加于邻国。在中国崛起后，中国重视新加坡和马来西亚以往提出的亚洲价值观。2018年8月，马来西亚总理马哈蒂尔在访问北京时表示："马中都坚持亚洲价值观，坚持走自己的发展道路，这符合我们自身和本地区的利益。"习近平主席也指出，中方赞赏马哈蒂尔提出的亚洲价值观，因为其体现了独立自主意识，坚持走适

---

① 谭其骧：《谭其骧历史地理十讲》，葛剑雄、孟刚选编，中华书局，2022，第107—127页。

合本国国情的发展道路。①

中国提出以"和平、合作、包容、融合"为核心的亚洲价值观,首先是面向全亚洲。之所以要强调和平,也是因为当前世界已经进入新的动荡变革期,国际思潮的变化前所未有,大国博弈也越发严峻。美西方将"印太"作为中美对抗的前沿阵地,试图以海上力量的联合对付陆海兼备的中国,首当其冲的是西太平洋地区。新中国在很长时期内都被西方视作是威胁,即便在冷战结束后美国独霸天下时,西方也渲染"中国威胁论"。对中国来说,比起反驳西方人眼中"中国威胁论",更紧迫和重要的是让邻国相信中国的善意。也正是从这个意义上说,中国政府一直坚持与邻为善、以邻为伴,坚持睦邻、安邻、富邻,花费很长时间取信于周边。2013年10月,习近平主席在印度尼西亚国会演讲时首次提出,"携手建设更为紧密的中国—东盟命运共同体,为双方和本地区人民带来更多福祉"。② 在此基础

---

① 《习近平会见马来西亚总理马哈蒂尔》,《人民日报》2018年8月21日,第1版。
② 习近平:《习近平谈治国理政》第一卷,外文出版社,2014,第292页。

上，中国政府进一步将命运共同体扩展到整个亚洲。

在东南亚国家提出亚洲价值观时，美国仍然主导国际秩序，西方价值观占据着主流地位，东南亚国家只是在某些领域寻求独立性，特别是为威权政府的存在寻找文化上的独特性和合法性。显然，以新加坡和马来西亚的实力地位，不会对西方主导地位构成威胁，也不会对亚洲其他国家构成大的安全挑战。在西方势力占据主导的时候，亚洲国家也不得不谋求价值观的汇聚。正如有评论指出的，一旦美国在战略层面需要新加坡配合和支持时，美方就不再指责新加坡的亚洲价值观了。此时，作为西方价值观对立面的亚洲价值观就不如当初有吸引力。[①] 尽管美国人认为新加坡提出的亚洲价值观不能扩大至整个亚洲，但中国提倡的亚洲价值观已经超出局限于国家建设的需要，而是从人类发展的高度强调各国都有基于本国国情发展的合法性，不再唯西方是从，当然也就不用通过西方的视角看自己、看邻居。杜维明对这

---

① 魏炜：《对新加坡倡导"亚洲价值观"的再思考——从国际背景出发》，《赣南师范学院学报》2008年第4期。

一转变提供了一个有趣的例子。2001年联合国举行"不同文明对话年"活动,邀请了18位世界各国各界的思想家讨论用何种价值重建文明间的对话,德国人主张用基督教的"己所欲,施于人"作为人类文明对话中的最基本共识,而杜维明建议用儒家的"己所不欲,勿施于人"。讨论的结果是,这些思想家接受基督教和儒家文化之间有相通之处。[1] 从哲学上看,基督教和儒家的上述两句话,实际上是一种镜像关系,一个人在镜子中看到的自己是其对立面。无论是基督教内化儒教,还是儒教内化基督教,前提是承认彼此在各自的文化圈内的合法性。赵汀阳从不同的利益单位需要匹配相应的政治秩序这一假定出发,认为国家政治的基本逻辑与家政一致,但国际政治却并不独立,而是依附于国家政治。解决国际政治的难题,出路之一是比照"天下政治"的理想型改进现实世界,其中关键处在于从帕累托改进的"人人无坏处"升级到孔子改善的"人人有好处"。[2]

---

[1] 杜维明:《全球视野下的精神人文主义》,《中国文化研究》2023年秋之卷,第56页。
[2] 赵汀阳:《天下理论的先验逻辑:存在论、伦理学和知识论的三维一体》,《中央民族大学学报》2024年第3期。

这实际上也是一种辩证法,以退为进。

从亚洲的立场出发,即便在反全球化逆流盛行之际,"和平、合作、包容、融合"仍是亚洲的基调。与欧洲、中东地区相比,如今亚洲不仅有能力维护和平,更是在合作和包容方面走在世界的前列。其中最为典型的是中国推动建立了亚洲基础设施投资银行(AIIB,简称亚投行)。作为一家专注于基础设施领域的国际银行,亚投行的成功表明中国提倡的"要致富、先修路"理念已被越来越多的发展中国家接受。与1966年成立的亚洲开发银行(ADB)相比,亚投行的创始成员国多出26个,显示出时代的巨大变迁。从成员分布看,亚投行已经成了新版的"世界银行",而不只是一个地区性银行。在推进亚洲国家合作的进程中,中国采取"互相尊重、协商一致、照顾各方舒适度的亚洲方式",并认为"这是符合本地区特点的处理相互关系的传统"[①]。"亚洲方式"实际上是对"东盟方式"的继承。为什么

[①] 习近平:《守望相助,共创中蒙关系发展新时代——在蒙古国国家大呼拉尔的演讲》,《人民日报》2014年8月23日,第2版;习近平:《迈向命运共同体开创亚洲新未来——在博鳌亚洲论坛2015年年会上的主旨演讲》,《人民日报》2015年3月28日,第2版。

亚洲各国能比其他地区的国家先行一步，或者说在全球化遭遇挫折的时候，亚洲的合作还保持上升态势呢？一方面，这得益于亚洲在二战以来探索"泛亚主义"和亚洲团结合作的经历，使得亚洲各国之间的交往十分密切；另一方面，也是在经济合作的过程中，亚洲各国获益较大，因而保持了对未来继续合作的预期。对合作的理论研究表明，邻国之间由于继续打交道的需要，往往能够促成合作，同时，"一报还一报"是确保不被背叛的最佳策略，这意味着只要大国愿意保持合作，那么邻国就更愿意在下一步的选择中遵从合作。①

在融合和贸易自由化方面，《区域全面经济伙伴关系协定》（RCEP）的成功也具有亚洲特色。2022年初生效的《区域全面经济伙伴关系协定》是迄今为止全球规模最大的自由贸易协定，《区域全面经济伙伴关系协定》不仅体现出亚洲经济体之间独特的基于价值链的贸易，也充分展示中国构建以国内大循环为主体、国内

---

① 罗伯特·阿克塞尔罗德：《合作的进化（修订本）》，吴坚忠译，上海人民出版社，2017。

国际双循环相互促进的新发展格局的作用。《区域全面经济伙伴关系协定》是在东盟的推动下逐渐形成的，遵循了地区一体化中的"东盟方式"，维护了东盟在领导亚太地区经济合作架构方面的中心地位。[1] 传统的自由贸易协定在起步之初就设立严格的议程，要求各方按照协议签署时的书面文本统一推进自由化，而"东盟方式"最主要的特点是尊重差异、协商一致。针对成员国发展水平的差异，《区域全面经济伙伴关系协定》规划了长达 20 年的关税递减进程表。甚至有研究认为，"《区域全面经济伙伴关系协定》代表了一种不同于《跨太平洋伙伴关系协定》/《全面与进步跨太平洋伙伴关系协定》的巨型区域主义方法，它将推动亚洲地区主义的范式转变，并在国际经济法中为全球南方建立规范基础"。[2] 从《区域全面经济伙伴关系协定》成员国来看，这项协议最大的获益方是中国、日本和韩国，其

---

[1] Asian Development Bank, *The Regional Comprehensive Economic Partnership Agreement: A New Paradigm in Asian Regional Cooperation?* May 2022, https://www.adb.org/sites/default/files/publication/792516/rcep-agreement-new-paradigm-asian-cooperation.pdf.

[2] Pasha L. Hsieh, "Against Populist Isolationism: New Asian Regionalism and Global South Powers in International Economic Law," *Cornell International Law Journal* 51, no. 3 (2018): 683-729.

主要原因是中日之间通过多边主义的方式第一次缔结了自由贸易协定。同时，印度尼西亚、马来西亚、泰国和越南也是重要的获益方。[①]

通过制度建设，以和平、合作、包容、融合为核心的亚洲价值观已经被植入地区经济合作之中。亚洲国家将和平置于价值观的最高位置，这不仅是要牢记近代被西方国家用武力殖民的惨痛经历，也更是要让世界看到一个崛起的亚洲如何使用这种力量。特别是对西方国家而言，亚洲将和平视作最高的价值观，也具有极为深刻的含义，这意味着就整个人类历史而言，不包括和平的西方价值观将是短暂的。合作同样重要，无论是就解决争端而言，还是谋求发展之道，合作都是发展中国家和平共处的重要途径。包容对于地区维持和平发展的重要性，不仅可以从中国、印度以及东南亚的历史典籍中看到，也可以从这些地区的日常生活中被广泛地观察到。相较于以往，亚洲各国家通过"硬联通"和"软联

---

① Peter A. Petri and Michael G. Plummer, "East Asia Decouples from the United States: Trade War, COVID-19, and East Asia's New Trade Blocs," Peterson Institute for International Economics, June 2020, https://www.piie.com/system/files/documents/wp20-9.pdf.

通"，已经前所未有的融合。

第三节　亚洲价值观与亚洲命运共同体建设

新加坡外交家马凯硕在20世纪末论证亚洲价值观的合理性时，曾反复强调东亚经济发展速度的重要性。按照他整理的数据，"英国实现经济产值翻番用了58年（始于1780年），美国用了47年（始于1839年），日本则用了33年（始于19世纪80年代）。与此相对，印尼用了17年，韩国11年，中国仅花了10年就实现了同样的目标。总体而言，在1960年至1990年的世界经济中，东亚奇迹般的经济增长要比其他任何经济集团更迅速，更持久"。[①] 在此基础上，马凯硕作了如下论断：亚洲人意识到，追求进步的方式不再是全盘效仿西方，亚洲人完全可以自行设计现代化道路。

我们更新1990年以来的数据后发现，马凯硕的观

---

① 马凯硕：《亚洲人会思考吗？》，韦民译，海南出版社，2005，第22—23页。

察仍然立得住，并且其范围已超过了东亚。按照国际货币基金组织提供的数据，进入21世纪之后，印度经济总量多次实现了翻一番，最快时仅用了5年（2002—2007年），最近一次是2010—2022年，经济总量从1.7万亿美元增至3.4万亿美元，成为全球第五大经济体。取得类似成绩的还有越南，21世纪的第一个10年，越南最快阶段实现经济总量翻一番也不过用了5年时间。21世纪以来，印度和越南实现了年均超过6%的经济增速。在这20多年中，全球实现经济增速年均6%以上的国家和地区共有24个，其中亚洲占了16个，包括伊拉克、中国、卡塔尔、中国澳门、塔吉克斯坦、柬埔寨、阿塞拜疆、乌兹别克斯坦、印度、蒙古、缅甸、土库曼斯坦、越南、老挝、孟加拉国和马尔代夫。[1] 可以说，东亚奇迹已经扩展为亚洲奇迹，包括了中亚、西亚、南亚在内的国家处于前所未有的发展时代。以购买力平价计算，2023年亚洲47个国家占世界经济的比重超过

---

[1] 这些数据来自国际货币基金组织2024年4月发布的世界经济展望数据库，IMF, World Economic Outlook Database, https://www.imf.org/en/Publications/WEO/weo-database/2024/April。

47%，其中中国占亚洲经济的比重约为40%。

与新加坡、马来西亚等经济体相比，中国和印度的经济规模要大得多，[①] 对亚洲和世界的影响也更深。1988年，邓小平在会见来访的印度总理拉吉夫·甘地时，针对所谓"下个世纪是亚洲太平洋世纪"的说法指出："中印两国不发展起来就不是亚洲世纪。真正的亚太世纪或亚洲世纪，是要等到中国、印度和其他一些邻国发展起来，才算到来。"[②] 2014年，习近平主席在印度世界事务委员会演讲时，引用了邓小平的上述论断，并且表示："深刻影响了人类文明发展的中印两国人民，一定会为亚洲和世界发展作出新的更大的贡献。"[③] 1988年，当邓小平作出上述预判时，以购买力平价计算，中国和印度的GDP占世界比重分别只有4.1%和3.5%，而美国和日本为22.3%和8.8%，中印合计都小于日本的占比，但是邓小平仍然作出乐观表述，背后的力量源

[①] 1980年，印度经济总量是马来西亚的7倍，近年来扩大至8倍。而同一时期，中国经济总量从马来西亚的11倍增长至40多倍。

[②] 《邓小平文选》第三卷，人民出版社，1993，第282页。

[③] 习近平：《携手追寻民族复兴之梦——在印度世界事务委员会的演讲》，《人民日报》2014年9月19日，第3版。

于中印等国在历史上发挥的作用。按照国际货币基金组织的预测，2024年，中国和印度占世界经济的比重将分别达到19.0%和7.9%，而美国和日本为15.5%和3.6%。①

在此背景下，亚洲价值观已具备坚实的物质基础，这为进一步理解利益共同体和责任共同体的关系创造了条件。一种代表性观点将这两者分别视作物质基础和安全保障。2014年，时任外交部副部长的刘振民就曾表示，构建亚洲命运共同体需要打牢利益共同体、责任共同体和人文共同体等三个支柱，其中利益共同体是物质基础，责任共同体是安全保障，而人文共同体是用于连接利益共同体和责任共同体的轴。② 从利益层面看，中国已是18个亚洲国家的最大贸易伙伴。③ 2023年，中国同亚洲国家的贸易额超过2.9万亿美元，比2014年增

---

① 这些数据来自国际货币基金组织2024年4月发布的世界经济展望数据库，IMF, World Economic Outlook Database, https://www.imf.org/en/Publications/WEO/weo-database/2024/April。

② 刘振民：《为构建亚洲命运共同体营造和平稳定的地区环境》，《国际问题研究》2015年第1期，第12页。

③ 《新时代中国的周边外交政策展望》，《人民日报》2023年10月25日，第6版。

加6 600多亿美元。① 从区域内各国的关系看，彼此之间的利益关联比以往强劲，东盟为中国最大伙伴，新加坡是印度最大投资来源国。这种利益关联使得亚洲多数国家都将发展经济作为首要目标，并在国家发展战略中明确发展的阶段性任务，不少亚洲国家均有面向未来的发展规划。

尽管责任共同体的首要任务是提供安全保障，但是我们也发现区域内各国对凭借自己还是依赖区域外国家提供安全保障方面存在巨大的分歧。早些年，有关"经济依赖中国、安全依赖美国"的说法流行一时。不少学者也意识到，上述说法过于笼统，而且也不适用于所有国家。这说明在责任共同体建设方面，各方的看法还有较大的差异。建设好责任共同体需要解决两大难题：一是在利益共同体是如何形成方面应进一步凝聚共识。亚洲国家对于美国的作用有争议，有的赞同亚洲的这种成

---

① 中国海关总署：《2023 年 12 月进出口商品国别（地区）总值表（美元值）》，2024 年 1 月 18 日，http://www.customs.gov.cn/customs/302249/zfxxgk/2799825/302274/302277/302276/5637259/index.html。中国海关总署：《2014 年 12 月进出口商品国别（地区）总值表（美元值）》，2015 年 1 月 21 日，http://www.customs.gov.cn/customs/302249/zfxxgk/2799825/302274/302277/302276/310279/index.html。

功源于美国，认为这是美国开放市场以及为亚洲提供安全保障之故。有的认为，亚洲的成功并不完全取决于美西方，李光耀很早就意识到华文教育塑造的高素质劳动力对理解新加坡的成功帮助很大。虽然各国普遍同意参与美国所领导的全球化的重要性，但随着美西方对全球化的抵制，亚洲不少国家也发现，需要在美国之外寻找新的市场。在创造新的市场的过程中，有的是发挥《区域全面经济伙伴关系协定》的作用，有的则是寄希望于中国更大的开放市场。二是责任共同体建设仍需克服利益分担和成本分担的不一致难题。安全问题被普遍认为具有不可分割性，美国作为头号军事强国，在很长时间内宣扬由美国提供军事保障的好处。但是，美国国内也不乏对穷兵黩武进行批评的声音。而且，美国因全球化造成就业减损等问题，继续在海外用兵的难度也在增加，如果无法得到国内政治的支持，那么美国的威慑力就会下降，各国对美国继续提供安全公共品的期待也会下降。一旦美国提供安全公共品的意愿和能力均下降，那么从理论上说有两种替代选项：一是由亚洲的大国来单独提供，中国政府此前已表示愿意让邻国免费搭车；二是由亚洲几个国家联合提供公共品，实际上东盟已经在这方面做了一些工作，各国均承认东盟的中心地位也是基于这一共识。

正是由于在利益共同体和责任共同体的关系上存在不同的认识，亚洲价值观的意义就更加凸显了。实际上，这也是中方强调构建人类命运共同体支柱的重要意义。深入把握利益共同体与责任共同体关系的问题，不仅需要从理论上总结经济增长与安全的关系，调整认知体系，也要从亚洲价值观或者说人文角度去融合不同国家的意见。如果不重视各国的国内政治、文化与习俗，那么很难让社会各界阶层达成共识。新加坡提出和倡导亚洲价值观，实际上也是要在族群之间汇聚共识，以便形成整体的力量推进现代化建设。从亚洲价值观的视角看，由美国提供安全是靠不住的，因为二战结束以来在亚洲爆发的冲突，多数都与美苏争霸有密切联系，美国更是直接在该地区发动了多场战争。正是基于对这一历史的认识，中方提出亚洲价值观并倡导和平理念。在当前局势下，美西方渲染"中国威胁论"，这也表明亚洲国家仍需要在谁能维护亚洲的和平这一关键问题上达成共识。

第二章 亲诚惠容理念与亚洲命运共同体构建

王俊生[*]

党的十八大以来,中国积极践行亲诚惠容理念,推动落实周边外交与周边命运共同体。从区域范围上看,"周边命运共同体"与"亚洲命运共同体"大致重合,亲诚惠容理念推动了亚洲命运共同体构建进程。亲诚惠容理念的特点契合了亚洲命运共同体要求,比如,"亲"体现了亚洲命运共同体的中国色彩;"诚"是亚洲命运共同体构建的本质要求;"惠"是亚洲命运共同体构建的基础因素;"容"也是亚洲命运共同体构建的本质要求。在以亲诚惠容理念推动构建亚洲命运共同体

---

[*] 王俊生,中国社会科学院亚太与全球战略研究院研究员、中国周边战略研究室主任。

进程中，需要处理好与朝贡体系的关系，处理好与"以规则为基础的国际秩序"的关系，处理好与"价值观外交"的关系，以及处理好与西方利益观的关系。从未来前景看，落实亲诚惠容理念具有巨大潜力，以其为指南推动构建亚洲命运共同体时要结合中国与周边国家关系现状稳步推进。应秉持"先易后难、逐步推进"原则，切实解决某些国家"近而不亲"问题，通过制度建设推进信任建设，加大对外话语体系建设。

第一节 亲诚惠容理念与亚洲命运共同体构建的关联

党的十八大以来，中国前所未有地重视周边外交与亚洲命运共同体构建。从2013年10月召开周边外交工作座谈会到2023年10月发布《新时代中国的周边外交政策展望》，中国始终把周边外交置于外交全局的首要位置。习近平总书记身体力行，突出周边外交的首要位置。在党的十八大后将俄罗斯作为首访国家；在党的十九大后将越南与老挝作为首访国家；在党的二十大后将出席在印度尼西亚召开的二十国集团领导人峰会和在泰国召开的亚太经合组织领导人非正式会议作为首访。

在党的重要会议与相关文件中，不断对亲诚惠容理念进行发展。2013年10月，习近平总书记在周边外交工作座谈会上提出了亲诚惠容理念，并指出要让"命运共同体意识在周边国家落地生根"，把周边外交上升到实现中华民族伟大复兴的战略高度。[1] 党的十九大报告指出，"按照亲诚惠容理念和与邻为善、以邻为伴周边外交方针深化同周边国家关系"。[2] 党的二十大报告指出，"坚持亲诚惠容和与邻为善、以邻为伴周边外交方针，深化同周边国家友好互信和利益融合"。[3] 2023年10月，中国发布的《新时代中国的周边外交政策展望》将亲诚惠容理念发展为"坚持亲仁善邻、讲信修睦；坚

---

[1] 习近平：《论坚持推动构建人类命运共同体》，中央文献出版社，2018，第65—67页。
[2] 习近平：《决胜全面建成小康社会 夺取新时代中国特色社会主义伟大胜利——在中国共产党第十九次全国代表大会上的报告》，人民出版社，2017，第60页。
[3] 习近平：《高举中国特色社会主义伟大旗帜 为全面建设社会主义现代化国家而团结奋斗——在中国共产党第二十次全国代表大会上的报告》，人民出版社，2022，第61页。

持以诚相待、守望相助；坚持互惠互利、合作共赢；坚持包容互鉴、求同存异"。①2023年10月，习近平总书记进一步指出了亲诚惠容与中国式现代化的关系，"我们将推动亲诚惠容理念新的发展，让中国式现代化更多惠及周边，共同推进亚洲现代化进程，使中国高质量发展与良好周边环境相互促进、相得益彰"。②

需要指出的是，尽管"周边"与"亚洲"在地理上并不完全重合，"周边"还有"大周边""小周边"之分，但两者所指涉的地理范围大体上一致，只不过"周边"更多强调以中国看亚洲其他国家，而"亚洲"则是将中国看作亚洲众多国家中的一员，强调"相互影响"。综上可见，周边外交的目的在于推动构建周边命运共同体与亚洲命运共同体，亲诚惠容作为周边外交的理念，其最终目标也是为了推动构建亚洲命运共同体，而亚洲命运共同体在构建过程中有利于推进周边外交、有利于为中华民族伟大复兴构建良好的周边环境，自然

---

① 《新时代中国的周边外交政策展望》，《人民日报海外版》2023年10月25日，第3版。
② 《习近平向纪念亲诚惠容周边外交理念提出10周年国际研讨会发表书面致辞》，《人民日报》2023年10月25日，第1版。

也有利于亲诚惠容落地生根。

一、亲诚惠容理念有利于推动亚洲命运共同体构建

其一,"亲"体现了亚洲命运共同体的中国色彩,是构建亚洲命运共同体的根本特点。"共同体"(community)作为一个表示基于一定条件而形成集体身份的约定俗成概念,若加上限定词"经济""政治""文化"等都比较容易理解,比如"经济共同体""安全共同体"等,但如果在"共同体"前面加上"命运"之类含有"血缘""情感"等比拟化的定语,就意味着强烈的感情色彩,体现了中国人重感情、讲情面的传统。由此可见,与"经济共同体"等一般共同体比较而言,"亲"契合亚洲命运共同体"重感情"的根本特点。

其二,"诚"是亚洲命运共同体构建的信任基础,是亚洲命运共同体构建的本质要求。"诚"的基本含义为诚意、诚信,在现代汉语中,"诚"与"信"常常连

用。中国在亚洲命运共同体构建中之所以将"诚"作为基础有以下考虑：（1）诚信是国际关系的基础。对个人来说，"人而无信，不知其可也"。对国家间关系而言，信任是推动实质性合作的前提条件。各国是在利益动力驱动下，以信任为前提寻求合作平衡点。没有基本信任关系，国家之间正常合作就难以开展，更遑论构建亚洲命运共同体。（2）应对某些亚洲国家对中华民族复兴怀有疑虑的现实考虑。随着中国日益走近世界舞台中心，中华民族伟大复兴逐渐实现，感知最明显的当数亚洲国家，某些亚洲国家对此还持警惕心态。[1] "面对崛起的中国，邻国担心来自中国越来越强的竞争和影响，这使'中国威胁论'找到了发展的土壤。如果中国试图在周边地区营造合作性的环境，首要的事情是与邻国之间建立真正的信任"。[2] 同时，中国和某些周边国

---

[1] Jeffrey A. Bader, "China's Role in East Asia: Now and the Future," Brookings Institution, September 6, 2005, https://www.brookings.edu/articles/chinas-role-in-east-asia-now-and-the-future/; "How the rivalry between America and China worries South-East Asia," *The Economist*, November 17, 2022, https://www.economist.com/asia/2022/11/17/how-the-rivalry-between-america-and-china-worries-south-east-asia.

[2] 张蕴岭：《构建中国与周边国家之间的新型关系》，《当代亚太》2007年第11期，第10页。

家还存在一些领土和历史纠纷，也影响了政治互信。由此可见，在亚洲命运共同体构建上，建立"信"是客观现实需求。

其三，"惠"是亚洲命运共同体构建的物质基础，是亚洲命运共同体构建的基础因素。"惠"是指在处理与他者关系时，愿意提供或能够接受的好处。之所以在亚洲命运共同体构建中强调"惠"：（1）在以国家利益为基础的国际关系中，没有利益的共同体就难有命运共同体。当前对亚洲命运共同体的已有分析中，多数学者是从区域一体化视角研究入手，认为其实现的关键在于与周边国家实现区域合作共赢。[①] 亚洲国家也有实现"惠"的基础。亚洲国家因为地缘相近、文缘相似、血缘相亲，以及经过长期的交往与合作，其相互利益已经远远超过彼此间的分歧与矛盾。（2）中国在发展自身的同时，已经惠及周边国家。2022年中国与周边国家进出口商品总额突破2.17万亿美元，较2012年增长

[①] 刘宗义：《亚洲命运共同体的内涵和构建思路》，《国际问题研究》2015年第4期，第40—43页。

78%。① 2023年，中国对全球经济增长的贡献达到30%以上，考虑到中国与亚洲国家进出口总额高于北美洲与欧洲等地区进出口的总和，中国对亚洲经济增长的贡献远超过30%。② 党的十八大以来，在"一带一路"引领下，中国与周边国家成功建设了一批标志性项目。比如，2021年12月开通的中老铁路让老挝直接跨入现代化铁路运输的时代，2023年10月正式开通运营的雅万高铁让印度尼西亚乃至东南亚拥有了第一条全长142.3千米的高铁，等等。可以说，在构建亚洲命运共同体过程中，相比较而言，利益共同体是较为容易实现的。

其四，"容"是以包容的方式建立亚洲命运共同体，也是亚洲命运共同体构建的本质要求。在国际政治中，"容"是指对国家之间不同信仰、不同制度、不同文化的求同存异，兼容并蓄。之所以在亚洲命运共同体构建中强调"容"：（1）这与中国外交的传统与原则有关。"容"是中华文化的人文基因，中华文化将其作为

---

① 《新时代中国的周边外交政策展望》，《人民日报海外版》2023年10月25日，第3版。
② 国际锐评评论员：《国际锐评｜中国外贸的"活水"从哪里来？》，中工网，2024年1月13日，https://www.workercn.cn/c/2024-01-13/8112893.shtml，访问日期：2024年7月2日。

个人、社会的优秀品质,"有忍,其乃有济;有容,德乃大"。"容"体现在当代中国外交上就是1954年正式确立的"和平共处五项原则",也即互相尊重领土主权、互不侵犯、互不干涉内政、平等互惠、和平共处。(2)与亚洲地区的多元化背景密切有关。亚洲地区国家数量多,这些国家在规模、社会制度、经济发展程度等方面千差万别,必须采取包容的方式推进亚洲命运共同体构建。(3)"容"还代表了亚洲命运共同体的价值追求。与美国恃强凌弱不同,中国强调"容"表明国家之间不分制度和意识形态的差异,不分大小、强弱和贫富的差异,都是命运共同体建设中的平等一员。"命运共同体"是一个超越了不同政治制度、意识形态、文化和文明的理念,强调的是合作而非斗争、融合而非分歧、宽容而非狭隘的价值追求。

二、亚洲命运共同体构建有利于亲诚惠容理念落地生根

从历史经验看,大国复兴首先要有稳定的周边地带。"几百年来,所有大国特别是强权大国兴起的前提之一,是在其周边构建了一个非常紧密的经济、政治、社会、文化的共同体,形成了一个友好国家体系"。[1]"历史经验表明,强国之路始于周边。中国要实现民族复兴的中国梦,首先要得到亚洲国家的认同和支持,要把中国人民的梦想同亚洲人民的梦想连接在一起"。[2] 党的十八大以来,中国外交重心由此前的"大国外交"一个重心转变为"大国外交"与"周边外交"并重的双重心。[3] 亚洲命运共同体构建有利于为中华民族复兴构建稳定的周边地带,主要体现在其有利于推进"周边

---

[1] 吴白乙:《对中国外交重心与周边秩序构建的几点思考》,《当代亚太》2009 年第 1 期,第 15 页。

[2] 刘振民:《坚持合作共赢携手打造亚洲命运共同体》,《国际问题研究》2014 年第 2 期,第 5 页。

[3] 王俊生:《大国崛起:对外战略方针上的历史经验及启示》,《科学社会主义》2015 年第 5 期,第 65—70 页。

外交"与"大国外交"。中华民族复兴构建起稳定的周边地带必然有利于亲诚惠容理念落地。

其一,亚洲命运共同体理念旨在实现中国与亚洲其他国家的共同发展,有利于推进周边外交与构建稳定的周边地带。每个大国的崛起不管是否有主观意愿,都会不同程度地导致地区秩序与国际秩序变化。考虑到中华民族复兴的影响是全方位的,周边国家不仅会考虑对其经济利益影响,而且也会考虑对其地缘政治利益影响、地缘安全利益影响、人文合作影响等,这些并非某一个合作文件或者某一个合作项目能解决的,需要通过系统推进与亚洲国家共同发展增进亚洲国家利益,助推周边外交。亚洲命运共同体就是中国系统推进与亚洲国家共同发展的重要举措。党的十八大以来,中国正是在亚洲命运共同体统领下从经济、政治、安全、人文等多方面全面强化与亚洲国家的关系,也取得了巨大成就,比如经济纽带更为牢固、政治外交关系更为紧密、安全主张得到越来越多认同、人文交流更为密切,有力地推进了周边外交,推进了亲诚惠容落地生根,为中华民族伟大复兴营造了良好周边环境。

其二，推动构建亚洲命运共同体有利于中美关系的改善。美国基于护持自身霸权地位的考虑，反对亚洲国家构建亚洲命运共同体。实际上，无论是推动构建亚洲命运共同体还是推动亲诚惠容落地生根，其最大障碍就是美国因素。当前，美国出于对华战略打压的大国竞争需要，正在通过"安全—经济—外交"三位一体的手段越来越深入介入亚洲事务。这种背景下，之所以强调推动构建亚洲命运共同体有利于中美关系改善主要原因在于两方面。

一方面，随着中国与亚洲国家命运共同体构建逐渐实现，美国通过介入亚洲地区事务打压中国就越来越难，这客观上有利于迫使美国理性处理对华关系，有利于推进中美两国实现战略妥协；另一方面，亚洲命运共同体构建与美国的长期亚洲战略存在一定契合之处。从长期来看，美国的亚洲战略最担心的就是被中国从该地区排挤出去，"认为中国首先要获得亚太主导权，最终

第一篇 亚洲命运共同体理念

取代美国成为全球霸主"。① 2021年1月,解密的《美国印太战略框架》指出,美国在"印太地区"最主要目标就是"维护美国在该地区地位",声称"中国正逐步在该地区排挤美国的影响力"。② 如上所述,亚洲命运共同体构建突出的本质要求就是"容",这也包括对美国的"容"。2023年11月,习近平主席在中美元首峰会上指出,"相互尊重、和平共处、合作共赢,这既是从50年中美关系历程中提炼出的经验,也是历史上大国冲突带来的启示,应该是中美共同努力的方向"。③ 这些表明在推动构建亚洲命运共同体进程中,中国不仅没有排挤美国的想法,而且希望能与其达成相应合作,这就避免了美国所担心的被排挤出亚洲地区的战略考虑,符合美国长期的战略利益。其实,美国当前的亚洲战略与政策最缺乏的恰恰是"容"。冷战结束后,美国尝试把更多的国家纳入所谓"自由主义国际秩序",对中国

---

① 王帆:《美国对华战略:战略临界点与限制性竞争》,《当代世界与社会主义》2020年第1期,第140页。

② *US Strategic Framework for the Indo-Pacific*, Declassifies in Part by Assistant to the President for National Security Affairs Robert C. O'Brien, *NSC Declassification Review*, January 5, 2021, https://trumpwhitehouse.archives.gov/wp-content/uploads/2021/01/IPS-Final-Declass.pdf.

③ 《习近平同美国总统拜登举行中美元首会晤》,《人民日报》2023年11月17日,第1版。

107

也一度奉行"接触"政策。但随着美国对华战略竞争，美国越来越缺乏"容"的理念。布热津斯基对此曾指出，"美国对华政策应该有利于建立两国合作关系、有利于争取中国成为美国解决全球问题的关键伙伴，为此，美国应该承认中国在亚洲地区具有显著的地缘政治位置"。[1]

综上可见，新时代以来，中国在亚洲地区倡导一种国际关系和地区合作新模式，旨在通过人文交流、战略对话、经贸合作等方式，弘扬以和平、合作、包容、融合为核心的亚洲价值观，推动构建亚洲命运共同体。亲诚惠容理念既符合亚洲地区特色，也体现亚洲地区现实需要，为亚洲命运共同体构建提供了理念支撑。而亚洲命运共同体构建有利于为中华民族复兴构建良好的周边环境，也有利于亲诚惠容理念落地生根。

---

[1] Michael D. Swaine, "Beyond American Predominance in the Western Pacific: The Need for a Stable U. S. -China Balance of Power," Carnegie Endowment for International Peace, April 20, 2015, https://carnegieendowment.org/2015/04/20/beyond-ameri-can-predominance-in-western-pacific-need-for-stable-u. s. -china-balance-of-power-pub-59837.

第一篇　亚洲命运共同体理念

第二节　落实亲诚惠容理念需要处理的关系

亲诚惠容理念落地生根不会一帆风顺，受到历史因素与西方因素等影响，在推动落地时应处理好以下关系。

第一，要处理好与朝贡体系的关系。朝贡体系自大约公元前3世纪开始，明朝时期正式将其作为制度确立下来，直到19世纪末随着封建帝制没落而走向没落。当时朝贡体系的范围基本上是今天的东北亚、东南亚、南亚，以及中亚的一部分。[①] 朝贡体系不仅是中国处理与亚洲国家关系的方式，也是当时亚洲地区普遍接受的处理国家间关系的方式。不过，亚洲地区的朝贡体系主要是由中国创建并主导的，正因为如此，随着中华民族

---

① 以今天的疆域进行划分，曾经向中国朝贡的国家有：日本、蒙古、越南、朝鲜、韩国、文莱、马来西亚、印尼、菲律宾、泰国、老挝、缅甸、不丹、尼泊尔等国家，以及部分中亚国家，涵盖了中国周边地区。

109

复兴逐渐实现、中国扩大在亚洲地区影响力，在落实亲诚惠容理念时，亚洲某些国家会不时地参照朝贡体系来看待中国行为。

朝贡体系与亲诚惠容理念存在典型区别。其一，等级性与平等性的区别。朝贡体系存在隶属关系，有亲疏远近之分。中原王朝处于等级中心，强调"中心—外围"差别，朝贡国给中原王朝的礼物称为"贡"，中原王朝给朝贡国的礼物则称为"赐"。政治上，尽管中原王朝不拥有各藩属国的管辖权，但拥有裁判权。文化上，强调华夷之辨。朝贡国之间也存在等级性。和中国关系最近的藩属国是朝鲜与越南，一年一贡，明清时期在北京专门修建了朝鲜馆和越南馆，接待两国使团。琉球、缅甸、暹罗（泰国）等大致属于两年一贡的国家。爪哇、菲律宾、尼泊尔以及中亚诸国等则属于第三梯队的藩属国。[①]

亲诚惠容理念则以主权为原则，尤其强调平等性。

[①] 王俊生：《从朝贡体系到命运共同体构建：中国地区秩序的百年重构》，《云梦学刊》2023年第1期，第28—29页。

新中国成立以来 70 多年外交，特别强调要坚持各国相互尊重、平等相待，即国家无论大小强弱一律平等。2021 年 11 月 22 日，习近平总书记在中国—东盟建立对话关系 30 周年纪念峰会上指出，"平等相待、和合与共是我们的共同诉求"。① 通过对习近平总书记的相关外事活动的检索，截至 2021 年 12 月，笔者发现总书记提及"平等相待"将近 200 次。实践表明，"平等相待"已经成为中国外交的重要理念之一。

其二，封闭自大与包容开放的区别。在朝贡体系中，中国由于实力强大与文化优越等，成为"没有邻国的帝国"，养成了封闭自大心态。封闭自大也与封建王朝对内巩固政权合法性有关。封建帝制时代皇帝统治中国的重要合法性来源是儒家教义，而朝贡体系是由儒家教义发展而来的，因此，朝贡体系的运转就构成了政权合法性一部分。既然自称天子，就需要外邦的朝贡来体现中华天朝上国的气象，因此古代中国皇帝尤其喜欢

---

① 《习近平出席并主持中国—东盟建立对话关系 30 周年纪念峰会》，《人民日报》2021 年 11 月 23 日，第 1 版。

"八方来贡，万国来朝"的排场。朱元璋建立明朝之初，就迅速派出使者出使朝鲜、占城、安南等周边邻国，通知诸国明继元统，巩固政权正统性并维护皇帝权威。纵观中国漫长的朝贡体系历史，中国在实力、文化等方面的优越性在很多时期是一种事实，这也是朝贡体系运行的基础，但在相当长的历史时期内中国的优势则是明显虚构出来的，是一种自我封闭、自我陶醉、自高自大的错觉罢了。正因为如此，当朝贡体系与西方条约体系和殖民体系相遇时才不堪一击。

进入现代主权条约体系后，中国成为"万国"之一，世界格局也从"天下一统"转变为"列国林立"[1]。亚洲命运共同体构建显然不是仅仅靠中国就能实现的，而是需要亚洲各国共同努力才能实现的。党的二十大报告在谈及如何构建人类命运共同体时指出，只有各国行天下之大道，和睦相处、合作共赢，繁荣才能持久，安全才有保障。[2] 由此可见，包容开放是亚洲命运共同体

---

[1] 吕存凯：《近代中国世界秩序观的转变》，《中央社会主义学院学报》2020年第3期，第128页。

[2] 习近平：《高举中国特色社会主义伟大旗帜 为全面建设社会主义现代化国家而团结奋斗——在中国共产党第二十次全国代表大会上的报告》，人民出版社，2022，第62页。

构建的本质要求，也是落实亲诚惠容理念的本质要求。

第二，要处理好与"以规则为基础的国际秩序"的关系。亚洲命运共同体构建推动国际秩序建设，"构建人类命运共同体是习近平外交思想的核心理念，体现了中国共产党人的世界观、秩序观、价值观"。①"命运共同体的理念是中国国际秩序观的重要集中体现，也是中国国际秩序观的延伸和发展"。② 由此可见，亲诚惠容理念推进亚洲命运共同体构建显然会触及亚洲秩序。而在亚洲秩序上，美国政府最常提的是"以规则为基础的国际秩序"。2021年3月18日，拜登政府上台后中美首次高层战略对话会上，美国国务卿布林肯指出，"拜登政府致力于维护美国的利益以及加强以规则为基础的国际秩序"。③ 2022年10月12日，拜登政府公布的《国家安全战略报告》指出美国"印太战略"的五个原则，

---

① 《中央外事工作会议在北京举行》，《人民日报》2023年12月29日，第1版。
② 王帆：《命运共同体的理论意义与实践推动》，《当代世界》2016年第6期，第4页。
③ Antony J. Blinken and Alaska Anchorage, "Secretary Antony J. Blinken, National Security Advisor Jake Sullivan, Director Yang and State Councilor Wang at the Top of Their Meeting," U.S. Department of State, March 18, 2021, https://www.state.gov/secretary-antony-j-blinken-national-security-advisor-jake-sullivan-chinese-director-of-the-office-of-the-central-commission-for-foreign-affairs-yang-jiechi-and-chinese-state-councilor-wang-yi-at-th/.

其中第一个就是"美国将支持和加强与遵守基于规则国际秩序的国家建立与发展伙伴关系"。[①]因此,在推动落实亲诚惠容理念时,亚洲国家自然关注其与"以规则为基础的国际秩序"的关系。

"以规则为基础的国际秩序"与亲诚惠容理念的不同在于:第一,单边主义与多边主义的差异。不同于19世纪与20世纪上半期处理国际关系时的"强权即正义"(might makes right),二战后各国都开始强调国家之间的合作应建立在多边机制以及规则基础之上,这是"以规则为基础的国际秩序"出现的时代背景。中国从来没有表示过不遵守以规则为基础的国际秩序,问题的关键在于要遵守的"秩序"是什么?美国所谓的"秩序"显然是所谓的"自由主义国际秩序",这是基于二战结束与冷战结束后美国的胜利建立起来的,是以美国的"自由"等为价值观,主张西方资本主义发展模式,对待其他发展模式的国家以居高临下姿态动辄以经济制

[①] *National Security Strategy*, The White House, October 12, 2022, https://www.whitehouse.gov/wp-content/uploads/2022/10/Biden-Harris-Administrations-National-Security-Strategy-10.2022.pdf.

裁乃至武力方式压制与改变，其目的在于试图维护美国的领导地位。2021年10月，中国常驻联合国副代表耿爽在第76届联大法律委员会上明确指出，"所谓'基于规则的国际秩序'是对法治精神的违背，体现的不是多边主义，而是单边主义"①。

与其不同，亲诚惠容理念坚持真正的多边主义。中国反复强调，一国的安全不能建立在其他国家不安全的基础上，一国的发展不能建立在其他国家贫穷的基础上。中国传统文化中的"君子和而不同""己所不欲，勿施于人"，也为实现真正的多边主义指引了方向。2022年4月，习近平主席在出席博鳌亚洲论坛提到安全问题时提出"人类是不可分割的安全共同体"②。

第二，霸权政治与地区协商的差异。最能体现这两者区别的是对"自由航行"的不同认知与实践。美国在亚洲地区最频繁提及的主张就是"自由航行"。"自由航行"作为一个十分古老的专业术语，自17世纪就

---

① 《"基于规则的国际秩序"是对法治精神的违背》，中国新闻网，2021年10月12日，https://www.chinanews.com.cn/gn/2021/10-13/9584953.shtml，访问日期：2024年7月2日。

② 《共走和平发展大道 共谋合作共赢大计》，《人民日报》2022年4月23日，第3版。

开始出现，其依据是海洋属于全人类，应该保障自由航行。[1] 自由航行被美国视为海军的三大根本任务之一。美国国防部每年都会发布报告指出哪些国家在海洋权益方面进行了"过度诉求"，美国以此频繁开展所谓的"自由航行"行动。据统计，1991—2019年，美国共对61个国家和1个地区实施了"自由航行"行动。[2] 美国指出，所谓"自由航行"主要目的在于防止某些国家对海洋权益的过度诉求，[3] 但是"过度诉求"究竟是什么，美国语焉不详。美国坚持所有国家都必须遵守《联合国海洋法公约》，但自己尚未批准《联合国海洋法公约》，根本原因在于希望避免受其约束，便于自己决定"过度诉求"的判断标准。随着越来越多国家的海洋权益意识强化与维护海洋权力能力增强，开始提出正当诉

---

[1] Rüdiger Wolfrum, "Freedom of Navigation: New Challenges, International Tribunal for the Law of the Sea," ITLOS, 2009, https://www.itlos.org/fileadmin/itlos/documents/statements_of_president/wolfrum/freedom_navigation_080108_eng.pdf.

[2] 《新华国际时评："航行自由"外衣下的霸权本质》，中华人民共和国中央政府网，2016年1月30日，https://www.gov.cn/zhengce/2016-01/31/content_5037673.htm?trs=1，访问日期：2024年7月2日。

[3] U.S. Department of Defense, "DoD Freedom of Navigation Fact Sheet," U.S. Department of Defense, March 28, 2015, http://policy.defense.gov/Portals/11/Documents/gsa/cwmd/DoD%20FON%20Program%20-%20Fact%20Sheet%20%28March%202015%29.pdf.

求并对美国随意进入其领海说"不",这些正当诉求就被美国污名化为"过度诉求"。美国所谓"自由航行"对亚洲局势的影响突出表现在南海问题上。2023年,美军先后派遣"尼米兹"号、"里根"号和"卡尔·文森"号3个航母打击群,累计6次进入南海活动,同时,美军在南海及周边地区累计开展大型演习演训约107次。① 冷战结束以来,中美在中国沿海发生多次摩擦,比如2001年中美南海撞机事件和2009年"无瑕"号间谍船对峙事件均与美国的所谓"自由航行"有关。

2022年11月,时任国务院总理李克强明确指出,"维护南海和平稳定、维护南海航行和飞越自由符合各方共同利益。中国作为最大的货物贸易国,60%的贸易经过南海。南海的航行和飞越自由从来不是问题"。② 说到底,美国的所谓"自由航行"就是保障其能在全世界各大海洋的航行畅通,其真实目的在于维护海洋霸

---

① 胡波:《2023年美军南海军事活动不完全报告》,南海战略态势感知计划,2024年3月21日,http://www.scspi.org/zh/yjbg/1710960797,访问日期:2024年7月2日。

② 《李克强在第17届东亚峰会上的讲话(全文)》,中华人民共和国外交部网,2022年11月14日,https://www.mfa.gov.cn/zyxw/202211/t20221114_10973958.shtml,访问日期:2024年7月2日。

权，这也包括在亚洲地区作为一个域外国家能随意出入该地区。与美国不同，中国坚持通过与地区有关国家协商的方式解决存在的有关分歧。对于南海问题，习近平主席也多次强调，中国一贯致力于维护南海地区和平稳定，坚持通过同直接当事国友好协商谈判和平解决争议，反对国际化与外部势力干涉。[①]

第三，要处理好与西方利益观的关系。国际关系的基础是国家利益。当前，亚洲国家愿意与中国一道落实亲诚惠容的基础也主要在于能获得国家利益，在美国对亚洲地区事务深入介入情况下，亚洲国家自然十分关注和中国合作获得的利益与和美国合作获得的利益有何不同？这就需要分析中美在利益观上的不同。两者的区别主要在于"私利"与"正确义利观"。西方认为不能拿人与人之间的关系类推国家之间的关系，国家间关系中的道德因素并不重要，典型的是现实主义国际关系理论，其最直观的表述是"国家之间没有永远的朋友，只

---

① 《习近平在亚信第五次外长会议开幕式上的讲话》，《人民日报》2016年4月29日，第2版。

有永恒的利益",国际关系是国家基于权力的博弈。面对重商主义、社会达尔文主义的发展,尤其是在此基础上的殖民扩张,资本主义的"逐利性"和"罪恶性"暴露出来。为了对其进行约束,"契约论"应运而生。由此可见,西方政治文化传统中的"利"是指"私利",是"个人私利"或"国家私利"。"契约论"更多是从法律和经济学博弈的角度体现出工具性含义,是为了规范"利"。

与之不同,中国坚持正确义利观,这是对西方"利益观"的超越。"正确义利观"主要包括两方面含义,一方面是"义利相兼"与"义利平衡"。2014年8月,习近平主席访问蒙古国时指出,"欢迎大家搭乘中国发展的列车,搭快车也好,搭便车也好,我们都欢迎,正所谓'独行快,众行远'"。[1] 2023年12月,习近平总书记访问越南时指出,"亚洲是我们共同的家园,周边是搬不走的邻居,成就邻居就是帮助自己"。[2] 另一方面

---

[1] 习近平:《论坚持推动构建人类命运共同体》,中央文献出版社,2018,第153页。
[2] 《构建具有战略意义的中越命运共同体 开启携手迈向现代化的新篇章》,《人民日报》2023年12月12日,第1版。

是"以义为先"。习近平总书记明确指出,"我们有义务对贫穷的国家给予力所能及的帮助,有时甚至要重义轻利、舍利取义,绝不能惟利是图、斤斤计较"。① 比如中国多次对阿富汗等发展暂时落后的周边国家给予无偿援助。老挝作为全球最不发达的国家之一,是东南亚唯一的内陆国家,交通极不顺畅,过去全国铁路总里程不到4千米。由中国投资兴建的全长1 035千米的中老铁路于2021年12月全线正式通车,不仅大大增加了赴老挝的旅游人数,而且极大地带动了老挝的进出口,"2023年以来,全线累计完成货运量1 110万吨,同比增长94.7%"。②

习近平总书记在强调"正确义利观"时还特意强调对周边外交的指导意义,"做周边国家和发展中国家工作一定要坚持正确义利观。只有坚持正确义利观才能把工作做好,做到人的心里去",③ 实际上也是指出其与

---

① 中共中央宣传部、中华人民共和国外交部:《习近平外交思想学习纲要》,人民出版社、学习出版社,2021,第138页。
② 《中老铁路开通20个月 国际黄金大通道动能澎湃》,人民网,2023年8月7日,http://yn.people.com.cn/n2/2023/0807/c378439-40522266.html,访问日期:2024年7月2日。
③ 中共中央宣传部、中华人民共和国外交部:《习近平外交思想学习纲要》,人民出版社、学习出版社,2021,第138页。

亲诚惠容理念的殊途同归。

第四，要处理好与"价值观外交"的关系。近年来，"价值观外交"在西方某些国家推波助澜下大行其道。中国在推动落实亲诚惠容理念时，周边国家自然会考虑其与西方"价值观外交"的关系。价值观外交的理论源头在于亨廷顿提出的"文明冲突论"与福山提出的"历史终结论"等，其核心是西方文明中心论。拜登政府上台后尤其强调"价值观外交"，公然将中国定义为对西方国家造成首要威胁的"独裁国家"，在其发布的相关战略报告中总是以价值观将世界分为两大阵营，处处映射出相对于中国的道德优越感与居高临下的态度。美国还以"价值观外交"为理由将经济合作"意识形态化"，大谈"经济安全"，美国主持召开了"2022年供应链部长级论坛"，提出所谓"建立弹性供应链目标与原则"。2023年2月2日，美国、日本和荷兰达成协议，对中国光刻机进行技术封锁。2023年2月27日，美日韩在美国夏威夷举行了首次三边经济安全对话，主要讨论产业链与供应链以及高科技与新兴技术合作，将中国作为假想敌。

"价值观外交"与亲诚惠容理念最典型的区别在于冷战思维、阵营对抗与合作共赢的区别。美国崇尚新教资本主义"天赋使命，拯救他人"，其推行"价值观外交"的具体政策体现就是所谓的要和志同道合的国家共同维护地区秩序，应对"中国挑战"。[1]为此，美国构建了一系列小多边机制，包括美英澳三边安全伙伴关系（AUKUS）、美日印澳"四边机制"（QUAD）、美日韩三边合作、美日菲安全合作等，尽管美国在推动构建这些机制时高喊"自由"等价值观，但究其实质在于推动阵营对抗与服务大国竞争。比如，2023年8月，美日韩三国所达成的《戴维营精神》文件开篇首先提及中国的南海问题与台湾问题，然后谈及所谓的朝鲜威胁，接着大力批判俄罗斯。[2] 2024年4月，美日菲达成的联合声明中，肆意批评中国在南海、台海、东海（钓鱼岛）

---

[1] Paul Haenle and Sam Bresnick, "Why U. S. -China Relations Are Locked in a Stalemate," Carnegie Endowment for International Peace, February 21, 2022, https://carnegieendowment.org/2022/02/21/why-u.s.-china-relations-are-locked-in-stalemate-pub-86478.

[2] *The Spirit of Camp David: Joint Statement of Japan, the Republic of Korea, and the United States*, White House, August 18, 2023, https://www.whitehouse.gov/briefing-room/statements-releases/2023/08/18/the-spirit-of-camp-david-joint-statement-of-japan-the-republic-of-korea-and-the-united-states/.

问题上的立场与行为，紧接着又批评朝鲜，接着又大力批判俄罗斯。①

与美国不同，亲诚惠容理念包容不同国家，旨在实现共同发展与合作共赢。2017年12月，习近平总书记在中国共产党与世界政党高层对话会上发表的主旨演讲中指出，"如果奉行你输我赢、赢者通吃的老一套逻辑，如果采取尔虞我诈、以邻为壑的老一套办法，结果必然是封上了别人的门，也堵上了自己的路"。② 中国近年来推出的"一带一路"倡议、亚洲基础设施投资银行、澜沧江—湄公河合作（以下简称澜湄合作）等都是旨在实现合作共赢。实际上，当前对亚洲命运共同体理念的研究尽管视角不同，但无一不体现出亚洲命运共同体理念合作共赢的价值追求。

---

① *Joint Vision Statement from the Leaders of Japan, the Philippines, and the United States*, White House, April 11, 2024, https://www.whitehouse.gov/briefing-room/statements-releases/2024/04/11/joint-vision-statement-from-the-leaders-of-japan-the-philippines-and-the-united-states/.

② 习近平：《论坚持推动构建人类命运共同体》，中央文献出版社，2018，第511页。

第三节　以亲诚惠容理念为指南推动构建亚洲命运共同体

亲诚惠容理念具有落地生根的良好基础。其一，中国与亚洲国家地缘相近、文缘相似、血缘相亲，具有落实"亲"的得天独厚条件。地缘上，中国与周边国家地缘相近。文缘上，历史上形成的儒家文化圈使中国和周边国家在文化上结缘。血缘上，海外6 000多万华人华侨大部分分布于中国的周边国家，加上边境地区跨国婚姻的交织，构成了中国与周边国家之间"亲"的血缘基础。地缘、文缘、血缘关系的存在，决定了中国与周边国家之间的关系像亲戚一样。习近平主席将2014年8月对蒙古访问称为"走亲戚式"访问；2014年9月接见来北京进行健康检查的西哈莫尼国王和莫尼列太后时，希望他们"常回家看看"；将2015年11月对越南的访问称作"到邻居家串门";等等。① 正因为如此,2023年12月,在赴越南进行国事访问之际,习近平总书记在越南媒体发表文章指出,"构建人类命运共同体,首先要从亚洲做起"。②

其二,中华民族是一个讲究诚实与信用的民族,不论是在人与人之间的交往中,还是在国家与国家之间的交往中,都重视信义,一诺千金,也具有实现"诚"的条件。孔子指出,"人而无信,不知其可也""人无信不立,业无信不兴,国无信则衰"。2014年8月,习近平在蒙古访问演讲时指出,"中国说的话、承诺的事,一定会做到、一定会兑现"。③ 2021年11月,习近平在第四届中国国际进口博览会开幕式上的演讲指出,"中国历来言必信、行必果"。④ 对比而言,美国动辄以政治目的为由撕毁合约,特朗普政府时期甚至以"美国优

---

① 《习言道丨从16个字,看中越"同志加兄弟"的友谊》,中国新闻网,2023年12月13日,https://www.chinanews.com.cn/gn/2023/12-13/10127331.shtml,访问日期:2024年7月2日。
② 《习近平在越南媒体发表署名文章》,中华人民共和国外交部网,2023年12月12日,https://www.fmprc.gov.cn/zyxw/202312/t20231212_11199873.shtml,访问日期:2024年7月2日。
③ 习近平:《论坚持推动构建人类命运共同体》,中央文献出版社,2018年,第151页。
④ 《习近平在第四届中国国际进口博览会开幕式上发表主旨演讲》,《人民日报》2021年11月5日,第1版。

先"和"维护美国利益"为名频频退出世界卫生组织、联合国教科文组织等国际组织。拜登政府上台后,不惜违反国际核不扩散机制,与英国、澳大利亚组建三边安全伙伴关系,承诺向澳大利亚提供核潜艇。[①]

其三,由于地缘等因素,中国与亚洲国家形成了你中有我、我中有你的高度互相依赖的客观现实,也具备实现"惠"的条件。以疫情暴发前后各一年为指标,中国 2019 年和 2020 年与周边国家贸易总量分别为 12 108.55 亿美元和 15 275.38 亿美元,疫情期间不降反增,反映出中国对与周边国家经贸合作的高度重视。当前,除印度、阿富汗、不丹、尼泊尔、老挝、文莱外,中国是所有其他周边国家的第一大贸易伙伴。中国的快速发展也首先"惠"及亚洲国家。2022 年中国与周边国家进出口商品总额突破 2.17 万亿美元,较 2012 年增长 78%。[②]

[①] Aamer Madhani and Jonathan Lemire, "Biden announces Indo-Pacific alliance with UK, Australia," Associated and Press News, September 16, 2021, https://apnews.com/article/joe-biden-business-china-australia-united-states-1b2e597918bc1c8dd1aab26ab32c9621.

[②] 《新时代中国的周边外交政策展望》,中华人民共和国外交部网,2023 年 10 月 24 日,https://www.mfa.gov.cn/zyxw/202310/t20231024_11167069.shtml,访问日期:2024 年 7 月 2 日。

其四，坚持各国相互尊重、平等相待，即国家无论大小强弱一律平等，是新中国成立以来70多年外交的基本遵循，中国也有实现"容"的条件。2024年6月28日，习近平总书记指出，"凡是遵循五项原则，即使社会制度和意识形态不同、历史文化和宗教信仰不同、发展水平和体量规模不同的国家，也完全可以建立和发展相互信任和友好合作的关系"。"要尊重各国不同的历史文化传统和发展阶段，尊重彼此的核心利益和重大关切，尊重各国人民自主选择的发展道路和制度模式"。[①]

以亲诚惠容理念为指南推动构建亚洲命运共同体可以重点把握以下几个方向。第一，应秉持"先易后难、逐步推进"原则。要首先发挥经贸优势，巩固"经济共同体"，让周边国家得到实实在在的"好处"，以此作为落实亲诚惠容理念的基础。受新冠疫情、乌克兰危机，以及国际贸易保护主义的多重打击，许多国家经济增速出现下滑，债务危机加剧，互联互通受阻，各国普

---

① 《弘扬和平共处五项原则 携手构建人类命运共同体》，《人民日报》2024年6月29日，第2版。

遍将经济发展与合作重心转向国内和所在区域，亚洲国家对从与中国合作中获利的期待进一步上升。因此，要注重中国自身经济发展红利的"溢出效应"，逐渐与亚洲国家建立起区域经济、贸易、投资、能源、金融的合作框架。同时，还要与"双循环"新发展格局有机结合，积极推动亚洲区域合作，探索建立有利于区域合作的新议题与新平台，用好、用活以及强化该地区相关多边机制，比如亚太经合组织、金砖国家、上海合作组织、10+1、10+3、中日韩领导人会议等。

第二，切实解决某些国家对华"近而不亲"问题。尽管中国与周边国家存在大量的共有文化、共有价值、共有理念，但某些国家对中国的好感度还有待提升。为此，一方面，应在人文交流等方面将资源优先投入周边地区，进一步强化与周边国家的人文纽带，在留学与旅游等方面加大与亚洲国家的合作；另一方面，要结合文化与历史传统，与周边国家就彼此间"价值观共通性"加强联合研究。在这方面，2013年2月启动的由我国与中亚国家联合开展的丝绸之路跨国申遗工作，以及2013

年7月东北亚名人会第八次会议公布的关于中日韩共用常见800汉字表草案，都是十分成功的先例。除此之外，中国与南亚和东南亚不少国家具有源远流长的宗教渊源，中国与周边国家进行相关联合研究具有广泛的基础。

第三，通过机制建设提升与亚洲国家之间的信任。党的十八大以来中国高度重视区域合作机制建立。据统计，中国与周边国家之间已建立的15个合作机制中，党的十八大之前建立的有10个机制，党的十八之后建立的5个机制全部是由中国倡议并主导推动，包括"一带一路"倡议、亚洲基础设施投资银行、澜湄合作、亚洲文明对话、中国—中亚峰会机制。在制度建设上，一方面要拓展已有对话机制。比如，目前中国与亚洲国家已经有中日韩文化部长会议和上合组织成员国文化部长对话机制等，在此基础上可以考虑将其进一步扩大。还可以考虑建立与扩大与有关国家的教育部长对话机制、高校校长对话机制等。另一方面要统筹发展与安全，加大在安全与政治领域的对话与合作，并逐步将其机制化。党的二十大报告明确指出，"中国提出了全球发展倡议、全球安全倡议，愿同国际社会一道努力落实"。①当前亚洲地区面临巨大安全合作机制与政治合作机制"赤字"，中国不能仅仅关注经济机制与文化机制的建立，还应积极主动推进该地区安全机制建设。

第四，在对外话语体系建设上形成合力。无论是亲诚惠容理念还是"亚洲命运共同体"理念，中国必须和亚洲国家一起相向而行并形成合力才能最终落地生根。为此，首先要取得他们对理念的理解，要注意话语权的塑造，特别是需要对亲诚惠容与"亚洲命运共同体"的概念进行阐释，增强受众意识，贴近国外受众的文化背景与接受习惯，创新话语表达方式，在周边外交新理念的传播中，如何诚恳亲切地将理念转化为能够为大众所接受的日常语言尤为重要。②

---

① 习近平：《高举中国特色社会主义伟大旗帜　为全面建设社会主义现代化国家而团结奋斗——在中国共产党第二十次全国代表大会上的报告》，人民出版社，2022，第62页。
② 陈小鼎：《中国周边外交新理念的国际话语权塑造》，《上海行政学院学报》2017年第2期，第85—93页。

第三章　共商共建共享与亚洲命运共同体

孙西辉[*]

共商共建共享是构建人类命运共同体的原则，也是全球治理观的核心内容和全球治理遵循的原则。亚洲命运共同体是人类命运共同体在亚洲的映射，构建亚洲命运共同体必然遵循与人类命运共同体相同的原则。此外，构建亚洲命运共同体需要加强各领域的治理，同样要遵循共商共建共享原则。这需要明确共商共建共享的基本含义和内在逻辑，阐明共商共建共享的必要性和可行性。共商是利益攸关方广泛参与、平等协商并试图寻求共识解决问题的过程，共建强调国际行为体开展广泛务实的合作，共享的核心在于公平分配和普惠利用全球

---

[*] 孙西辉，中国社会科学院亚太与全球战略研究院副研究员。

发展成果与治理成果。从共商、共建到共享是一个有序循环推进的过程，共商是共建和共享的前提，共建是共商和共享的桥梁，共享是共商和共建的目的。共商共建共享具有深刻的理论蕴意，体现了中国传统文化的思想精髓、马克思主义的国际主义思想和《联合国宪章》与国际法原则。亚洲发展面临"四大赤字"内在地要求亚洲各国坚持共商共建共享原则，亚洲在价值理念、文化传统和当前心态方面存在的共性和共识使落实共商共建共享原则具有可行性。

第一节 共商共建共享的内在逻辑

共商共建共享是高度凝练的行动指南，需要准确理解其本质内涵、相互关系和理论意义。共商注重共同协商，共建侧重共同建设，共享强调分享，三者各有侧重但突出"共同"。共商共建共享原则具有深刻的理论意蕴，体现了中国传统文化的思想精髓、马克思主义的国际主义思想和《联合国宪章》与国际法原则。

一、共商共建共享的本质内涵

中国作为人类命运共同体的倡导者与推动者，树立了牢固的命运共同体意识，积极传播这一理念，塑造命运共同体国际规范，推动各国共建人类命运共同体。共商共建共享是践行构建人类命运共同体，有助于从理念、规范和行动等方面推动各国共建人类命运共同体，这需要准确理解共商共建共享的本质内涵。

（一）共商的含义

习近平总书记在许多国际场合强调共商的意义和价值。例如，2013年3月23日，他在莫斯科国际关系学院发表题为《顺应时代前进潮流　促进世界和平发展》演讲时指出："世界上的事情只能由各国政府和人民共同商量来办。这是处理国际事务的民主原则，国际社会应该共同遵守。"① 他指出："中国倡导国际社会共同构建人类命运共同体，建立以合作共赢为核心的新型国际关系，坚持国际关系民主化，坚持正确义利观，坚持通过对话协商以和平方式解决国家间的分歧和争端。"②

共商指大家的事情大家商量着办，是利益攸关方广泛参与、平等协商并试图寻求共识解决问题的民主过程。在构建亚洲命运共同体中，共商意味着各国无论大小强弱都能平等地参与治理进程，自由表达自身的利益诉求和观点主张，平衡各方利益，兼顾各方关切，通过协商一致的方式达成共识的过程。③ 共商不仅是一种实践方法，也是一种治理理念。它展现了国际行为体在全球性问题和挑战凸显的背景下，通过国际合作、平等参与和共同治理，实现和平与发展的理想追求和共同体意识。

共商是体现基于多边主义精神的广泛平等参与。④

---

① 习近平：《论坚持推动构建人类命运共同体》，中央文献出版社，2018，第 7 页。
② 同上书，第 275 页。
③ 李景治：《秉持共商共建共享的全球治理观》，《思想理论教育导刊》2018 年第 8 期。
④ 孙志煜、李蕤：《"共商共建共享"理念下的全球治理——以中国—东盟经济一体化进程为例》，《法治论坛》2019 年第 3 期。

共商强调亚洲各国对国际事务的广泛参与，所有利益攸关方都有权利参与到国际事务的协商与决策中。人类价值观不应由部分国家主导，具体议题不应由部分国家垄断。共商强调在国际事务中平等对话。在共同协商的框架下，亚洲各国无论大小、贫富、强弱，都应有权利表达自身观点和诉求，各方的观点与主张都应被尊重和考虑。共商体现多边主义精神，强调国际行为体应积极参与主要的国际组织和开放的多边机制，通过多边机制实现广泛而平等的对话。联合国是国际社会最重要的国际组织和最核心的多边机制，《联合国宪章》的宗旨和原则强调主权平等与和平解决争端。联合国为世界各国特别是话语权较弱的广大发展中国家提供了表达自身诉求和维护切身利益的重要对话平台，是国际行为体共同协商的重要平台和现实依托。

共商是对多元利益诉求的尊重和平衡，强调利益表达和聚合的民主过程。共商是利益攸关方表达自身利益诉求、兼顾各方利益关切、寻求和凝聚共同利益的过程。国家利益是各国外交政策的出发点和落脚点，国际社会是一个多元利益的共同体，各国的利益诉求可能存在差异甚至对立。共商强调尊重各国的多元利益。在多元利益诉求的国际背景下，共商通过平等的对话与协商，体现对多元利益的尊重和重视，展现调解利益冲突的努力。共商强调对多元利益的协调和平衡。在利益冲突的背景下，对抗只会使矛盾加深及各方利益受损，唯有通过平等的多边协商才能在平衡各方利益的过程中达成兼顾各方利益的共识。共商的最终导向是实现和壮大共同利益。通过平等的协商和谈判，可以找到各方现实利益的最大公约数，通过筑牢共同利益奠定合作的基础，进一步发展壮大共同利益，在应对现实问题挑战的进程中不断筑牢利益共同体。

共商通过协商一致解决问题彰显国际关系民主化。共商强调协商一致，即通过对话协商达成共识，共同决策解决现实问题。这种方式通过民主形式与和平方式解决矛盾争端、共同参与决策、达成国际合作、应对共同挑战。共商强调决策透明，即亚洲各国在共同协商处理国际事务的过程中应充分交流观点和交换意见，减少误解和猜疑,减少消息偏差和认知偏差,有助于增强各方互信,推动协商顺利推进和达成有效合作。在多方决策的过程中,应保证公平公开透明,维护协商民主和决策民主。共商强调凝聚智慧,在参与国际事务决策和亚洲治理的进程中,各方有权也应当积极贡献合理方案和科学意见,通过凝聚各方智慧有效提升决策和治理的科学性,为国际社会的长远发展和长治久安汇聚更多力量。共商原则展现了参与的广泛性、对话的平等性、协商的民主性、决策的透明度和科学性,深刻体现并能有效推动国际关系民主化。

(二) 共建的含义

共建即共同建设,强调国际行为体开展广泛务实的合作。通过广泛合作、优势互补和风险共担,实现各国的互利共赢和繁荣发展。在构建亚洲命运共同体过程中,共建意味着国际行为体通过务实合作积极参与亚洲经济治理、安全治理和生态治理等事务,意味着行为体共同参与亚洲治理体系的建设和完善。共建原则是国际合作和亚洲治理的科学指引和合理方向，展现了亚洲各国共谋发展、共建和平、共同治理的必由路径。

共建强调共同合作、平等合作与广泛合作。共建强调国际行为体应深化通过共同合作实现发展、应对挑战的意识。随着经济全球化发展，亚洲各国经济相互依赖程度显著提升，没有一个国家能在国际事务中独善其身，唯有通过共同合作方能应对全球性风险挑战，才能更好推动全球经济社会持续健康发展。共建注重在国际合作的过程中各方有平等的权利和义务，合作不应是为满足一方利益而牺牲另一方利益，而是各方在达成合作计划、推动合作落实的进程中应有平等地位，应尊重各国的发展模式和利益诉求。共建倡导广泛合作。在合作主体方面，不仅倡导政府间的深度合作，也倡导主要国际组织、非政府组织、民间企业、公民个体的广泛参与，构筑不同层级的多主体合作网络，将合作做深做实。在合作领域方面，共建原则既倡导经济合作也倡导文化交流和文明互鉴，既倡导安全合作也倡导各国广泛参与多边合作机制的建设。

共建强调优势互补。亚洲各国的资源禀赋、发展水平和产业格局有显著差异，共建原则强调各方发挥各自比较优势，通过政策协调、市场开放和合作项目推进实现资源配置最优和合作效益最大化，通过优势互补实现互利共赢。共建强调资源的共享互通和优化配置，亚洲各国拥有不同的自然资源、人力资源和市场资源，通过资源共享尽可能减少资源浪费，更好地满足各方发展需求，实现资源充分利用，提升合作效益。共建强调技术合作和创新发展。各方应基于自身的技术能力和合作导向推动共享技术和技术创新合作，通过技术赋能提升生产效率和合作效能，推动各方共同实现创新发展。共建强调产业协同合作。合作各方应基于自身的产业特点和市场需求推动产业协同发展，充分发挥各自比较优势，实现产业链与供应链的整合与优化，建设有竞争力的产业集群，推动产业升级和经济持续增长。

共建强调风险共担。[1] 共建原则强调合作各方应理

---

[1] 朱旭：《中国的全球治理观：立论基础、内在逻辑与实践原则》，《国际问题研究》2023年第2期。

性识别和评估多元化的风险并通过合作有效应对风险挑战，筑牢合作互信的根基，推动长远的合作发展。共建原则强调合作各方应共同应对各种风险挑战，包括政治风险、经济风险、社会风险、安全风险等。共建原则强调合作各方应推动建立全过程的风险识别、评估、预防和应对机制，制定多元的风险管理措施，提升风险响应能力和风险控制能力，尽可能降低风险的影响程度。共建原则强调风险共担和互信合作的有机统一，如果合作各方的互信基础不牢，风险来临时政策协调机制和风险应对机制就有可能出问题，通过深化各方互信有利于风险共担，通过共同应对处理风险有利于巩固互信基础，形成合作的良性循环和持久动力。

(三) 共享的含义

共享即共同分享，其核心在于公平分配和普惠利用全球发展成果和治理成果。在构建亚洲命运共同体过程中，共享原则意味着亚洲各国都有平等的权利参与治理进程，都应能公平分享治理成果。这种共享既有经济物质资源的分享分配，也包括知识、技术和文化等非物质层面的共享。发展成果应惠及各国人民，治理成果应由各国公平分享，发展机遇应由各国共享。[①] 普惠公平的国际制度和治理体系是实现发展成果和治理成果共享的制度根基和有力保障。

共享强调发展成果惠及各国人民。在经济全球化的进程中，很多国家的贫富差距显著扩大，中产阶级和底层人民很难公平地享受全球经济社会的发展成果。共享原则强调提升各国人民生活水平，关注发展成果惠及各国人民，注重公共服务的普惠均衡，旨在实现人民福祉的最大化。在共享原则的指导下，亚洲各国应通过国际合作提升教育、医疗和社会福利水平，加强基础设施建设，推动减贫事业，提升教育普及率，防治重大流行病传播，维护食品安全，保障人民生活幸福和身心健康。

共享原则强调发展成果公平分享。广大发展中国家在国际生产分工体系、贸易体系和金融体系中处于劣势

[①] 毕秋：《"共商共建共享"：全球治理的理念创新与实践推进》，《延边党校学报》2017年第6期。

地位，难以公平地获得与其劳动产出相匹配的成果收益。共享原则强调投资与贸易收益的公平分享，使亚洲各国在公平有效的国际合作中实现投资和贸易收益的公平分配。由于各种历史现实，众多发展中国家的技术水平显著落后于发达国家，这是制约其经济发展的重要因素。共享原则强调技术跨国交流和知识共享，发达国家可以通过教育交流、技术培训和技术转移等方式推动知识技术的共享，提升发展中国家的技术水平，实现共同发展。发展中国家缺乏发展经济的资金，国际金融市场波动将加剧其经济脆弱性。共享原则提倡金融资本的支持和援助，国际货币基金组织和世界银行等国际金融组织和发达国家通过贷款和援助，支持发展中国家应对经济危机并实现经济发展，有助于发展普惠均衡的经济。

共享原则强调发展机遇共享。发展机遇共享本质上是通过国际合作共享资源的发展过程。在利益交织和风险共担的时代，亚洲各国不仅要共同面对风险挑战，而且要共同分享发展机遇，以实现共同发展繁荣。共享原则强调市场机遇共享，主张平等的市场准入条件，致力于消除各种贸易和投资壁垒。亚洲各国不断推动的双边和多边自由贸易谈判体现了这一原则，有助于实现市场机遇共享。共享原则强调创新机遇共享，主张加强国际科技交流与合作，加大技术研发力度，实现各国科技进步和产业升级。中国坚持太空技术合作立场，向国际社会开放空间站和探月工程，主动与他国分享用于科研的月壤，是推动创新机遇共享的典型表现。

二、共商共建共享的逻辑关系

共商、共建和共享间有着紧密的逻辑关系和互动机制。从共商、共建到共享是一个有序循环推进的过程，共商、共建和共享三者之间相互促进。共商、共建和共享的协调发展有助于提升合作的系统性和整体性，有助于实现合作效益最大化，真正实现互利共赢。共商、共建和共享间的循环推进、互相促进和协调发展，推动了国际合作的深化落实和亚洲治理的发展改善。

(一) 共商是共建和共享的前提

共商是构建亚洲命运共同体的理念基础和实践起点，是亚洲治理的根本前提。共商首先体现了一种"合作实现发展、合作应对挑战"的理念，这种理念体现了命运共同体精神，是国际合作和亚洲治理的理念和意识基础。共商本质上是一个利益表达和聚合的过程。由于亚洲各国的现实制度、经济社会状况、发展道路和国家利益存在差异，各国的观点主张和利益诉求也是多元化和差异化的，各国在合作观念、合作路径、合作目标等多方面必然存在差异和矛盾。共同协商可以使各方充分沟通、交流彼此的观点主张和利益关切，并在协商谈判过程中寻找各方利益的最大同心圆。共识的达成是务实合作的关键，唯有通过持续协商方能增进理解、达成共识、建立信任并夯实合作根基，这是共建和共享的基本前提条件。通过共同协商可以制定设计合作规划，这也为共建的具体路径提供了指导。

(二) 共建是共商和共享的桥梁

共建是构建亚洲命运共同体的必由之路和现实依托，是亚洲治理的关键一环。共建是现实共商的路径，是将共识转化为实践、从构想走向行动的关键环节。在通过共同协商达成共识的背景下，通过共同建设，各方将协商达成的协议计划转化为现实行动，共同投入资源、发挥各自优势、共同承担风险，实现合作目标。在共商结果的指引下，共建不仅是硬件设施建设，如基础设施建设与互联互通，也是规则和机制的建立和完善，这是有效落实合作目标的长久保障。共建还是实现共享的前提条件。唯有通过共建才能有效实现合作成果和合作效益，这是共享收益的现实物质基础。同时，共建深化了各方共享的合理性和必要性。只有持续稳定高效的共建才能推动亚洲各国经济社会持续发展和各领域的治理不断完善，才能使亚洲各国人民公平享受更多发展成果。

(三) 共享是共商和共建的目的

共享是构建亚洲命运共同体的最终目标和理想结果，是亚洲治理的逻辑终点。共享是共商共建的目标和结果。在共商共建的理念指引和实践进程中，亚洲各国不断巩固共识，不断扩大共同利益，不断提升互信程度，不断提高合作效益，最终得以实现发展成果共享。共享也是共商共建的动力。共享的目标是亚洲各国积极合作的现实导向和根本动力，真正实现共享能够进一步增强各国对共商共建的认同和动力。这将形成一个正面示范效应和正向激励机制，鼓励和吸引更多国家和人民积极参与到共商共建的进程中，实现共商、共建、共享的有机循环。①

三、共商共建共享的理论意涵

共商共建共享具有深厚的中国传统文化底蕴，符合

---

① 朱旭：《中国的全球治理观：立论基础、内在逻辑与实践原则》，《国际问题研究》2023年第2期。

马克思主义理论和国际法规。这一原则体现了鲜明的中国传统文化精髓和马克思主义国际主义思想，将中国与世界各国的利益紧密联系在一起，并基于普遍认可的国际规则推动国际社会朝着公平合理的方向不断前进。

（一）体现了中国传统文化的思想精髓

共商共建共享原则主张不同国家和地区在平等协商的基础上共同努力，实现发展繁荣，这与儒家思想中的"大同"思想、"天下观"和"和而不同"等理念相契合。

"大同"思想追求天下为公、人人平等、和谐共处的理想社会。天下为公指天下为公众所有，这意味着人人应该共享资源和财富。共商共建共享原则倡导通过国际合作，实现资源和发展成果的公平分配，造福全人类。儒家思想强调人与人之间的和谐共处和互助合作。共商共建共享原则通过平等对话和协商，促进国际合作与和谐，减少冲突和对抗。儒家思想中的"大同"社会追求共同富裕和社会公平，强调每个人都应享有平等的发展机会和成果。共商共建共享原则通过合作实现各国的共同发展和繁荣，体现了共同富裕的理念。

"天下观"强调四海一家和协和万邦，主张世界各国应和睦相处。这种观念为共商共建共享原则提供了全球视野和人类共同体意识。天下观的核心在于追求世界和平与稳定，通过合作解决国际争端和冲突，建立公正合理的国际秩序。这与共商共建共享原则强调的多边合作和共同治理相契合。

"和而不同"指在追求和谐的同时，尊重各个国家和民族的差异。这种思想强调了多样性和包容性，提倡在多样化的基础上实现和谐共处。通过尊重多样性和包容异议，各国可以在平等对话的基础上找到共同利益，实现合作共赢。共商共建共享原则通过平等对话和协商，确保各国在国际事务中的平等参与和利益表达。

（二）体现了马克思主义国际主义思想

共商共建共享原则主张各国不论大小、贫富、强弱，都应享有平等的参与权、决策权和收益权，共同应对全球性挑战，通过集体行动解决问题的思路，反对霸权主义和强权政治。这与马克思主义国际主义思想相一致。

马克思主义主张发扬国际主义精神，强调无产阶级的联合和劳动人民的团结协作，以实现全人类的共同解放和发展。共商共建共享原则强调通过平等合作实现各国的共同利益，在某种程度上体现了这一思想精髓。

马克思主义认为，生产力的发展是社会进步的基础，资本主义的发展使全球经济联系日益紧密，国际合作和技术交流可以促进全球生产力的发展，实现共同繁荣。共商共建共享原则强调通过国际合作推动全球经济一体化，实现共同发展。

马克思主义反对帝国主义和霸权主义，主张各国人民的平等和互助，强调社会财富应为全体人民共享。共商共建共享原则通过公平分配合作成果实现各国的共同发展和繁荣，体现了社会公平和正义。它反对单边主义，提倡多边合作和共同决策，推动国际关系民主化和平等化。①

（三）体现了《联合国宪章》与国际法原则

《联合国宪章》强调各国主权平等，不干涉内政，主张维护国际和平，倡导通过和平方式解决国际争端，鼓励国际合作以促进经济和社会发展。共商共建共享原则在实践中以尊重各国主权和平等地位为前提，主张通过平等协商解决国际争端和矛盾，避免使用武力或威胁，强调通过国际合作推动各国的经济发展和社会进步，实现各国共同繁荣。这表明，共商共建共享原则在实践中体现了《联合国宪章》的精神。

国际法理论提供了各国交往与合作的法律基础，强调各国主权平等，主张通过法治维护国际秩序和公平正义，倡导通过国际合作促进人权和发展。共商共建共享原则尊重各国主权，主张通过平等对话和协商实现国际合作和共同发展，倡导通过规则和法律实现合作，推动

---

① 孙西辉：《社会主义国家处理国际主义与国家利益关系的实践与理论》，《教学与研究》2021 年第 11 期。

经济和社会发展，实现人权的保护，推动国际关系的法治化。这意味着，共商共建共享原则与国际法的基本要求相一致。

第二节　共商共建共享的必要性

与全球发展面临的问题类似，亚洲在现实发展中也存在"治理赤字""信任赤字""和平赤字"和"发展赤字"，这内在地要求亚洲各国坚持共商共建共享原则，积极推动亚洲的和平与发展。在价值理念方面，亚洲国家形成得到普遍认同的亚洲价值观，其核心内涵与共商共建共享的理念相契合。在处事方式方面，亚洲国家形成普遍适用的"亚洲方式"，其基本特征也与共商共建共享的实践相一致。

一、亚洲"四大赤字"亟待破解

习近平总书记指出,全球发展面临"治理赤字""信任赤字""和平赤字"和"发展赤字",需要通过公正合理、互商互谅、同舟共济和互利共赢破解。[①] 在亚洲同样如此,构建亚洲命运共同体也需要坚持共商共建共享原则,着力破解亚洲发展的"四大赤字"。

(一)亚洲的治理赤字

治理赤字指在特定地理范围内因缺乏有效的治理机制导致政治、经济、安全和生态等各领域的管理效能不足。亚洲作为一个各国国情异常多样化的地区,存在显著的治理赤字。这些治理赤字既和亚洲国家间合作不足有关,也受域外大国的影响。它既影响亚洲的和平与发展,也对全球治理产生复杂的影响。

亚洲缺乏各领域的地区性多边治理机制。亚洲缺乏

[①] 《习近平外交演讲集》第二卷,中央文献出版社,2022,第175—177页。

统一权威的环境治理合作机制,各国在环境政策和资源政策上的协调不足,严重影响地区内的环境治理能力。亚洲没有能够覆盖整个地区的安全合作机制,难以有效协调各国切实加强安全合作,及时应对地区内的领土争端、族群冲突和核扩散等安全问题。亚洲各国的金融合作水平较低,缺乏持续有效的金融政策协调机制,全球金融市场波动或金融危机往往对亚洲金融市场和金融主权产生显著冲击。在公共卫生领域,亚洲的多边合作治理机制也较为薄弱。在新冠病毒大流行时期,各国缺乏信息共享和政策协调机制,影响疫情整体防控的效果。

亚洲多边治理机制的局限性较强。亚洲多边治理机制存在机构重叠和功能分散等问题。虽然亚洲存在东南亚国家联盟、上海合作组织和《区域全面经济伙伴协定》等地区性国际组织和合作机制,但是它们的机制和功能存在一定程度的重合,亚洲整体的治理体系不够完善,治理效率较低。亚洲多边治理机制存在代表性和包容性不强的问题,亚洲缺少类似欧洲联盟或非洲联盟等能够代表整个亚洲的地区性国际组织或治理机制。大多地区性国际组织和多边机制的成员构成难以反映亚洲的多元性和复杂性，部分多边机制的开放程度不高，包容性不够强。亚洲多边治理机制存在制度化水平和执行力不足的问题，多数治理机制缺乏完善的制度支撑，缺乏有效的执行和监督机制，导致难以有效落实多边共识和协议，执行效果不尽理想。

亚洲治理受到域外大国特别是美国影响。在安全方面，美国围绕中国推行"印太战略"，加强与盟友和伙伴的关系，构建美日印澳四边机制（QUAD）、美英澳三边安全伙伴关系（AUKUS）和美日澳菲"四方安全机制"（SQUAD）等"小多边"（"少边"）机制，试图通过加强在亚洲的军事存在遏制中国的实力和地区影响力快速提升的发展势头。这破坏了亚洲的和平与稳定，加剧了亚洲各国的对抗，不利于地区安全合作。在经济方面，美国积极推进"印太经济框架"（IPEF），试图主导地区经济规则制定，影响亚洲各国的经济合作进程。在价值观和政治意识形态方面，美国在亚洲推广所谓的"普世价值观"和"美式民主"，拉拢盟友和伙伴组建价值观联盟，肆意干涉其他亚洲国家的内部事务。这不利于亚洲的稳定和亚洲治理的顺利推进。

（二）亚洲的信任赤字

信任赤字是"合作中信任供不应求的状态"，[①] 指在国际关系中国际行为体因为缺乏相互信任难以达成有效合作的状态。亚洲的信任赤字是多种因素影响的结果，包括历史遗留问题、地缘政治冲突、文化和宗教差异及经济产业竞争等。

历史遗留问题导致信任赤字。亚洲国家之间的战争历史和民族记忆及领土争端导致信任赤字。二战期间日本对许多亚洲国家的侵略给各国人民带来巨大创伤，日本政府并未妥善处理历史问题，对侵略历史的态度模糊，这严重影响日本与亚洲各国的政治互信。朝韩之间长期对立对抗给半岛人民带来巨大伤害，两国建立互信困难重重。俄日南千岛群岛（北方四岛）争端、韩日

[①] 蒋芳菲：《东亚地区经济合作中的"信任赤字"：演变与动因》，《当代亚太》2022年第6期。

独岛（竹岛）争端、中日钓鱼岛争端、中印边界争端、印巴领土争端和南海主权与海洋权益争端也使相关国家难以建立深层次的互信，国家间关系波动较大。

地缘政治冲突导致信任赤字。亚洲是地缘政治冲突最集中的地区之一，大国竞争和地区冲突影响各国间的互信与合作。近年来，美国对中国产生日益严重的战略焦虑，为拉拢更多国家共同对抗中国将许多亚洲国家置于在中美之间"选边"的境地。这影响了中国周边环境的安全稳定，加剧了中美两国以及中国和部分周边国家的不信任。朝鲜与美韩之间的对抗也使东北亚地区的国际关系恶化，破坏这些国家间的政治互信。

文化差异导致信任赤字。亚洲是一个多民族、多文明、多宗教、多文化的地区，不同宗教文化间的差异、分歧、偏见导致国家间的信任赤字。中日韩三国虽同为儒家文化圈，但三国在对传统文化理解上存在差异，并争夺传统文化归属权，这影响了三国间的关系，文化分歧削弱了三国间的互信。

经济竞争导致信任赤字。亚洲国家的经济竞争日趋激烈也带来更多国家间的信任赤字。随着中国的产业转型升级，中国制造对日韩在高端产业的市场份额造成压力，中日韩在汽车制造、半导体和机械制造等行业的产业经济竞争愈发激烈，产业竞争和利益冲突也会增加国家间信任赤字。随着中低端制造业从中国向东南亚和南亚国家转移，这些国家在发展制造业和吸引外资方面形成一定竞争关系，也会影响国家间的互信。

（三）亚洲的和平赤字

和平赤字指特定国家或地区的和平遭到破坏或安全环境面临严峻挑战的状况。这方面的威胁包括战争和军事冲突等传统安全问题以及各种非传统安全问题，亚洲的和平面临复杂的安全挑战，进而导致亚洲存在显著的和平赤字。

亚洲的领土争端复杂多样。亚洲领土争端主要集中在南海、东海和克什米尔地区等地，涉及多个国家和地区。中国、越南、菲律宾、马来西亚等国均对南海地区提出主权声索，美国因素使南海形势更加复杂和危险。

中日在钓鱼岛问题上的争端久拖不决，两国都坚持在其周边水域进行常态化巡航。近年来中印在边境地区的对峙和冲突时有发生，两国关系陷入低谷。印巴围绕克什米尔地区的领土争端是两国矛盾的焦点，在该地区多次爆发大规模冲突，显著影响两国关系和南亚地区的安全与稳定。

恐怖主义和极端主义对亚洲的安全环境构成明显威胁。西亚、南亚和中亚是恐怖主义活跃的地区，"基地组织"、"伊斯兰国"、巴基斯坦塔利班和"俾路支解放军"等恐怖组织或极端势力十分猖獗，频繁发动针对平民的袭击。西亚地区是全球恐怖主义活动最为集中和活跃的地区之一。在东南亚，近年来恐怖主义活动呈分散化发展趋势，地区分离主义组织与全球"圣战"恐怖主义合流，给东南亚带来不可忽视的安全挑战。

亚洲是核扩散的高风险地区。朝鲜迄今进行了六次核试验，韩国和日本希望拥有核武器的意愿增强，朝鲜与美日韩的对立对抗使东北亚核冲突的风险上升。伊朗的核项目受到国际社会广泛关注，其核技术进展引发国际社会对核扩散的担忧。印度和巴基斯坦均拥有核武器，两国的矛盾使核冲突的风险加大。在多个亚洲国家拥有或谋求拥有核武器的同时，非国家行为体获取核技术与核原料的可能性增大，亚洲核扩散的风险上升。

（四）亚洲的发展赤字

发展赤字指特定国家和地区经济社会发展不平衡、不充分的问题。亚洲的发展赤字既表现为亚洲经济社会发展水平与西方发达国家有显著差距，也表现为亚洲各国经济社会发展不平衡。亚洲存在贫困问题、产业结构单一问题、基础设施和社会服务保障不足问题，这些发展赤字影响亚洲经济社会的发展进步。

亚洲各国发展极不平衡。日本、韩国和新加坡等亚洲国家已经实现工业化和现代化，跻身发达经济体行列，老挝、蒙古国、缅甸、柬埔寨、阿富汗、孟加拉国、尼泊尔和东帝汶等国的经济社会仍处于较为落后的状态。许多亚洲国家的城乡差距和地区差距十分显著，导致其国内贫富差距拉大，带来一系列社会问题。在不少亚洲国家，贫困问题依然非常严重，大量人口处于贫困甚至极端贫困状态，妨碍经济社会持续发展。

部分亚洲国家的产业结构单一。中亚和西亚国家大多严重依赖石油和天然气等能源出口，其他产业不发达，产业转型难度较大，不利于其经济长期健康持续发展。此外，不少亚洲国家的教育和人才培养体系较为落后，科研创新能力较为薄弱，影响其经济的长期竞争力和可持续性。

许多亚洲国家缺乏必要的基础设施和社会服务保障。不少亚洲国家的交通、能源和网络通信的基础设施落后，物流成本较高，不利于工业和服务业发展，制约经济发展和地区经贸合作。部分亚洲国家的公共卫生服务能力不足，应对自然灾害的能力较弱，不仅影响人民的健康安全，也容易滋生更多贫困问题，不利于经济社会的稳定发展。很多亚洲国家的社会保障体系不健全，不利于提升民众的生活质量和生活水平，不利于增强国民消费能力，制约了这些国家的经济持续健康发展。

二、亚洲价值观与共商共建共享理念

亚洲的多元性孕育了不同的思想文化，它们在历史长河中不断碰撞交融，产生了一系列具有亚洲特色的价值理念。亚洲价值观体现了亚洲特别是东亚地区的传统思想文化，具有与西方文化迥异的特点。它不仅是亚洲人为人处世的基本规范，也是塑造亚洲国家对外行为的基本准则，与共商共建共享原则在理念上具有一致性。

（一）亚洲价值观的特性

亚洲价值观深受儒家思想、佛教、伊斯兰教和印度教等多种文化的交织影响，体现了一系列亚洲特有的价值观念，蕴含了亚洲人对家庭生活、个体与集体关系、发展模式和互动规范等一系列问题的独特理念和准则。

新加坡前领导人李光耀认为这种价值观存在五个特性：层级式的集体主义，服从集体和对集体领袖忠诚；家长制的精英领导，道德精英施行仁政；人际互惠与包容，避免与他人发生冲突；社群利益与和谐，个人利益服从于社群利益；儒家式家庭主义，家庭的重要性在个人之上。[1] 新加坡国会对亚洲价值观特性的描述是：国家至上，社会为先；家庭为根，社会为本；关怀扶持，同舟共济；求同存异，协商共识；种族和谐，宗教宽容。[2] 新加坡前总理吴作栋认为，亚洲价值观体现为"社区意识和民族意识，有纪律和勤奋的人民，强烈的道德价值观和家庭关系"。[3] 马来西亚前总理马哈蒂尔·穆罕默德认为，亚洲价值透过良善治理、家庭的神圣性、多样性的宽容、对弱者和不幸者的同情等价值观，以达成社会和谐。[4]

中国学者郑永年认为，亚洲价值观的提出反映了亚洲各国和地区发展及制度建设的亚洲文明性。[5] 项昊宇认为，新的亚洲价值观可归结为四方面的价值坚守：一

---

[1] 方长平、周方银、卢光盛等：《新时代中国周边外交的理论创新与实践成就》，《国际论坛》2023年第6期。
[2] 刘渝梅：《政治文化视角下的新加坡政党政治及其转型》，《南京社会科学》2012年第5期。
[3] Lee Kuan Yew, "Culture Is Destiny," *Foreign Affairs* 73, no. 2 (1994): 109–126.
[4] 陈中和：《马哈蒂尔的治国观：伊斯兰与亚洲价值》，《文化纵横》2018年第4期。
[5] 郑永年：《中国崛起：重估亚洲价值观》，东方出版社，2016，第6页。

是文化传承，弘扬传统文化美德；二是和谐有序，发挥国家和集体主导作用，维护社会稳定和谐；三是多元包容，求同存异，协商共识，尊重各国制度和道路选择；四是共同安全，反对阵营对抗。[1]

韩国学者杨钟厚和林玄镇认为，亚洲价值观概念有三种使用方式：一是作为威权政权的意识形态伪装；二是作为"东方主义"的表现；三是作为东亚发展的主要因素，通常认为儒家价值体系对东亚地区国家主导和出口导向型经济增长作出了贡献。[2]

(二) 亚洲价值观的核心要义

亚洲价值观是一个起源相当模糊的概念，各界对它代表着什么没有共识，不同群体对其赋予了不同的含义。[3] 总体来看，亚洲价值观的文化源头是儒家思想，[4]

---

[1] 项昊宇：《"亚洲价值观"正被赋予新的时代内涵》，《环球时报》2023年6月29日。
[2] Tonghoe Yang and Hyun-ChinLim, "Asian Values in Capitalist Development," *Asian Perspective* 24, no. 3 (2000): 23-40.
[3] Wan A. Manan, "A Nation in Distress: Human Rights, Authoritarianism, and Asian Values in Malaysia," *SOJOURN* 14, no. 2 (1999): 359-81.
[4] Adelyn Lim, "Asian Values in Confucian Masculinity: A Discourse Analysis of Parenting Advice to Fathers," *Women's Studies International Forum* 102 (January-February 2024): 1-7.

且以儒家思想为内核,其核心要义可归结为多元和谐共生、集体主义、尊重权威和注重秩序与稳定等方面。

亚洲价值观倡导多元和谐共生。亚洲是一个极具多样文化和文明的地区,民族、宗教和语言异常多元。东亚文化源远流长,中华传统文化融合了儒家、道家和佛教思想,形成独特的文化体系和价值标准。南亚是世界主要宗教的发源地之一,佛教、印度教和伊斯兰教相互交融。西亚也是古代世界文明的发源地之一,古巴比伦和古波斯文明昌盛一时。东南亚是独特的文化熔炉,各种文化元素相互碰撞。在这个文明多元、文化多样的地区,亚洲价值观倡导和谐与包容,强调不同个体间、族群间乃至国家间和谐共处,倡导和而不同,主张不同文化和民族间相互包容与理解。

亚洲价值观崇尚集体主义。集体主义在亚洲有深厚的历史根基,是亚洲价值观的核心要素。集体主义强调个人利益与集体利益紧密相连,个人要考虑家庭和集体的生存发展;强调个人利益服从于集体利益,个人应为集体的进步发展作贡献;在个人利益与集体利益冲突时，个人应牺牲部分利益或让渡部分权利以维护集体的利益。集体主义强调集中力量办大事，通过团队集体合作更高效地实现目标，也重视对集体中弱者的帮扶和支持。

亚洲价值观主张尊重权威和注重秩序与稳定。亚洲价值观强调在家庭中尊重长辈的意见，在国家中尊重政治权威的领导。亚洲价值观注重维护权威、制度建设和遵守规则，以维护国家和社会的秩序与稳定，这符合绝大多数人的利益。

（三）与共商共建共享的理念契合

亚洲价值观对于亚洲国家凝聚共识、形成认同和产生动力具有重要意义，对亚洲各国的发展和治理具有深远影响。它与共商共建共享原则在多个方面高度契合，都体现了倡导和平和谐、重视集体和追求秩序与稳定的意愿。

亚洲价值观中的多元和谐共生理念强调尊重不同文化和族群的差异，这与共商原则强调的不同国家无论大小强弱都应平等参与协商的精神是相通的。多元和谐共生强调求同存异，包容互鉴，共商原则强调在决策和治理过程中应广泛听取和吸收各方意见，平衡各方利益，达成共识实现合作。亚洲价值观注重和平与和谐，避免冲突与对抗，共商原则强调通过对话协商而不是暴力冲突和战争来解决现实问题。

亚洲价值观的集体主义和共商共建共享原则在本质上都体现了鲜明的共同体意识，即个体的生存发展与共同体的生存发展是紧密相连的，共同体内的个体是命运与共的。共商共建共享原则强调通过协商合作实现共同利益和共同目标，集体主义观念则为这种多边协商合作提供了文化基础。两种理念的共同归宿就是亚洲各国的互利共赢和亚洲整体的进步发展。亚洲价值观坚持的集体主义强调对集体中弱者的帮扶支持，这与共商共建共享原则强调的公平分配和发展成果由各国人民共享相契合。

亚洲价值观强调维护规则和秩序，维护稳定与安全。共商共建共享原则注重各方在遵守规则规范的基础上达成可持续的协商合作，最终实现共同的和平与发展。遵守共商共建共享原则有助于维护地区秩序，有助于保障地区共同安全，有助于地区内的持续稳定发展。

三、"亚洲方式"与共商共建共享实践

在日本、"亚洲四小龙"、东盟国家和中国快速发展的带动下，越来越多的亚洲国家步入经济社会发展的"快车道"，亚洲地区的一体化进程不断加速，各国越来越强调处理国际事务的"亚洲方式"。它体现了亚洲国家特有的文化传统，与共商共建共享原则在理念和实践上具有一致性。

（一）"亚洲方式"的基本内涵

自20世纪80年代末期开始，新加坡和马来西亚的领导层政治精英一直在推进"亚洲方式"（Asian way）的政治发展模式，"亚洲方式"话语为威权政府提供了抵制国内更大政治民主化压力的理论基础。"亚洲方

式"这种文化民族主义话语可以被解释为一种泛亚洲文化主张,以及亚洲领导人要求西方领导人平等对待他们的呼吁。①

"亚洲方式"指亚洲国家在处理国际关系、推动经济发展、推动社会治理、推动文化传承交流等方面的独特实践路径和互动方式。"亚洲方式"倡导包容发展、交流互鉴和相互尊重,旨在促进亚洲国家间的相互理解与信任,实现亚洲各国共同繁荣发展和维护亚洲地区内的和平稳定。

2015年3月28日,习近平主席在博鳌亚洲论坛2015年年会的演讲中明确提到"亚洲方式"。他指出:"冷战结束后,亚洲国家在推进区域合作实践中逐步形成相互尊重、协商一致、照顾各方舒适度的亚洲方式。"②"亚洲方式"是一种开放互利的发展模式,是一种合作共赢的伙伴关系模式,是一种和平谈判的争端解决模式,是一种包容并蓄的文明互鉴模式。③ 这种"亚

---

① Lily Zubaidah Rahim, "In Search of the 'Asian Way': Cultural Nationalism in Singapore and Malaysia," *Journal of Commonwealth & Comparative Politics* 36, no. 3 (1998): 56.
② 习近平:《论坚持推动构建人类命运共同体》,中央文献出版社,2018,第204页。
③ 《以亚洲方式谋发展》,《人民日报》2015年6月16日,第3版。

洲方式"是符合亚洲国家实际的发展模式和互动方式。有学者将"亚洲方式"理解为一种地区合作方式,强调功能性议题导向、地区自主和相互尊重的平等原则、不干预主义和协商共识的决策程序等规范。[1]

(二)"亚洲方式"的主要特征

"亚洲方式"注重经济发展和开放共赢。亚洲国家强调将经济发展作为核心目标,注重经济的务实发展,注重结合自身实际制定适合本国国情的经济发展政策和战略。亚洲国家积极融入世界经济市场,注重加强地区经贸合作,签署各种双边和多边自由贸易协定,积极开放市场,促进地区内经济互联互通,实现各国经济的互利共赢和共同繁荣。

"亚洲方式"注重和平协商并反对各种干涉。"亚洲方式"倡导和平方式解决各种争端,避免冲突和对抗。许多亚洲国家通过和平谈判协商解决领土问题,

---

[1] 郑先武:《亚远经委会区域合作实践与"亚洲方式"初创》,《世界经济与政治》2016年第12期。

"和平共处五项原则"和"南海行为宣言"体现了友好共处与和平解决争端的精神。"亚洲方式"强调不干涉内政原则，尊重各国的政治体制和发展道路选择，注重防止外部干涉对多边合作和域内和平稳定的破坏。

"亚洲方式"注重文化的相互尊重和交流互鉴。亚洲国家重视文化多样性，尊重不同民族和文化的传统和价值观。亚洲国家拥有丰富多元的文化遗产，注重继承自身文化传统和保护各种文化遗产。亚洲国家重视并鼓励文化的交流合作，支持举办文化节、文明对话论坛和各种教育交换项目，促进域内不同文化间的交流，加强文化融合与互鉴，促进亚洲各种文化共生共荣。

"亚洲方式"注重安全对话并探索安全合作。亚洲国家注重通过亚信会议和东盟地区论坛等地区性机制加强安全对话，了解彼此安全关切，增强各方互信并维护地区安全稳定。亚洲国家努力完善上合组织等各种安全合作机制，通过务实的安全合作共同应对传统安全挑战和非传统安全挑战。

（三）与共商共建共享的实践相同

"亚洲方式"与共商共建共享原则在经济、政治、文化和安全等各领域的实践中都是相同的，都体现了对共同发展和共同安全的重视和追求。

"亚洲方式"强调通过市场开放和多边经贸合作推动亚洲各国经济共同发展，共商共建共享原则倡导各方通过积极协商达成合作共识并确定合作方向，共同参与经贸合作项目的建设和推进，共享经贸发展成果。两者都重视多边合作，体现了互利共赢的目标导向。

"亚洲方式"尊重文化多样性，尊重各国的历史文化传统和价值观念，而共商共建共享原则强调无论国家大小强弱都要彼此尊重政治权利、利益诉求、观点主张和治理方案。两者全面体现了相互尊重、相互包容的平等精神。

"亚洲方式"注重地区安全对话，重视探索地区安全合作机制，致力于维护共同安全。共商共建共享原则强调通过安全协商对话的方式交流安全关切、解决安全问题。两者表明没有任何亚洲国家能在亚洲安全问题上置身事外，各国的安全利益紧密相连，唯有通过积极的多边安全对话协商合作方能有效维护亚洲的整体安全。

第三节 共商共建共享的可行性

就亚洲国家及其相互关系的现状而言，相关基本事实使共商共建共享具有可行性。亚洲国家之间的地理邻近性和密切的历史、文化、经济和制度联系，为推广和践行共商共建共享原则提供了坚实的基础和广阔的空间。亚洲有复杂多变的地缘政治环境，经历过无数战争与冲突的洗礼。和平与稳定是亚洲人民的共同向往，共商共建共享原则顺应了这一共同愿望和追求。亚洲仍面临复杂多样的挑战，但是亚洲各国渴望发展，积极寻求经济合作推动共同发展，致力于推动基础设施建设和互联互通推动亚洲地区整体的繁荣发展，体现了共商共建共享原则在亚洲的现实土壤和实践意义。

一、亚洲国家联系密切有利于落实共商共建共享

亚洲作为最大的大洲具有显著的地理连通性和文化多样性，这成为诞生和落实共商共建共享原则的自然和人文基础。随着亚洲各国经济社会的不断发展，国际交往与合作日益密切，区域内的双边和多边合作机制趋于完善，各国人文交流更加频繁，有利于更好地落实共商共建共享原则。

(一) 为落实共商共建共享原则奠定历史基础

从东北亚、东南亚、南亚再到中亚和西亚，亚洲各国在地理上相邻，形成一个复杂多元的地理空间，为亚洲各国的交流交往提供了便利条件。亚洲是人类文明的重要发源地，各国间有深厚的历史联系和交往经历。"丝绸之路"不仅是沟通东西方的商贸要道，也是连接亚洲各地区文化、宗教和科技交流的桥梁。亚洲的海上

贸易将中国与东北亚、东南亚、南亚和西亚连接起来,促进了亚洲各类商品的流通,促进了先进技术的普及传播和文化艺术的交流融合。在历史交往中,亚洲各国受到中华文化、印度文化、波斯文化和阿拉伯文化的交织影响,儒家思想、佛教、伊斯兰教等思想和宗教在亚洲各地广泛传播,共同塑造了亚洲各国的文化形态。中国历代王朝与朝鲜半岛、日本、越南等亚洲国家和地区保持频繁的政治经济交往,通过朝贡和册封促进了这些国家和地区间的友好往来和经贸文化交流。这种悠久的历史交往为亚洲各国基于共商共建共享原则推进合作奠定了历史基础和认同基础。

(二) 为践行共商共建共享原则提供制度保障

二战结束以来,亚洲各国愈发认识到地区合作对经济发展、政治稳定和维护共同安全的重要作用,积极探索各种地区合作机制。经过长期努力,亚洲国家建立了东盟、上合组织、亚洲基础设施投资银行等地区性国际组织和对话合作机制,有力地推动了亚洲各国的经济合作、政治协商、安全对话和人文交流。东盟为东南亚各国提供了有效的政治经济合作平台，促进了东南亚国家的经济一体化，提升了东南亚国家的国际地位和国际影响力。东盟还积极推动与中国、日本、韩国的"10+3"合作机制，并与中国、日本、韩国、澳大利亚、新西兰等国达成自贸协议，促进了亚洲各国的经济合作。亚投行有助于解决亚洲基础设施建设投资不足和金融支持缺乏的问题，推进了亚洲基础设施建设和金融合作，提升了地区互联互通水平，促进了地区经济的整体发展。以上地区性国际机制和国际组织为践行共商共建共享原则提供了制度保障。

（三）为践行共商共建共享原则奠定经济基础

随着地区经济合作的深化，亚洲国家形成了高度相互依赖关系，体现在生产、贸易、投资等多个方面。随着一系列双边和多边贸易协定的签订，亚洲各国的关税和非关税贸易壁垒日益减少，国际贸易更加高效畅通，贸易额持续增长。在当前亚洲国家的对外贸易中，亚洲内部贸易占比已经超过 50%。[①] 越来越多亚洲国家建立了产业园、出口加工区和经济特区，积极吸引外国直接投资。随着地区内投资流动的快速增长，亚洲地区内产业链和供应链深度整合，特别是中日韩和东南亚国家逐渐实现了产业链上中下游的协调整合和制造业价值链高中低端的分工协作。亚洲国家在金融领域的联系也日益紧密，通过建立地区金融机构和合作机制、积极签署货币互换协议、加强货币金融政策沟通协调，促进了地区内的资本流动和金融合作，增强了亚洲域内金融环境的稳定性，提升了金融市场面对市场波动和金融危机的抗风险能力。亚洲各国在经济发展中互为依存、共生共荣，为践行共商共建共享原则奠定经济基础。

（四）为落实共商共建共享原则夯实民意基础

亚洲国家存在深厚的文化联系，人文交流日益活跃，文化、教育和旅游等方面的交流合作不断加深，有效增进了各国人民的相互理解和信任。各国通过举办文

[①] 林芮：《亚洲区域经济合作持续向好》，《人民日报》2020 年 7 月 29 日，第 3 版。

化节、电影节、文化艺术展览和文艺汇演交流等方式，例如，中国和东盟国家举办中国—东盟文化节，展现了不同国家的文化传统和文化特色，促进了优秀文化成果交流互鉴，增进了各国人民间的真诚友谊。随着交通基础设施完善和签证政策放宽，亚洲各国间的旅游人数显著增加，既推动经济发展也促进人文交流。亚洲各国举办各种亚洲竞技赛事和文化论坛，开展留学合作，促进了各国的文化交流和学术交流，丰富了亚洲人文交流的路径和形式。文化交流与民心相通也能为地区务实合作和践行共商共建共享原则夯实民意基础。

二、亚洲国家向往和平有益于践行共商共建共享

生存与安全是作为个体的人及作为人构成的国家最基本的权利，实现普遍和持久和平并确保各国安全是亚洲人民的共同愿望。近代以来被西方欺辱的惨痛经历、长期战乱和贫困的历史记忆以及日益严峻的各种安全挑

战使亚洲国家倍加珍惜来之不易的和平，这成为亚洲国家积极践行共商共建共享原则的巨大动力。

（一）为践行共商共建共享原则提供持久动力

亚洲许多国家长期遭受殖民统治，饱受冲突和战争之苦，深知和平弥足珍贵，热切盼望和平。19世纪以来西方的残酷殖民侵略和长期的殖民统治，以及20世纪以来的两次世界大战和冷战博弈背景下的地区战争，给亚洲各国人民带来严酷的摧残、深重的破坏和深刻的创伤，亚洲国家对和平有更深层次的理解和更强烈的渴望向往。亚洲各国在战争后积极重建家园并推动经济社会发展，努力维护来之不易的和平环境。许多亚洲国家在战后走上和平发展道路，实现了经济社会快速发展。亚洲近几十年的繁荣与亚洲总体相对稳定的安全环境密不可分，这也使亚洲各国更加重视维护地区安全环境。在战火洗礼背景下的亚洲各国对和平与稳定的珍视与向往，是倡导和践行共商共建共享原则的深厚根基和持久动力。

（二）为落实共商共建共享原则提供实践基础

亚洲各国努力探索以和平协商方式解决矛盾争端和减少冲突对抗的路径。朝鲜半岛核问题是影响亚洲和平与稳定的重大安全问题之一。20世纪90年代以来，朝鲜不断推进核开发，21世纪以来多次进行核试验。为缓解朝鲜与美韩之间的矛盾并避免局势失控，中国积极推动相关国家开启朝核问题"六方会谈"，旨在通过和平谈判方式实现朝鲜半岛无核化和地区和平。尽管朝鲜半岛无核化进程曲折反复，但是多边对话协商方式为各方提供了交流安全关切和磋商安全事宜的重要平台，展现了通过谈判协商解决争端的必要性和可行性。为和平解决南海争端，中国和东盟国家展开一系列对话磋商，2002年签署了《南海各方行为宣言》（DOC），强调以和平方式解决争端，承诺避免采取使局势升级的行动，共同维护南海地区的和平。在此基础上，中国和东盟各国积极推进"南海行为准则"（COC）的磋商谈判，展现了各方在坚持通过和平协商方式解决争端的努力和信念。[①] 这意味着共商共建共享原则在亚洲地区有深厚坚实的实践基础。

（三）为践行共商共建共享原则提供机制基础

亚洲各国积极探索地区安全合作机制，以应对各种复杂安全挑战。亚洲国家不仅面临传统的军事威胁和冲突风险，也面临恐怖主义、跨国犯罪、传染疫病和自然灾害等非传统安全挑战，各国通过多边安全合作机制积极应对各类传统安全和非传统安全挑战。东盟成立的初衷是为了解决东南亚各国的矛盾与冲突，通过和平协商与多边合作实现东南亚各国共同发展。泰国和柬埔寨通过东盟框架机制下的对话和谈判就边境冲突进行磋商，避免了冲突进一步升级。上合组织是亚洲地区重要的多边安全合作机制，成员国定期举行联合反恐演习并共享情报信息，有效打击和遏制了地区内的"三股势力"。东盟通过建立东盟灾害管理人道主义援助协调中心（AHA

[①] 周士新：《关于"南海行为准则"磋商前景的分析》，《太平洋学报》2015年第3期。

Centre），提升了东南亚灾害风险响应机制和应急能力，提升了成员国应对灾害的协调合作水平。[①] 亚洲各国探索地区安全合作机制与共商共建共享原则在理念和实践上是共通的，为在亚洲践行共商共建共享原则提供了机制基础。

三、亚洲国家渴望发展有助于推动共商共建共享

　　追求更美好的生活是人类亘古不变的愿景。亚洲各国在二战结束后特别是冷战结束以来普遍实现了国家独立与经济社会快速发展，各国间交流与合作在深度和广度上达到前所未有的水平。追求美好生活的愿望、不断深化的国际合作以及日益坚实的经济基础形成一个良性循环，有助于推动亚洲各国更好地落实共商共建共享原则。

[①] 周玉渊：《从东盟自由贸易区到东盟经济共同体：东盟经济一体化再认识》，《当代亚太》2015年第3期。

（一）为实践共商共建共享提供现实条件

亚洲各国的政策制定与经济改革体现了亚洲各国对经济发展的渴望。亚洲国家普遍认识到，经济社会持续发展是实现现代化，提升国民生活水平、综合国力和国际地位的关键，亚洲各国政府在政策制定时高度重视规划经济社会发展的路径。中国实施的五年规划全面制定不同阶段的发展路径和发展目标，推动了中国经济社会持续发展。印度近年来推行"五年计划"和"印度制造"战略，通过政策扶持和机制改革，推动印度制造业的发展和产业转型。马来西亚政府推出《2030年共享繁荣愿景》，推动马来西亚经济的可持续发展。此外，众多亚洲国家积极拥抱并推进经济改革，以扫除经济发展的各种障碍。中国实行改革开放，推进市场化改革和对外开放。越南推行革新开放，推动经济发展。制定经济发展战略和推行经济改革体现了亚洲国家对发展经济的渴望和重视，在客观上为实践共商共建共享提供了现实条件，有助于推动经济共同发展繁荣。

（二）为落实共商共建共享提供充足动力

亚洲各国加强经济对话与合作彰显了对共同发展的追求。亚洲各国重视建立地区经济对话和经济合作机制。《区域全面经济伙伴关系协定》是当前全球最大的自由贸易协定之一，通过降低关税和非关税壁垒，推动了相关国家的市场开放与贸易和投资便利化，为亚洲经济增长和地区经济一体化提供了重要动力。2015年成立的东盟经济共同体（AEC）旨在建立内部单一市场和生产制造基地，实现东盟内部经济的融合发展。东盟经济共同体成立以来，成员国间的关税壁垒大幅降低，东盟内部的投资额和贸易额快速增长。东盟成员国通过政策协调实现资源共享和优势互补，提升了东盟整体经济的国际竞争力。亚洲各国通过平等协商共同参与规则和标准制定，通过共同建设切实参与重大项目建设，通过利益共享合理分配经济合作带来的发展成果。因此，亚洲各国追求共同发展的愿望和行动，为落实共商共建共享原则提供了充足动力。

(三) 为深化共商共建共享奠定物质基础

亚洲国家推动互联互通的基础设施建设展现了推动共同发展的努力。互联互通的基础设施建设是推动经济要素高效流通和经济高质量发展的关键，亚洲各国积极支持和推动亚洲互联互通的基础设施建设。中国提出并推动落实"一带一路"倡议，与众多亚洲国家开展合作，共同建设港口、铁路、公路等基础设施，显著增强了亚洲的互联互通。印度政府实施"东向行动"政策，致力于加强印度特别是印度东北部与南亚和东南亚国家的互联互通。《东盟互联互通总体规划》（MPAC）旨在通过加强东盟国家的交通、能源运输和信息联通的基础设施建设，增进成员国间的互联互通，进一步推动东盟经济一体化和成员国经济发展。亚洲各国广泛参与基础设施建设的规划和方案制定，共同参与地区互联互通的重要基础设施建设，实现互联互通和资源最优配置，有助于各国享受互联互通基础设施建设带来的经济发展红利。这为深化共商共建共享原则奠定了物质基础。

第二篇

构建亚洲命运共同体的平台

第四章　亚洲命运共同体之发展共同体

张中元[*]

作为全球最重要发展增长点的亚洲地区，全球发展倡议契合亚洲地区的现实发展需求，具有广泛的合作空间，受到亚洲各国的欢迎。亚洲国家大多经济较为落后，面临着自主发展经济的诉求，彼此具有共同的关切、立场相似度高和深厚的经贸基础支撑。在亚洲地区，各经济体之间的合作具有鲜明的发展取向，具有良好的政治经济合作基础。因此，亚洲地区是实现全球发展倡议、加快落实联合国 2030 年可持续发展议程的关键所在，是践行"全球发展倡议"的重要地区。例如，在中国—东盟建立对话关系 30 周年纪念峰会上，全球

---

[*] 张中元，经济学博士，中国社会科学院亚太与全球战略研究院《当代亚太》编辑部主任、研究员。

发展倡议得到东盟各国的高度认可并被纳入成果文件，与东盟提出"印太展望"对接，与《东盟共同体愿景2025》协同增效，推动亚洲地区发展迈向平衡协调包容新阶段。携手亚洲国家以践行全球发展倡议为契机，共建亚洲发展共同体，着力贯通宏观政策、规则与标准，推动多国发展规划对接，将发展嵌入构建亚洲命运共同体进程中，推动亚洲国家均衡发展。

亚洲各经济体之所以支持全球发展倡议，一是希望与中国深化合作，解决发展赤字问题，特别是深化双方在公共卫生、数字化发展和绿色转型方面的合作；二是亚洲各经济体也希望通过与中国开展广泛的经济联系，寻求更大的发展机会，期待中国能够帮助其提升在全球内的经济地位。亚洲的公平正义主要依托亚洲国家的共同发展，全球发展倡议可为亚洲提供更为强劲的复苏动能，促进亚洲可持续发展目标的实现和亚洲发展命运共同体的构建。而致力于在亚洲地区建设亚洲发展共同体，将有助于推进中国在发展领域与亚洲各经济体开展国际合作，引领亚洲各经济体间的合作朝向更加均衡的伙伴关系发展。

第一节　亚洲发展共同体的基本内涵

"发展是解决一切问题的总钥匙",[①] 面对世界面临的问题和挑战，2021年9月21日，习近平主席在第七十六届联合国大会一般性辩论上郑重提出了全球发展倡议，并对全球发展倡议的深刻内涵进行了诠释。全球发展倡议以"六个坚持"[②] 和八大合作领域[③]为主要内容，旨在加快落实联合国2030年可持续发展议程，为回答全球发展问题提出了新理念和新思路。

[①] 2015年12月4日，习近平主席在题为《开启中非合作共赢、共同发展的新时代》致辞中，首次明确提出"发展是解决一切问题的总钥匙"论断。2017年5月14日，习近平主席在"一带一路"国际合作高峰论坛上发表的《携手推进"一带一路"建设》演讲中再提"发展是解决一切问题的总钥匙"，并将发展上升为根本性问题。

[②] 以发展优先作为核心要义，以坚持以人民为中心作为根本遵循，以普惠包容作为价值取向，以科技创新作为动力源泉，以和谐共生作为内在要求，以行动导向作为实践路径。

[③] 八项重点合作领域包括：减贫、粮食安全、抗疫和疫苗、发展筹资、气候变化和绿色发展、工业化、数字经济及互联互通。

一、亚洲发展共同体聚焦经济，发展优先

全球发展倡议将发展置于全球宏观政策框架的核心位置，致力于促进包容性经济发展，是对联合国2030年可持续发展议程的有益补充。亚洲发展共同体从发展的角度看问题，以发展的眼光解决问题，在应对全球挑战和满足亚洲发展中国家发展需求方面大有可为。亚洲地区的增长动能不足和发展失衡问题，根本的解决路径都在于发展。"发展是基础，经济不发展，一切都无从谈起。"中国把全球发展倡议作为亚洲合作的核心目标，在全球发展倡议框架下，推动与亚洲国家的战略对接。在国际合作中坚持共同发展的理念，通过加强对外合作来促进亚洲各国共同发展。构建亚洲发展共同体有助于推动国际社会重新关注发展问题、汇聚资源解决发展问题。

发展是"全人类共同价值"的重要组成部分。① 全球发展倡议对冲强调公民政治和个人权利的西方叙事。② 2015年9月26日，习近平主席在联合国发展峰会并发表《谋共同永续发展　做合作共赢伙伴》的重要讲话中，将发展与安全、民生全面联系起来："唯有发展，才能消除冲突的根源。唯有发展，才能保障人民的基本权利。唯有发展，才能满足人民对美好生活的热切向往。"③ 构建亚洲发展共同体坚持发展优先，以中国经验为基础回答了世界为什么要发展的问题。"发展是实现人民幸福的关键"④，发展是消除贫困的有效途径，更是保障人民基本权利的根本办法。

尽管亚洲合作的领域更为广泛，超过全球发展倡议所提出的合作领域，但其提出的八大合作领域仍是亚洲

---

① 2015年9月，联合国通过了《2030年可持续发展议程》。习近平主席在出席当次联合国大会一般性辩论时呼吁，"我们要大力弘扬和平、发展、公平、正义、民主、自由的全人类共同价值"，首次明确将"发展"视为"全人类共同价值"的重要组成部分。

② 王栋、李宗芳：《国际社会对全球发展倡议的认知述评》，《国外理论动态》2023年第5期。

③ 《习近平在联合国发展峰会上的讲话（全文）》，国务院新闻办公室网，2015年9月27日，http://www.scio.gov.cn/31773/31774/31783/Document/1450446/1450446.htm。

④ 习近平：《加强政党合作　共谋人民幸福》，《习近平著作选读》第二卷，人民出版社2023年4月第1版，第492页。

现阶段各经济体发展合作的重点。亚洲发展共同体为落实全球发展倡议提供新的发展平台，旨在建立良好的亚洲地区发展伙伴关系，促进国际发展合作。在亚洲地区治理问题上，只有发展才能使人民摆脱贫困，为许多治理问题的解决奠定最为重要的物质条件。在亚洲地区安全问题上，发展就是最大的安全，只有发展和安全并重才能实现持久安全，消除冲突的根源。亚洲地区缺乏目标契合、理念一致且具有整体性与包容性的经济发展框架，亚洲发展共同体是处理和平、安全与发展有效的区域办法，以稳健的经济合作营造亚洲地区和平稳定的基本条件，促进亚洲地区的经济健康发展与社会的持续进步。

二、亚洲发展共同体的基本价值取向是开放、普惠、包容

开放包容是亚洲发展共同体的本质属性，构建亚洲发展共同体首先要反对孤立主义和保护主义，强调将亚

洲各国的发展与世界的发展密切联系，致力于与亚洲地区各国、各地区和各机制对接；不将其他发展机制、发展倡议视为竞争对象，而是促进各种发展进程之间协同增效。亚洲各国不仅要在投资、贸易、供应链、产业链等经济环节形成发展共同体，而且要以构建高质量发展伙伴关系为目标，以开放的态度互相学习、交流发展经验，落实全球发展倡议的新思路、新举措，形成发展知识的共享。在推动构建亚洲发展共同体过程中，倡导亚洲各国利益融合共生，相互依存，要通过合作和伙伴关系推动亚洲地区实现高质量可持续发展。亚洲发展共同体要秉持亚洲命运共同体的发展思想，把促进亚洲各国公平公正发展置于首位，推动亚洲经济开放、平衡、协调、包容发展，积极向发展中国家伸出援手，"携手构建发展共同体，不让任何一个国家在世界现代化进程中掉队！"[①]

构建亚洲发展共同体所要解决的核心问题就是如何

[①] 《习近平在"金砖+"领导人对话会上的讲话（全文）》，中国政府网，2023 年 8 月 24 日，https://www.gov.cn/yaowen/liebiao/202308/content_6899939.htm。

使各国实现共同发展，如何在做大经济蛋糕的同时缩小亚洲国家间与亚洲国家内部存在的发展不平衡、不充分问题，最终实现亚洲人民的共同富裕。亚洲发展中国家与发达国家之间存在着发展鸿沟，发展差距面临加剧甚至固化的风险，亚洲发展共同体的普惠、包容就是要实现亚洲经济体充分而平衡的发展，推动构建亚洲发展共同体的过程就是要解决亚洲国家间和国家内部存在的发展不平衡与不充分问题。解决亚洲国家间的发展不平衡问题需要发展中国家之间加强合作，扩大投资和贸易规模，分享减贫脱贫等方面的发展经验；构建亚洲发展共同体过程中需要在传统援助方不愿关注的国家、地区和部门等方面发挥积极作用，共同坚持广大发展中国家的正义主张，构建亚洲发展共同体也需要发达国家与发展中国家展开平等和积极的对话，为发展中国家提供所需的资金、技术和发展经验支持，通过既有国际发展努力推动亚洲地区发展进程的协同增效。

　　解决亚洲国家内部存在的发展不平衡、不充分问题需要尊重各国为解决内部发展不平衡所作出的努力，通过多种形式支持发展中国家，凸显中国发展援助资金的催化剂作用，缓解亚洲发展中经济体筹资困境；遵循发展的根本目标就是为了实现亚洲各国人民的幸福，最大限度地凝聚亚洲各国人民的共识，加快联合国2030年可持续发展议程在亚洲地区的落实步伐；积极在减贫、农业等领域开展国际发展合作，通过实现可持续发展为亚洲各国共同发展创造有利条件，将发展中国家的共同利益和诉求转化为实际行动和成果，为各国人民的共同富裕提供物质基础；在追求经济高质量发展的同时不断提升各国居民生活水平，保护和改善民生，使社会生产力发展的成果能够公平公正地惠及人民，在合作发展的过程中要确保没有任何一个人掉队。

三、亚洲发展共同体坚持创新驱动

当前，新一轮科技革命和产业变革加速酝酿，技术迭代更新速度不断加快，以人工智能、大数据、量子计算、绿色能源、生物科技等为代表的新兴科技正在快速发展，技术跨界融合成为创新的重要动力，这些变革将给人类经济发展带来新动能。当前科技创新已经成为国际战略博弈的主战场，不同经济体之间技术创新制度的竞争、技术本身的竞争日趋激烈。以中国为代表的新兴国家在此次科技革命中展现出强劲的发展势头，对发达国家的科技霸权优势形成了冲击，这使得以美国为首的发达国家为维护其在国际科学技术领域中的垄断地位，企图以西方价值观标准组织科技联盟，通过强化对新兴技术的出口管制与投资审查，重构以发达国家为核心的排他性国际产业供应链，打压发展中国家技术发展。由发达国家组建的排他性科技联盟构筑起全球技术扩散的壁垒，增加了发展中国家进行自主创新与获得外部技术的成本，将导致全球技术鸿沟进一步加深。

在此背景下，亚洲发展共同体强调创新是引领发展的第一动力，将科技创新作为实现亚洲各经济体可持续发展的动力源泉，推动亚洲各国摒弃科技民族主义、科技保护主义思维，以合作共赢的理念来进行科技合作。亚洲发展共同体充分挖掘科技推动经济发展的潜力，加快技术和科学知识的共享，弥合数字鸿沟，将科技成果转化为新的生产力，坚持创新驱动发展社会生产力、释放社会创造力，形成开放、公平、公正、非歧视的科技发展环境。构建亚洲发展共同体抓住全球经济增长的新趋势，倡导亚洲各国努力实现科技高水平自立自强，重点关注经济发展中亟待解决的问题，主张加大资源投入，加速科技成果转化，重点推进包括数字经济、气候变化和绿色发展等在内的八大领域合作，为亚洲发展中国家提供了发展思路和操作性较强的"路线图"，即重点推进工业化、互联互通和数字经济。亚洲发展共同体建设基于亚洲地区自身科技发展水平，汲取其他发达国家工业化成功经验，探索出一条符合亚洲地区实际的高效益、低能耗新型工业化道路。从基础设施、政策制度、文化互鉴等领域着手推动亚洲地区各领域互联互通，推动数字基础设施建设。亚洲各国通过推动数字技术与经济社会进一步融合，加快数字化战略转型，在数字服务税、数字平台责任、数据跨境流动等规则领域加大治理力度，为规范数字经济发展奠定了基础，为亚洲发展的可持续性注入动能。

四、亚洲发展共同体将和谐共生和绿色发展作为内在要求和基本原则

要实现可持续发展，不仅包括经济、政治的可持续发展，更重要的是人与自然的可持续发展。对于亚洲地区发展中国家而言，由于其承接了发达国家的高能耗产业，再加上资金缺乏和技术水平较低，在实现低碳化发展上面临巨大挑战。[1] 亚洲发展共同体提出构建人与自然生命共同体，以人与自然和谐共生的理念明确发展的方向性问题。[2] 和谐共生的内涵就是要尊重、顺应和保护自然，使人与自然能够和谐相处，不能为了经济社会的发展而对全球生态环境造成破坏。[3] 建设亚洲发展共同体要处理好生态环境保护和经济发展的关系，亚洲国

---

[1] 王汉新、朱艳新：《全球发展倡议与新型全球经济治理》，《上海经济研究》2024年第1期。
[2] 王嘉珮、徐步：《全球发展倡议：时代特点与实践路径》，《现代国际关系》2023年第7期。
[3] 侯冠华：《习近平全球发展倡议的多维论析》，《理论探索》2023年第2期。

家要加强战略谋划，统筹区域环境协同治理，将绿色发展置于整个亚洲地区绿色发展大局之中，推动亚洲地区绿色发展更加协调、平衡。亚洲国家对绿色发展具有实际需求，亚洲发展共同体注重提升绿色合作意愿、遵循国际公认的绿色发展标准和分享绿色低碳发展最佳实践。绿色发展为亚洲发展共同体建设在生态环境条件约束下实现经济社会发展提供了解决方案，将推动亚洲地区国际绿色发展合作转型升级。

亚洲发展共同体将绿色和创新作为关键动力，发挥亚洲地区经济协同联动的整体优势，加快绿色科技创新和先进绿色技术推广应用，提高绿色制造业专业化水平，推进技术进步。亚洲发展共同体是推进亚洲国家之间科学技术、清洁能源等密切合作，建设绿色发展合作伙伴关系、实现共同绿色发展与治理的重要平台，也是引领亚洲国家形成绿色发展和治理范式的重要纽带。要积极构建市场化导向的绿色技术创新体系，以创新驱动发展培育亚洲地区绿色发展新动能，积极参与引领低碳技术、绿色投资、清洁能源、绿色金融国际合作，构建绿色低碳循环经济体系。科学调整区域绿色产业布局，以多元主体协同汇聚绿色发展合力，将科技创新与亚洲地区各行业深度融合，大力培育节能环保、资源循环利用、清洁能源等绿色低碳产业，进一步提高绿色产品附加值、延长绿色发展产业链、增强绿色产品竞争力，为绿色低碳生产生活方式奠定强大产业基础，为绿色发展提供转型空间。

为了实现和谐共生，建设亚洲发展共同体还需要亚洲各国积极参与全球环境治理，建立健全政府与市场相结合的绿色发展体制机制，维护基于联合国框架的全球环境治理秩序，承担与自身国情和发展能力水平相适应的环境治理义务，实现权利与义务的平衡，防止环境议题的安全化与政治化，形成具有开放性、多层次的亚洲地区全球环境治理机制。持续推进环境治理体系和治理能力现代化，加快节能降碳先进技术的研发及其在生产生活各领域的推广应用。进一步打造亚洲发展共同体绿色发展伙伴关系网络，推进亚洲国家政府间的绿色发展合作，加强亚洲发展共同体绿色发展伙伴成员间统筹协调能力建设。发展方式的绿色转型不仅需要从宏观层面优化调整经济结构,还需要在微观层面促进生产生活方式的绿色低碳化。推动消费层次绿色升级,为绿色低碳生产生活方式创造良好的社会氛围和群众基础。携手促进亚洲各国实现碳中和的愿景目标,加强绿色发展联动、协同治理,营造美丽宜居的人类生态家园。

五、亚洲发展共同体重视实践导向

全球发展倡议不仅提出了宝贵的全球发展理念,而且坚持将理念贯彻到具体的行动上。全球发展倡议提出以来,中国不断凝聚发展共识、逐步明确倡议推进路径,通过加大资源投入、完善机制平台建设等手段,明确了高质量实现发展的实践路径,积极推动倡议落实落地。2022年9月,"全球发展倡议之友小组"部长级会议在纽约召开,各方就倡议的推进路径和原则达成共识，形成了"二十四字原则"，① 其中，"项目引领"即坚持行动导向，以具体项目推进政策对话、经验分享、能力建设及各领域务实合作。全球共享发展行动论坛首届高级别会议发布《全球发展项目库筹资准则》和《全球发展项目库准则》，并同意成立资金库，在各方共同参与下，全球发展倡议国际合作取得重要早期收获，许多发展中国家从中受益。截至2023年6月，"全球发展倡议之友小组"发布的全球发展倡议项目库务实合作项目总数已突破100个，项目库第一份清单中的50个务实合作项目中有10多个已经完成，近40个发展中国家正从中受益，全球发展倡议得到了越来越多的国家和国际组织的认同。②

构建亚洲发展共同体是促进亚洲各国均衡协调发展的国际经济合作方案，为亚洲地区经济发展开拓了新空间。构建亚洲发展共同体需要各国采取积极行动，汇聚发展资源，为实现亚洲地区的可持续发展提供资金、人

---

① 这"二十四字原则"即"围绕中心、项目引领、各方参与、加大投入、全面推进、突出重点"。
② 王栋、李宗芳：《国际社会对全球发展倡议的认知述评》，《国外理论动态》2023年第5期。

力与基础设施等方面的支持。亚洲发展共同体建设致力于充分发挥不同发展阶段、发展情况亚洲国家的比较优势，鼓励亚洲国家自主推进发展战略对接，把中国在基础设施建设能力、产能、资金实力等方面优势与亚洲国家能源、劳动力等方面优势结合起来，推动亚洲各国产业结构调整和工业化进程，形成互利共赢的产业链和价值链体系，打破西方国家主导的"中心—外围"格局，塑造开放发展的国际性和区域性经济区、经济带。以行动成果为导向能够有效凝聚国际共识并强化伙伴关系，进而促进国际社会合力构建亚洲发展共同体，以期成为亚洲命运共同体理念在发展领域的生动实践。亚洲发展共同体建设不仅给亚洲国家经济社会发展带来切实收益，而且对全球发展合作和治理发挥了重要示范作用，蕴含着强劲动力、巨大潜力和广阔前景，能够促进亚洲发展更好体现公平正义，引领经济全球化更加健康、可持续发展。

第二节　构建亚洲发展共同体的价值和目标

全球发展倡议是在联合国 2030 年可持续发展议程落实滞后且受新冠疫情冲击的背景下提出的，构建亚洲发展共同体可帮助亚洲各经济体加速推进联合国可持续发展目标的实现，帮助各国实现可持续发展目标。全球发展倡议不仅提出了全球面临的核心议题，同时也表明中国有能力为构建全球发展共同体作出自己的贡献。在全球经济发展乏力、大国竞争加剧、全球治理碎片化的背景下，中国提出的全球发展倡议丰富了全球发展知识体系，推动发展问题重回国际议程的核心。[①] 中国提出的全球发展倡议受到国际社会和联合国机构的欢迎，面对全球发展格局的发展知识、发展关系、发展体制整体重构趋向，2023 年 8 月 24 日，习近平主席在约翰内斯堡发表《勠力同心　携手同行　迈向发展共同体——在

---

① 毛瑞鹏：《全球发展倡议及其对全球治理体系变革的意义》，《国际展望》2022 年第 6 期。

"金砖+"领导人对话会上的讲话》，提出"要提高发展中国家在全球治理中的代表性和发言权，支持发展中国家实现更好发展"，"要坚持真正的多边主义，构建全球发展伙伴关系，为共同发展营造安全稳定的国际环境"。[①] 全球发展倡议将提升亚洲地区在内的低收入国家的发展视为全球发展合作的重心，致力于构建全球发展共同体，是新时期中国推进南南合作整体框架的一部分。

一、凝聚亚洲发展共识，重构全球发展格局

从人类历史趋势看，发展是解决一切问题的基础和关键。自全球发展倡议提出以来，获得了国际社会的广泛认同和支持。目前，已有100多个国际行为体明确表示支持该倡议，中国与东盟、中亚、非洲、拉美、太平洋岛国等地区组织也签订了全球发展倡议相关合作文

[①] 《习近平在"金砖+"领导人对话会上的讲话（全文）》，中国政府网，2023年8月24日，https://www.gov.cn/yaowen/liebiao/202308/content_6899939.htm。

件，有 60 多个国家更是直接加入了"全球发展倡议之友小组"。①构建亚洲发展共同体为推动构建亚洲命运共同体提供了重要的实践平台和制度保障，有利于推动发展议程重新回归亚洲国际合作议程核心位置。全球发展倡议提出的一大重要背景是全球发展议题的边缘化、政治化甚至武器化，如何凝聚共识并促成可持续合作是亚洲发展共同体建设的首要难题。中国自倡议提出以来，不断营造有利于发展的国际氛围，凝聚发展的国际共识，推动全球发展倡议落实落地。②当今亚洲地区面临大国竞争加剧的挑战，意识形态因素对亚洲地区国际合作造成严重干扰。美国试图在亚洲地区进一步构建针对中国的同盟，导致亚洲地区国家间合作氛围严重恶化，也使中国的多边外交面临挑战。构建亚洲发展共同体有利于推动亚洲地区经济体更加关注可持续发展问题，推动亚洲地区国际关系的焦点从大国竞争转向发展合作，妥善化解政治制度和意识形态分歧，引导国际秩序向正

---

① 廖炼忠：《全球发展倡议与人类命运共同体构建》，《世界民族》2023 年第 1 期。
② 王嘉珮、徐步：《全球发展倡议：时代特点与实践路径》，《现代国际关系》2023 年第 7 期。

确的方向发展。

发展仍是当今世界的主题,也是全球南南合作的核心目标,分享发展经验与发展知识是构建亚洲发展共同体的重点关切之一。进入 21 世纪,南方国家迅速崛起从根本上改变了全球发展的经济社会结构。发展中国家在合作活动中建立发展的话语框架,同时也创造了验证和促进基础设施投资的交流和支持渠道,这些投资反过来又使进一步合作合法化,为进一步合作提供直接渠道。[1] 伴随着"全球南方"在国际发展合作中的贡献和地位显著提升,国际发展理论立足发展中国家的实践,突破了新自由主义话语体系的束缚,契合了广大发展中国家对多元发展知识和发展道路的诉求,促使发展中国家将更多目光转向内部,探寻发展的内生进程,充分发掘本土资源和本土知识,发展知识呈现更多的多元化和本土化特征。

一直以来,国际社会关于发展的内涵和实现途径存

---

[1] Tyler Harlan and Juliet Lu, "The cooperation-infrastructure nexus: Translating the 'China Model' into Laos", *Singapore Journal of Tropical Geography* 45, no. 2 (2024): 204-224.

在广泛争论，发展中国家关心促进经济可持续增长和改善民生，中国主张发展是全人类共同价值，认为不应脱离经济发展而泛论人权。在尊重主权、不干涉内政和权利平等的基本原则下，中国的国际发展合作和对外援助坚持不附加政治条件，以平等对话的态度对待发展援助和国际发展合作，尊重其他国家选择符合自身国情和民众需要的发展道路。坚持建立更加平等、均衡的新型全球发展伙伴关系，切实推进全球发展援助理念与体制的优化改革，以超越传统不平等的全球发展体系；建构全球发展伙伴网络助力各国探索符合本国国情、发挥自身优势的发展道路，构建平等、均衡的全球发展伙伴关系，最终实现共同发展。中国促进发展经验和知识的交流，与亚洲发展中国家开展双边和多边国际合作，引导形成有利于发展中国家的国际发展观。在中国提出了"正确义利观""以发展促和平"等发展合作理念的基础上，构建亚洲发展共同体落实"全球发展倡议"，提炼中国特色现代化建设经验的知识体系，能够在农业、减灾、扶贫等领域形成系统性的原创知识和叙事架构，为南南合作框架下的发展知识分享提供了新思路。

二、推动实现平等、开放、合作、共享的全球治理

当今全球治理的决定性特征是多元化,[①] 在国际合作中,亚洲各国不分大小、强弱、贫富和社会发展程度等,在亚洲发展共同体的国际治理中都处于平等地位,在涉及事关亚洲地区发展的事项上通过协商、协调的方式达成一致意见,体现了新型全球发展的伙伴关系。亚洲发展共同体面向亚洲各经济体,不分发达国家还是发展中国家,不以意识形态作为划分依据,坚持包括南北合作、南南合作,以开放平台促进亚洲各国共同参与,不断开拓各种类型的国家合作新场域、新方式,携手各方打造开放联动的亚洲地区发展环境。在全球经济治理体系中,中国提出的全球发展倡议不是另起炉灶,而是

[①] Ian Johnstone and Joshua Lincoln, "Global Governance in an Era of Pluralism," *Global Policy* 13, no. 4（2022）: 563-570.

坚持与当前国际多边机构合作，以构建亚洲发展共同体为目标，采取务实举措，凝聚发展共识，从机制上落实新发展理念，推动全球发展倡议在亚洲地区尽快落地。未来继续扩大同亚洲发展中国家发展相关的国际和区域机构合作，覆盖更多的领域。当前全球治理的重大挑战之一是南北发展失衡，构建亚洲发展共同体能够解决发展质量差异、跨国阶层不平等、公有和私有财产分化严重失衡等问题，通过打造平衡普惠的发展模式，让亚洲各国人民共享亚洲地区经济发展成果。

　　普遍存在的不确定性已经将全球治理结构拉到了极限，未来全球治理的形势和形式还远不清晰，我们需要探索它可能会如何发展。[1] 近年来，全球出现了更广泛、更具包容性的机制来监督主要国际机构的责任，特别是那些有大国参与的国际组织，有能力通过议程制定、联盟建设和宣传活动发挥对成员国的影响力。[2] 中国始终

---

[1] Angel Saz-Carranza, Enrique Rueda-Sabater, Marie Vandendriessche, Carlota Moreno and Jacint Jordana, "The Future (s) of Global Governance: A Scenarios Exercise," *Global Policy* 15, no. 1 (2024): 149-165.

[2] Ranjit Lall, "Making Global Governance Accountable: Civil Society, States, and the Politics of Reform," *American Journal of Political Science*, August 16, 2023, https://doi.org/10.1111/ajps.12824.

强调坚持世界和平的建设者、全球发展的贡献者、国际秩序的维护者的自我定位，获得了广泛的国际认可，中国也逐渐被其他国际行为体视为规范性力量。加强亚洲发展共同体规范能力建设是强化亚洲治理、维护和实现亚洲利益的必然要求，中国希望提出包容性亚洲地区治理框架，寻求亚洲各方最大共识，构建共商共建共享的全球合作理念是中国参与全球治理实践，破解全球治理赤字的中国方案和推动全球治理转型的具体举措。中国在构建亚洲发展共同体的过程中不会搞"一言堂"，不会垄断规则制定权，更不会把自己的意志强加给其他国家，而是会同亚洲国家共同商议合作大计，寻找亚洲各国都可以接受的发展模式与发展道路，充分调动亚洲国家参与构建亚洲发展共同体的积极性，同亚洲国家共享亚洲发展共同体的成果，把共商共建共享的全球治理理念内化为亚洲各国共同认可的治理准则，把建设亚洲命运共同体推广成为亚洲各国共通的话语目标。

2008年国际金融危机引发了国际社会对新自由主义秩序的反思，传统国际发展机制存在显著的局限性，全球治理没有反映广大发展中国家的需求，难以满足大多数全球南方国家的发展诉求，尤其对新兴大国的包容性不足，难以应对更加复杂多元的全球化现实，削弱了传统国际发展机制的合法性。中国积极推动亚洲发展共同体的治理制度体系改革创新，推进国际合作的潜力和功能，构建并维护全球资源的再分配正义、可持续发展。但中国的目标不在于完全颠覆现有的全球治理规范，而是保障亚洲各国平等参与全球治理、平等享有治理收益的权利，推动现有规范向着更加公正合理的方向转型。在构建亚洲发展共同体过程中遵循共商共建共享原则，中国坚持通过对话和协商解决问题，并且愿意适当向亚洲其他发展中国家"让利"，塑造全球治理的价值共识，克服各种集体行动的困境，以使亚洲各方可以通过采取一致行动而共同获益。

三、探索新型援助模式，提升亚洲国家能力的建设

在国际援助领域，由于北方和南方国家的地位存在明显差异，使得援助国与受援国存在不平等的施舍关系。部分西方国家将援助与政治挂钩，异化了当代国际发展援助的发展目标，使得国际援助沦为一种政治利益交换的工具。美西方及其主导的国际货币基金组织、世界银行等机构在提供援助和发展方案时，通常附加经济、社会甚至政治改革的硬性条件；在给予发展援助的时候，都会开出"自由化""私有化""人权"等所谓的善治"药方"，认为这是唯一正确的发展道路。但是附带条件的援助忽视了内生因素，会造成不对称依赖并损害了受援国的独立自主发展能力，导致发展中国家无法实现真正的现代化发展。亚洲发展中国家如果照抄照搬西方模式，这种居高临下、带有支配性的援助不仅无法改善亚洲民生状态和推进发展进程，而且也无法解决

亚洲发展中国家面临的实际问题，反而让其深陷依赖援助的陷阱，失去发展的机遇。

自主发展道路与能力建设发展是实现民生改善的关键，一项基于世界银行企业调查数据的研究，发现贸易政策改革援助对企业生产力的影响显著，相对于非受援国的企业，受援国企业平均生产率得到明显提升；而且援助改善了受援国企业的国际贸易环境。[①] 与传统援助模式不同，中国引领推进的"南南合作"新模式关注自我增长与发展赋能。目前，中国的国际发展合作理念致力于突破传统模式的局限，将"输血"与"造血"相结合，坚持以自力更生作为立足点，提升自主发展能力，扩大和深化全球技术与知识转让。一项以2000—2019年中国援助的124个国家为样本的研究，考察了中国对外援助对对外直接投资的影响及其风险缓解机制，结果发现对外援助可以显著降低受援国的国家风险，特

---

① Jean Baptiste Habyarimana and Vikas Kakkar, "Externally Funded Trade Policy Reforms and Firm Productivity: Evidence from a World Database of Reforms Funded by Foreign Aid Agencies," *Kyklos* 76, no. 2 (2023): 196-222.

别是政治风险和金融风险。①

中国探索的互惠互利新型援助模式，关注和尊重被援助国的心理感受与主权独立。2021年1月10日，国务院新闻办公室发布了《新时代的中国国际发展合作》白皮书，正式以"国际发展合作"取代"对外援助"。修正和拓展了西方的官方发展援助（ODA）概念，双向互助体现"发展合作"的平等性、互助性、互利性；促进援助、投资与贸易三者有机结合，实现更加平等多元的国际发展合作机制。② 中国重视发展中国家建设的独立性与主动性，积极向发展中国家提供包括技术、经验、人力资源、债务减免等方面的援助，找到潜在比较优势并通过产业规划和基础设施投资来激发与启动深度结构转型，促使发展中国家实现真正的自我发展。发展合作是超越国界的公共产品，中国扮演起全球南方国家与全球北方国家之间的"桥梁"，促进国际发展合作从援助有效性向发展有效性转变，促进发展中国家建立更

---

① Haijun Wang, Hu Yang, Fengya Li, Min Zhang, "Does Foreign Aid Reduce the Country's Risk of OFDI? The Chinese Experience," *International Studies of Economics* 18, no. 2 (2023): 238-258.
② 曹德军：《全球发展倡议下的全球治理路径与中国方案》，《国际论坛》2024年第1期。

可持续的自主发展能力。

全球发展倡议通过统筹中国的国际发展合作资金，提供了整合中国国际发展合作的框架。面对一些发展中国家的特殊需求，中国专门提议创设了发展援助基金。例如，启动总额为5 000万美元的中国—联合国粮农组织第三期南南合作信托基金，以及将南南合作援助基金升级为"全球发展和南南合作基金"。中国还发起了众多重大国际公共产品倡议，包括亚洲基础设施投资银行、丝路基金等。以全球普惠发展为目的，传统援助、基础设施贷款、主权财富基金、对外直接投资、出口信贷等都可以成为新型国际发展合作的工具。

在构建亚洲发展共同体过程中，中国积极提供对外发展援助，有效发挥中国资金的杠杆撬动作用，推动一些投资于其他投资者尚未进入或不愿进入的国家、部门、地区、资本工业或商业模式，或者通过其投资带动其他投资者加入商业投资领域，特别是当地投资者聚集的领域，实现提升资本利用效率，为缓解亚洲的发展筹资困难作出重要贡献。与重点促进市场合作的"一带一路"倡议相比，援助资金通过为私人资本不愿或难以进入的项目注入前期启动资本，将极大地带动私人资本进入，形成"发展+合作"双轨并行的新型发展促进方法，发挥援助资金与市场投资的强大资本动员能力或杠杆作用，通过推动发展合作与市场合作两大支柱平衡发展，缓解亚洲的资金困境。

落实全球发展倡议与构建人类命运共同体都有一个渐进的发展过程，具体到亚洲地区，全球发展倡议主张有利于凝聚亚洲发展共识，提升亚洲地区治理能力，着力推动开放型经济和新型经济秩序的形成。打造平等包容开放互利共赢的亚洲发展共同体，既为构建亚洲命运共同体提供制度保障，也为构建亚洲命运共同体提供更可行的实践平台。

第三节 亚洲发展共同体的平台构建

全球发展倡议的提出提振了全球实现全面与均衡发

展的信心，倡议一经提出就获得了联合国和众多国家的积极响应。中国也加大了对全球发展合作的资源投入，积极搭建发展合作平台，身体力行地同国际社会共同落实全球发展倡议，推动全球发展倡议由理念转化为具体实践，成为中国为国际社会提供的一项全球公共产品。2022年1月，中国在联合国发起成立的"全球发展倡议之友小组"，与联合国发展机构进行战略对接；还推动成立全球发展促进中心、全球共享发展行动论坛、全球发展数字宣介平台等工作机制。2022年6月，中国国际发展知识中心发布《全球发展报告》，基于对全球发展倡议早期收获的经验总结，提出共建全球发展命运共同体的政策建议。全球发展倡议得到100多个国家和多个国际组织支持，中国同巴基斯坦、蒙古等20多个国家[1]签署了全球发展倡议双边合作文件，表明各方愿意同中国构建全球发展伙伴关系与共建人类发展命运共同体。

---

[1] 《落实全球发展倡议 引领世界前进方向》，光明网，2023年6月25日，https://news.gmw.cn/2023-06/25/content_36648753.htm。

一、为亚洲各国搭建全球发展知识分享平台

具体的实践离不开科学理论的指导,构建亚洲发展共同体需要科学的共同体理论与发展理念进行指导。亚洲发展共同体建设旨在解决当前困扰亚洲各国的发展不平衡问题,是促进亚洲各国共同繁荣与共同发展的全新路径,其内涵超越了传统的多边主义与国际合作,因而也需要新的理念作为引领,新的规范作为引导。构建人类命运共同体理念准确诊断了现代世界的新挑战及其根源,形成了新型现代发展理论,[①] 从而为构建亚洲发展共同体提供理念上的指引。有关全球发展的概念长期被美西方话语垄断,但这种发展知识基于欧美世界的独特发展经验,这套发展框架基于对自身发展知识的盲信和高高在上的"救世主"心态,具有强烈的干预和改造情结,在实践中具有先天的弊端和局限性,集中体现在所谓新自由主义为内核的"华盛顿共识"以欧美发展

---

① 乔茂林:《构建人类命运共同体:一种新型现代发展理论》,《哲学研究》2022年第9期。

道路为依归，在规范和实践层面出现明显脱节，与发展中国家的现实需求和现实条件形成巨大落差。[①] 构建亚洲发展共同体需要加强亚洲发展共同体知识生产建设，而知识生产能在很大程度上左右集体意向。

以中国自身的发展经验搭建全球发展知识分享平台，为亚洲国家南南合作框架下的发展知识分享提供新思路。[②] 在总结中国发展经验的基础上，吸收全球其他国家成功的发展经验，与亚洲发展中国家分享"中国思路"和"中国智慧"，提升了亚洲各国之间的知识分享力度，促进发展经验和知识的交流。例如，2022年5月，中国与东盟共同搭建了"中国—东盟发展知识网络秘书处"，为与东盟国家推动国际发展知识交流共享、支持各国探寻符合本国国情的发展道路提供有效平台。中国通过共商共建共享塑造国际发展共识的过程，突破了将发展中国家看作是被动的规范接受者，非西方国家在国际社会扩展的进程中只能从国际组织或制度当中学

[①] 李因才：《"全球发展倡议"与中非发展合作》，《湖北社会科学》2022年第6期。
[②] 曹德军：《全球发展倡议下的全球治理路径与中国方案》，《国际论坛》2024年第1期。

习和接受新规范，只能被动地接受西方标准的观点。[①]亚洲发展共同体将议题聚焦于国际发展合作领域，通过让世界各国分享中国经济发展的知识和红利，双方体现了一种更加平等的伙伴关系。发展知识的传授、发展援助的开展都更加注重合作方的自主性选择和本土化调适，从而实现共同发展。

新兴国家的发展经验需要被吸纳进国际多边机制中去，全球发展治理需要超越西方中心论的多元模式。[②]尽管对南南合作的大量支持来自南方，但"传统"发展伙伴仍然是南南合作的关键驱动力。[③]在知识生产的特定背景下，"谁与谁合作"以及推动这些合作关系的关键参与者日益多样化。[④]亚洲发展共同体建设以国际发展合作为起点，通过全球发展倡议重振国际发展合

[①] 赵洋：《全球治理转型与中国对全球治理的观念公共产品供给》，《东北亚论坛》2024年第3期。

[②] 王汉新、朱艳新：《全球发展倡议与新型全球经济治理》，《上海经济研究》2024年第1期。

[③] Nqophisa Diko and Norman Sempijja, "Does Participation in BRICS foster South-South cooperation? Brazil, South Africa, and the Global South," *Journal of Contemporary African Studies* 39, no. 1 (2021): 151-167.

[④] Behrooz Morvaridi and Caroline Hughes, "South-South Cooperation and Neoliberal Hegemony in a Post-aid World," *Development and Change* 49, no. 3 (2018): 867-892.

作，以建设亚洲命运共同体为最终目标规划对接，为亚洲发展治理转型创造新动力。

中国提出的全球治理理念在承认和接受价值观差异化的基础上，寻求人类最大的道德共同点，塑造和促进国际社会对人类共同价值的理解与共识的形成，最终塑造基于人类基本道义的价值共识。[①] "中国方案"和"中国主张"超越了国别和价值差异，有着理念内核和目标取向的国际共性，能够为实现全人类共同发展提供可靠的方向指引。亚洲国家采取实事求是的态度，向中国学习治国理政经验，借助中国式现代化红利提升工业化发展水平，增强贫困地区自我发展及自力更生的内生动力和意识，摸索符合自身国情的发展道路，走出一条具有亚洲特色的现代化发展之路。

二、构建服务亚洲发展共同体的机制平台

以制度和规则协调国际发展已经成为当前国际社会

[①] 刘妍希、李慧明：《破解全球治理困境的国际道义性权力及中国的实践》，《国际观察》2024年第2期。

运作的基本特征，国际制度能够减少协商的交易费用，建立有效议题联系。[①] 构建亚洲发展共同体需要有序推动制度化建设，在实践中摸索出一条符合亚洲各国发展现状并能够有效发挥号召力的制度供给路径，亚洲发展共同体在制度建设上可通过现有国际制度进行推动，或新建专门性的发展倡议组织以及打造基于"全球发展倡议+"的国际制度对接模式。全球发展倡议提出近两年来，中国引领稳步搭建各层级合作平台、强化对接现有机制，积极参与新兴全球议题领域的合作和制度构建过程，在共商共建共享的全球治理观指导下积极探讨制度供给议题，适时创建并推进了这些领域的制度创新，通过制度供给为亚洲发展合作提供强大保障与平台，在制度建设方面取得了初步成效。

首先，通过现有国际制度推动亚洲发展共同体建设。在全球治理层面，联合国作为国际体系的核心，是最具有代表性、普遍性和权威性的政府间国际组织，联合国及其发展议程为世界各国接纳并参与全球发展倡议

[①] 王明国：《全球发展倡议的国际制度基础》，《太平洋学报》2022年第9期。

提供了共识基础、权威保障和机制支撑。中国一直强调发挥多边机制特别是联合国的核心作用，在联合国舞台上越来越多的中国理念、中国倡议受到国际社会高度认可，促进各国在现有共识基础上探寻合作新动能。中国和联合国建立了越来越多的伙伴关系，将中国的国内发展政策转移到南方国家，联合国认可的政策转移进程可以成为改变国际合作动态的窗口。[①] 在联合国可持续发展议程面临着巨大挑战的背景下，中国提出全球发展倡议，致力于实现联合国 2030 年可持续发展目标。因此，进一步加强同联合国有关机构对接，争取联合国等国际组织的支持，发挥联合国作为主导平台的建设性引领作用，是增强亚洲发展共同体影响力的重要举措。以联合国制度对接为主导，发挥联合国促进各国对话协商的平台作用，利用联合国国际组织制度性话语阐释和传播的天生优势，有效抑制某些西方国家想要"污名化"中国的企图，消解单边主义泛滥背景下合作问题泛政治化

---

① Sebastian Haug and Laura Trajber Waisbich, "Comprehensive Power Shifts in the Making: China's Policy Transfer Partnerships with the United Nations," *Global Policy* 15, Issue S2 (2024): 62–73.

的风险，有利于推动亚洲发展共同体建设。

其次，以制度对接为主导推进"全球发展倡议+"制度化路径。制度对接是亚洲发展共同体制度建设的重要部分，打造基于"全球发展倡议+"的国际制度对接模式可以充分利用现有制度资源，是亚洲发展共同体制度化建设的可行路径。亚洲发展共同体制度建设的全面对接可借助亚洲地区已有机制和平台促进对话协商，共同探寻具有区域特色的可持续发展道路。在东亚地区，与东盟、东盟地区论坛、东亚峰会、亚太经合组织的合作；在南亚地区，与南亚区域合作联盟、环印度洋区域合作联盟逐步建立稳定的合作关系；在中亚地区，深化与上海合作组织、独联体、集体安全条约组织、欧亚经济联盟的合作。通过规范融通、价值互通和情感沟通的方式，以规范倡导、规范说服的方式提升亚洲社会对亚洲发展共同体的接受程度，共同推动亚洲发展共同体建设。亚洲发展共同体在制度建设上不仅要与发展中国家紧密合作，还要与西方国际制度形成合力，争取那些有远见的西方国家加入"全球发展倡议之友小组"及其会议，不断提高全球发展倡议的国际号召力。

最后，主动搭建发展合作新平台。2022年1月20日成立的"全球发展倡议之友小组"是全球发展倡议制度建设的重要一步，中国发起并创建世界职业技术教育发展联盟、中国—太平洋岛国应对气候变化合作中心、国际民间减贫合作网络等合作平台，同各方携手在农业、教育、应对气候变化等领域打造合作网络。中国与世界上110个国家和组织建立了伙伴关系，形成全方位、多层次、立体化的全球伙伴关系和制度合作网络，这为亚洲发展共同体对接相关合作制度创造了条件。以中国为一方，以地区成员国、区域组织与国际组织为另一方，积极打造"中国+"合作制度等新形式，推动亚洲地区发展规范具体化并进一步扩散，增加亚洲地区国家对亚洲发展共同体的认同感，形成具有更高层次的情感认同体。当前，非正式的政府间组织、跨国公私伙伴关系和跨政府网络也可以提供实质性治理效益，而且创建、运营、更改和退出这类制度的成本较低。亚洲发展共同体的新制度建设还要关注非正式制度的作用，以非正式制度为突破，不仅延展性和灵活性强，而且能够降低风险。

三、深化国际经贸新规则领域的合作，构建亚洲发展合作网络

亚洲地区是双边、多边合作非常密集的区域，但亚洲的一体化合作存在明显的缺陷，缺乏一致而明晰的经济一体化战略，区域性合作呈现出复杂的叠套状态，且尚未出现覆盖全域的机制。[①] 当前，地缘政治紧张与冲突、大国摩擦与对峙、经贸问题泛政治化、安全化给亚洲区域经济合作蒙上了阴影，不利于亚洲区域经济一体化的长远发展。中美经济的"脱钩"将引发现有全球价值链的重组，中美经济脱钩导致的全球价值链重构对全球经济会产生重大影响；虽然美国制造业可能受益于

---

① 王志芳、张丹：《中美战略竞争与中国推动亚洲经济一体化的路径——基于全球价值链的视角》，《东北亚论坛》2023 年第 4 期。

制造业回流政策，但对其经济增长的总体影响有限。[①] 中国基于人类命运共同体和包容性发展的区域一体化理念及实践，与美国基于"价值观联盟—安全—供应链"三位一体的区域一体化形成了鲜明的对比，并在贸易、技术、数字等领域的标准与规则上形成竞争关系。这需要秉持开放战略，践行真正多边主义，强化经贸合作背景下的大国协调机制，营造有利于全球发展事业的国际经贸制度环境，防止亚洲区域秩序的撕裂。

亚洲发展共同体建设对亚洲区域一体化提出了更高的期待，亟待建立以发展为导向、以规制融合为重点、以能力建设为支撑的新型深层经济合作体系。目前，亚洲地区覆盖较广，且由亚洲国家推动的区域机制主要是《区域全面经济伙伴关系协定》及《全面与进步跨太平洋伙伴关系协定》。虽然以《区域全面经济伙伴关系协定》作为一体化构建的基础平台更加符合亚洲当前多元多样的经济特点，有利于稳定和逐步扩大区域供应链、

[①] Jie Wu, Jacob Wood, Xianhai Huang, "How Does GVC Reconstruction Affect Economic Growth and Employment? Analysis of USA-China Eecoupling," *Asian-Pacific Economic Literature* 35, no. 1 (2021): 67-81.

产业链。但《区域全面经济伙伴关系协定》以传统议题为主且议题深化不足，现有成员的发展水平不一，涉及的边境后措施领域有限，大大削弱其运行深度、广度和最终效率。构建亚洲发展共同体需要进一步实现从以"边界措施"为主的市场准入规则向以"边界内措施"为主的规制协调规则转变，致力于高标准、高质量的区域经济一体化建设。而且相关机制的完善，不仅需要在协定内容方面努力，有效体现投资、政府采购、竞争政策、知识产权、劳工、环境等现代议题等领域，还需要推动特定领域的合作，对能力不足的成员方进行援助性或支持性的能力建设等，以更好地发挥制度对合作的支撑作用，推动这些经济体进一步融入区域分工体系。

亚洲的崛起是建立在多国的多边协同与合作基础之上，而不是建立在任何一个国家的基础之上，这也造成亚洲地区的经贸合作是市场驱动型的多元化合作。当前，新国际分工体系形成产业间分工、产业内分工以及工序分工并存的复杂生产网络，为亚洲区域产业转移和产业发展提供了新空间和新动力。在新国际分工体系下，亚洲地区产品内分工本质上仍然是垂直专业化分工，区域产业梯次发展呈现"新雁行模式"，[①]即区域内梯度差异既有来源于不同产业和产品的梯次发展，也有来源于产品内不同环节的梯次发展。"新雁行模式"依托于全球生产网络，不同梯次国家均可能从区域内外获得动态比较优势，产业发展可能呈现"多级雁行"格局。[②]近年来，中国在全球及地区供应链贸易中的地位越来越重要，已经成为多数国家中间产品进口的主要来源国，开始在全球价值链上扮演关键的"枢纽"角色。在全球产业链布局的背景下，借助中国相对产业梯度优势和大国综合比较优势，秉持互利共赢价值理念构建亚洲发展共同体，寻求亚洲区域产业链战略利益契合点，能够推动区域产业链构建，进一步发挥亚洲地区在全球产业链网络体系中的枢纽作用，导引全球产业链重塑。

[①] 自 20 世纪 60 年代起，东亚形成了以日本为雁首（生产技术密集型产品），亚洲"四小龙"为雁身（生产资本密集及低端技术密集型产品），以及东盟和中国大陆为雁尾（生产劳动密集型产品）的"雁行模式"。90 年代后，日本泡沫经济破灭，日本作为"雁首"的带动力逐渐削弱，1997 年亚洲金融危机爆发给东亚造成了沉重的打击，"雁行模式"逐步走向解体。

[②] 侯丹丹：《后"雁行模式"时期东亚产品空间结构演化研究》，《国际经贸探索》2018 年第 6 期。

四、加强亚洲数字生态建设，推动完善数字经济治理体系

数字经济通常需要数字生态的建立和数字基础设施的支撑，数字基础设施发展差异性较大是造成数字经济发展不平衡的主要原因之一。亚洲地区广大发展中国家由于数字技术的制约，存在"数字鸿沟"，导致数字技术术对产业发展的赋能效应在各国间存在较大的差异。[①]亚洲大多数国家对输电网络、电信基站、海缆、光缆、数据中心和云计算有着巨大的需求。信息和通信技术基础设施的升级和应用数字技术的能力应被视为一个基础工程项目，在财政投资的支持下改善电信基础设施，包括互联网普及率、网速、连接价格和网络安全，减少核心技术被垄断的极端情况来缩小数字鸿沟，减少数字经济带来的收入不平等。[②]中国已经成为全球数字基础设

[①] 王汉新、朱艳新：《全球发展倡议与新型全球经济治理》，《上海经济研究》2024年第1期。

[②] Feng Wang, Shaoxin Shen, "Does the Digital Economy Development Improve or Exacerbate Income Inequality? International Evidence," *Managerial and Decision Economics* 32, no. 4 (2024): 1847-1871.

施建设的引领者之一，有能力帮助有需要的亚洲国家加强数字基础设施建设。帮助亚洲国家弥合"数字鸿沟"，这就要求加强对数字发展滞后亚洲国家的支持，聚焦重点区位、重点行业进行数字基础设施建设，扩大数字基础设施的覆盖范围，不断提高亚洲国家数字经济发展的硬件基础条件，在发展全球伙伴关系的基础上，充分利用"全球发展倡议之友小组"等合作机制，推动形成各方共同参与的数字基础设施项目库，加快传统基础设施数字化改造，加强数字互联互通。

数字经济的发展引发了科技革命及其产业转型，也影响了产品的出口升级，研究发现数字经济的发展能够促进出口的技术复杂性，提高资源配置效率。[1] 提升亚洲发展共同体数字化发展水平，要深化技术合作，提升数字技术合作交流及应用水平。数字技术的发展，可以带动成本降低、产业链重组和全球价值链重构，从而导致全球产业布局和分工的变化。要缩小亚洲各国数字经

---

[1] Hongying Sun, Yipei Luo, Zuyu Liang, Juan Liu and Miraj Ahmed Bhuiyan, "Digital economy Development and Export Upgrading: Theoretical Analysis Based on Chinese Experience," *Thunderbird International Business Review* 66, Issue 4 (2024): 339-354.

济发展差距，亚洲国家必须具备一定的工业化基础以及数字技术在产业上广泛应用。充分发挥中国技术优势，探索与国际组织、亚洲区域发展机构以及亚洲国家的合作，建立区域或国别数字经济发展中心、跨国技术转移中心、联合研究室、数据中心等方式，加大技术转移力度，帮助亚洲发展中国家提升数字经济创新能力，通过技术对接、示范培训等，将中国数字经济领域的技术优势切实转化为适合当地发展的本土化应用。建立数字技术共享机制，加快产业与数字经济的融合，加强数字经济发展的互联互通，推动数字经济在亚洲区域范围内的协调发展，实现规模效应和国际合作的协同发展。增加数字经济领域发展资源投入，设立数字经济专项贷款，在亚洲地区建设人才培训基地，促进亚洲地区数字化技能的普及和提升。

构建亚洲发展共同体数字治理体系。近年来，世界正在经历广泛的数字化转型，这场革命中技术创新和信息社会平台的建设极大地改变了现代生活的许多方面，与数字化转型相关的各种偏见和障碍、在高科技环境中的互动以及不断变化的经济、社会、政治和文化面临着巨大的挑战。[①]建立数字经济合作的制度安排，深化投资合作加强双方数字经济合作的顶层战略设计和相关领域政策、法规和标准的对接，为亚洲国家间数字经济合作创造清晰的合作框架和稳定的合作环境。为提升亚洲国家数字经济合作的效率，积极构建亚洲地区多层次的数字治理体系，提升数字经济监管水平，积极参与、引领全球数字规则制定，既兼顾数字经济发达国家的利益，也要尽量减少部分发达国家提出的高标准对发展中国家构成"发展壁垒"。统一共建亚洲国家的数字技术标准，为数据开放共享、跨境流动提供基础保障；在数字国内监管模式（包括消费者保护、安全、隐私、算法、源代码或加密保护）与跨境数据流动（包括跨境数字产品征税、数据本地化）等方面加强合作，为全球达成新的数字规则起到示范与引领作用。立足亚洲地区比较优势，尝试在有优势但缺乏国际标准的领域提出新

[①] Eran Vigoda-Gadot and Shlomo Mizrahi, "The Digital Governance Puzzle: Towards Integrative Theory of Humans, Machines, and Organizations in Public Management," *Technology in Society* 77（2024）.

标准倡议。在提升数字规则议程制定能力的同时，促进亚洲国家加强与国际组织如亚太经合组织、二十国集团等多边机构的合作，进行政策沟通协调，构建有效的数字合作机制；利用世界互联网大会等多边平台，同共建国家建立对话机制，提升数字规则话语权影响力。

第五章　亚洲命运共同体之安全共同体

张　洁[*]

构建亚洲命运共同体是全方位、多领域的。其中，安全共同体是实现亚洲命运共同体的重要保障，也是必由之路。亚洲的和平稳定关系到中国的国家利益，关系到中华民族崛起的外部环境。中国在治理亚洲安全事务中，既有天然的优势，也存在结构性短板。中国提出与地区国家打造安全共同体，倡导实践共同、合作、综合、可持续性的新安全观，是基于崇尚和平、和合共生、天人合一的中华文化传统与哲学理念，体现了中国统筹推进发展与安全双目标的辩证思维。

如何实现亚洲安全共同体，需要从理论与政策层面

---

[*] 张洁，中国社会科学院亚太与全球战略研究院研究员，亚太安全与外交研究室主任。

加强研究。对此，本章分为三部分展开论述：第一部分重点从理论层面讨论构建亚洲安全共同体的文化、哲学与法律基础，亚洲安全共同体的基本内涵与实质。第二部分重点从实践层面分析构建亚洲安全共同体的必要性与可行性。第三部分试图将理论与现实相结合，探讨构建亚洲安全共同体遵循的基本原则与实践路径。

第一节　亚洲安全共同体的哲学基础与理论内涵

自2013年习近平主席首次提出构建人类命运共同体的理念后，该理念不断得到丰富和发展，包括"五位一体"的总体框架以及建设"五个世界"的总目标。[①]其中，"五个世界"中的两部分内容均涉及安全领域，

[①] "五位一体"总体框架是指建立平等相待、互商互谅的伙伴关系，营造公道正义、共建共享的安全格局，谋求开放创新、包容互惠的发展前景，促进和而不同、兼收并蓄的文明交流，构筑尊崇自然、绿色发展的生态体系。"五个世界"的总目标包括：坚持对话协商，建设一个持久和平的世界；坚持共建共享，建设一个普遍安全的世界；坚持合作共赢，建设一个共同繁荣的世界；坚持交流互鉴，建设一个开放包容的世界；坚持绿色低碳，建设一个清洁美丽的世界。

即建设持久和平的世界，建设普遍安全的世界，这充分体现了安全共同体在人类命运共同体构建中的重要性，因为只有各国都走和平发展道路，国与国之间才能和平相处，构建人类命运共同体才有希望。

较之于发展共同体以及文明共同体，构建安全共同体需要更高水平的战略互信，特别是在"亚洲"这一特殊的地理区域与地缘环境中。因为中国属于亚洲的一部分，与本地区国家具有"山水相连、命运与共"的地缘关系，而这种地缘关系是一把"双刃剑"，决定了构建亚洲安全共同体的敏感性与复杂性。一方面，地理邻近性决定了中国与周边国家互联互通的可能性与经济合作的便利性，为构建互利共赢的伙伴关系提供了条件；另一方面，"山水相连"意味着中国与周边国家之间不可避免地会产生领土领海问题，加之中国巨大的国家体量，周边国家往往对中国有一种"天然的恐惧"，从而导致中国与地区国家战略互信构建的困难。因此，在亚洲构建安全共同体面临多重使命，既要妥处领土领海问题，实现和平共存，防止军事对抗，也要加强地区安全治理，共同应对各类非传统安全挑战，最终共谋和平、共护和平、共享和平，从而为推动地区经济繁荣、人文交流提供保障，最终实现亚洲命运共同体的构建。

一、共同的文化传统与历史实践为构建亚洲安全共同体提供了坚实基础

安全共同体是国际关系理论的话语体系，以一定的文化、历史与哲学为基础。构建亚洲安全共同体，既是一个终极愿景，也是一个实践过程。这其间，各国的安全理念将决定其安全战略的制定，而安全战略将指导各国的安全政策实施。如果说欧洲构建共同体是靠制度建设，那么中国与周边邻国构建命运共同体所体现的更多是一种共生理念，一种共利关系。人类各个地区都拥有自身处理与外部世界关系的智慧，包括中华传统文化在内的、多样化的亚洲文明中蕴含着丰富的人类命运共同体基因，如和平、和谐、合作等，为构建亚洲安全共同体提供了重要的思想来源与哲学基础。同时，亚洲各国

反对殖民统治、追求民族独立与平等发展的共同经历，也为构建安全共同体提供了重要的地区共识。正如2015年11月习近平主席在新加坡国立大学演讲时所指出的，"亚洲各国人民要从悠久的历史文明中汲取养分，凝聚对亚洲价值的集体认同，拓展人文交流合作，夯实睦邻友好的社会民意基础，把'和''合'的传统理念付诸彼此相处之道，把修睦合作的薪火世代传承下去"。[①]

（一）"和合共生"是构建亚洲安全共同体的重要思想来源

中华文化、亚洲文明中蕴含着"和""合"的传统理念，"天人合一"的自然观，等等，为构建亚洲安全共同体提供了重要的哲学观念与法理基础。

人类最朴素的愿望就是和平与发展。人类命运共同体理念明确表示，中国将坚持走和平发展道路，这是对中华民族热爱和平的文化传统的继承和发展。自古以

---

① 习近平：《深化合作伙伴关系 共建亚洲美好家园——在新加坡国立大学的演讲》，《人民日报》2015年11月8日，第2版。

来，中华文化以"和""合"理念为精神内核，秉持"以和为贵，和而不同"的价值取向，追求"和衷共济、和合共生"的高远理想，推崇不同国家、不同文化"美美与共、天下大同"。① 这种哲学理念与欧洲二元对立的哲学观存在本质差异，从中派生出的国际关系理论强调和平共处、和平发展、和谐共存，区别于以基于实力、霸权理论、零和博弈等为核心的西方话语体系，破除了西方国家"国强必霸""修昔底德陷阱"的论断。②

在多元丰富、相融相通的亚洲各国文明中，同样蕴藏着崇尚仁爱、慈善、和平等价值观。印度尼西亚有谚语"甘蔗同穴生，香茅成丛长"；蒙古国有谚语"邻里心灵相通，命运与共"；③ 缅甸则建了和平塔，用来祈祷世界和平。这些都为形成共建安全、共享安全的地区共识提供了思想来源。

中华民族始终遵循"道法自然、天人合一"的自

---

① 《携手构建人类命运共同体：中国的倡议与行动》，《人民日报》2023年9月27日，第6版。
② 苏长和：《和平共处五项原则与中国国际法理论体系的思索》，《世界经济与政治》2014年第6期，第4页。
③ 《携手构建人类命运共同体：中国的倡议与行动》，《人民日报》2023年9月27日，第6版。

然观，践行"钓而不纲，弋不射宿"的生态观，体现了对天地宇宙的敬畏和热爱、对人与自然和谐共生的追求。①这种悠久传承的生存理念为处理人与自然的关系提供了重要的思想指导。与之相呼应，人类命运共同体理念强调，最根本的现实是"宇宙只有一个地球，人类共有一个家园""各国有责任共同呵护地球的安全，守护人类的未来""人与自然的关系更为密切，人类可以利用自然、改造自然，但归根结底是自然的一部分，必须呵护自然，不能凌驾自然之上"等等。②可以看到，人类命运共同体理念高度重视人类未来命运与自然的内在关联性，这对于人类如何应对当前气候变化、自然灾害、疾病肆虐等非传统安全威胁日益严重具有重要指导意义，指引亚洲各国实现与大自然的和谐共处，秉承绿色发展观、协调统筹安全格局与生态格局。

---

① 习近平：《深化文明交流互鉴共建亚洲命运共同体——在亚洲文明对话大会开幕式上的主旨演讲》，新华社，2019年5月15日。
② 《携手构建人类命运共同体：中国的倡议与行动》，《人民日报》2023年9月27日，第6版。

(二) 共同的历史实践塑造了以和平共处为核心的地区安全观

"和合共生"是和平共处形成的重要文化与哲学基础，和平共处则是国际关系基本准则和国际法基本原则之一，集中体现了主权、正义、民主、法治的价值观。习近平主席指出，和平共处五项原则之所以在亚洲诞生，是因为它传承了亚洲人民崇尚和平的思想传统。[1]

亚洲不仅孕育了和平共处五项原则，也使这一原则展现了强大的生命力。第二次世界大战结束后，亚非拉民族独立解放事业蓬勃发展，新生国家渴望建立平等的国际关系，顺应这一时代潮流，中国首先完整地提出了和平共处五项原则，并得到印度、缅甸的积极回应，三国共同倡导了和平共处五项原则。此后，这一原则引申发展为万隆会议十项原则以及20世纪60年代不结盟运动的指导思想，逐步得到国际社会的广泛赞同与遵守，

---

[1] 习近平：《弘扬和平共处五项原则建设合作共赢美好世界——在和平共处五项原则发表60周年纪念大会上的讲话》，《人民日报》2014年6月29日，第2版。

成为国际关系的基本准则和国际法的基本原则。

在过去的 70 年中，中国始终坚持和平共处五项原则，在处理与周边国家关系中，坚持睦邻友好的外交政策，先后提出与邻为善、以邻为伴的政策以及睦邻、安邻、富邻的基本方针，这是中国在周边地区实践和平共处五项原则的生动写照。20 世纪 90 年代开始，中国实现了与大多数周边国家的关系正常化，谈判完成了绝大部分陆上边界划界问题，妥处了领土领海争端与海洋权益问题，特别是 2002 年与东盟国家签署《南海各方行为宣言》，各方达成共识，强调由直接有关的主权国家通过友好磋商和谈判，以和平方式解决领土和管辖权争议，而不诉诸武力或以武力相威胁，充分体现了和平共处五项原则的精神内涵。

同样，在过去的 70 年中，亚洲国家与地区组织也将和平共处五项原则内化为外交理念，落实到政策实践中。以东盟为例，该组织成员国在 1976 年签订《东南亚友好合作条约》，强调相互尊重彼此的独立、主权、平等、领土完整、民族特征，并将互不干涉内政列为缔约国关系原则。此后，东盟不仅以此规范成员国间的相互关系，同时还使之成为包括中国、美国、日本、俄罗斯、印度等国家与之建立对话关系而必须遵循的基本原则，从而推动这一规范不断在本地区扩散。

在共同的地区实践中，中国同亚洲国家构建了以和平、合作、包容、融合为核心的亚洲价值观，促进了亚洲团结和发展振兴，也形成了和而不同、多元共生、相互尊重、协商一致的亚洲方式。这些价值观、地区方式以及地区规则逐步规范化将会最终形成地区性的法律体系，与《联合国宪章》基本原则与准则保持一致，为构建理念相同的亚洲安全共同体奠定坚实的基础。

二、不断丰富与发展的亚洲安全共同体理念：内涵与实质

中国提出构建亚洲命运共同体，是在既有地区实践基础上提出的关于亚洲地区秩序的中国方案，是"宣示中国将坚持走和平发展道路，以自身发展促进周边发

展，同地区国家共同推进现代化进程，共同构建周边命运共同体，携手绘就和平安宁、繁荣美丽、友好共生的新时代亚洲愿景"。① 关于亚洲安全共同体，习近平主席在2015年的博鳌论坛上强调，"迈向命运共同体，必须坚持实现共同、综合、合作、可持续的安全"，"要摒弃冷战思维，创新安全理念，努力走出一条共建、共享、共赢的亚洲安全之路"。②

亚洲安全共同体是基于中国与亚洲各国长期实践、从亚洲各国的共同利益来思考问题与制订行动方案，它与过去中国提出的一系列发展与地区国家关系、处理安全议题的原则有一致性，但也有创新之处。创新之处在于，中国以往主要是从自身如何做的角度考虑、提出发展与周边国家关系的原则，而安全共同体更多强调的是中国与地区国家的共同愿景，强调的是共同协商、共同建设与安全共享。③ 这种创新性使安全共同体更加区别

---

① 《新时代中国的周边外交政策展望》，《人民日报》2023年10月25日，第6版。
② 习近平：《迈向命运共同体　开创亚洲新未来——在博鳌亚洲论坛2015年年会上的主旨演讲》，《人民日报》2015年3月29日，第2版。
③ 参见张蕴岭《新形势下推动构建中国与周边国家命运共同体》，《当代世界》2021年第7期，第52页。

于美国为了维护自身主导权、在亚太地区推动的盟伴体系建设。

以实现亚洲各国的和平共处、安全共享、利益共生、责任共担为愿景,构建亚洲安全共同体必然是一个承担多重任务目标、通过分阶段完成的长期性过程。就此而言,亚洲安全共同体既是基于理念的倡议,也是基于现实的行动议程。就多重目标而言,至少应包括:底线目标,即避免成员国之间出现冲突,特别是避免战争的发生;更高目标则是谋求成员国在传统安全与非传统安全领域的合作以实现共同安全,[①] 最终才可能实现构建公道正义、普遍安全的世界。在构建亚洲安全共同体的不同阶段,则至少需要回答以下问题:一是如何准确判断安危与共的亚洲安全现状,二是如何确立各阶段的地区安全战略目标,三是如何提供实现地区安全的可行性路径选择。

全球发展倡议、全球安全倡议和全球文明倡议是推

---

① 凌胜利:《构建周边安全共同体:挑战与对策》,《国际问题研究》2017年第5期,第40页。

动构建人类命运共同体的战略引领。2022年4月，习近平主席在博鳌亚洲论坛年会上首次提出全球安全倡议，系统阐述了中方促进世界安危与共、维护世界和平安宁的立场主张，强调人类是不可分割的安全共同体；倡导以共同、综合、合作、可持续的安全观为理念指引，以相互尊重为基本遵循，以安全不可分割为重要原则，以构建安全共同体为长远目标，走出一条对话而不对抗、结伴而不结盟、共赢而非零和的新型安全之路。① 此后，2023年2月中国政府正式发布《全球安全倡议概念文件》。

全球安全倡议的实质是关于全球安全治理的"中国方案"，提出了"六个坚持"，即"坚持共同、综合、合作、可持续的安全观"；"坚持尊重各国主权、领土完整"；"坚持遵守联合国宪章宗旨和原则"；"坚持重视各国合理安全关切"；"坚持通过对话协商以和平方式解决国家间的分歧和争端"；"坚持统筹维护传统领域和非传统领域安全"。这六方面与中国长期倡导和平

---

① 《习近平在博鳌亚洲论坛2022年年会开幕式上发表主旨演讲》，《人民日报》2022年4月22日，第1版。

共处五项原则一脉相承，是经过长期实践形成的中国安全观，尤其是源于中国与亚太国家共同维护安全的地区合作中。全球安全倡议既有顶层设计的宏观思维，又有解决实际问题的方法路径，从而为推动构建安全共同体提供了行动指南与实施路径。

亚洲新安全观为构建亚洲安全共同体提供了创新性的安全理念。其中，"共同"强调安全的普遍性、平等性和包容性，尊重和保障每一个国家的安全，同时由地理邻近性决定，亚洲各国间安危与共，"日益成为一荣俱荣、一损俱损的命运共同体"。"综合"反映了对安全威胁来源的全面认知与应对安全的通盘考虑。一方面，亚洲各国面临传统安全与非传统安全双重挑战；另一方面，亚洲各国需要多管齐下，综合施策，加强国际和地区合作，协调推进地区安全治理。"合作"是为处理地区安全问题提供选择路径，即通过对话合作促进各国和本地区安全，以合作谋求和平，以合作促进安全，以和平方式解决争端。"可持续"强调发展与安全并重以实现持久安全，体现了发展与安全的辩证统一关系，即发展是安全的基础，安全是发展的条件。对亚洲大多数国家来说，发展就是最大安全，也是解决地区安全问题的"总钥匙"，努力形成区域经济合作和安全良性互动、齐头并进的大好局面，将有利于通过可持续发展促进可持续安全。①

第二节 构建亚洲安全共同体的必要性与可行性

在过去 30 年，亚洲实现了地区和平与繁荣发展，积累了丰富的地区经验，形成了发展共识。然而，随着全球与地区形势的巨大变化，世界进入新的动荡变革期，为适应新时期要求，中国提出构建亚洲命运共同体，在安全领域，坚持践行新安全观，推动全球安全倡议落地，加强地区安全合作治理，以构建安全共同体为愿景，回应时代之需与地区之需。

---

① 习近平：《论坚持推动构建人类命运共同体》，中央文献出版社，2018，第114页。

一、构建亚洲安全共同体的必要性：时代之需与地区之需

维护和平是人类生存与发展的前提。随着百年未有之大变局演变的加快和大国博弈的加剧，全球面临的不确定性因素增多。全球治理失序，冷战思维回潮，单边主义、保护主义、霸权主义横行。如何处理国家之间关系，共同维护世界和平与安宁，促进人类的发展与进步，是当前的重大命题。

在亚洲，各类传统安全与非传统安全问题严重冲击地区安全。一方面，美国实施的"印太战略"加速了地区阵营对抗的形成，导致地区对话不得不重新回归传统安全议题，如地区军事同盟重建，地区军备竞赛加剧，朝鲜半岛问题复杂难解，阿富汗重建挑战，等等；另一方面，粮食与能源的短缺，金融风险的加大，产业链、供应链的"脱钩断链"、恐怖主义、自然灾害以及极端气候等各类非传统安全问题对亚洲各国、特别是中

小国家的安全构成严峻挑战。

面对这种态势，中国提出构建安全共同体的理念，体现了作为大国的负责任的态度，为处于"十字路口"地区的前途提供了中国选项、中国方案。正如时任中国国务委员兼外交部长王毅在东盟秘书处发表演讲时所指出的，整个地区处于"十字路口"，围绕亚洲的前途，出现了两种截然不同的走向。"一种是坚持开放的区域主义，维护真正的多边主义，坚持发展优先，致力互利合作，推动地区国家尽早走出疫情实现全面发展。另一种是重拾冷战式旧思维，再搞封闭式集团政治，把地区国家按价值观分类，将区域经济阵营化，甚至将亚太安全北约化"。"我们今天的选择，将决定今后的道路通向何方，开放还是封闭，合作还是对抗，团结还是分裂，进步还是倒退，将从根本和长远上影响地区各国未来的前途与命运"。[①]

[①] 《王毅在东盟就开放的区域主义发表政策演讲》，中华人民共和国外交部网，2022 年 7 月 12 日，https://www.fmprc.gov.cn/wjbzhd/202207/t20220712_10718688.shtml。

二、构建亚洲安全共同体的可行性：地区实践与制度保障

中华文明、亚洲文明为构建亚洲安全共同体提供了哲学基础，从获得民族独立到实现国家经济发展的共同历史实践，以及在此过程中形成的地区规范、机制建设等实践活动，都为亚洲安全共同体的构建提供了基本的制度保障。

首先，以和平共处为核心的地区规范得以形成和扩散。亚洲是和平共处五项原则的发源地，也是这一原则的积极践行者。和平共处的国际法哲学精神是公道、共生、平等、团结等，这与《联合国宪章》精神是共通的，在亚洲地区实践中得到了广泛的应用，包括中国与周边国家的双边关系发展，东南亚、中亚的地区组织的宗旨和规范等。例如，在东盟制定的《东盟宪章》《东南亚友好合作条约》《东亚峰会互利关系原则宣言（巴厘原则）》等文件中体现的共同价值观和规范，以及

诸如2023年首届中国—中亚峰会发表的《中国—中亚峰会西安宣言》中，各方重申在涉及彼此核心利益问题上互予理解和支持；中方坚定支持中亚国家选择的发展道路，支持各国维护国家独立、主权和领土完整以及采取的各项独立自主的内外政策。

其次，通过实践形成了一系列地区安全机制，特别是以东盟为中心的亚太安全架构。第二次世界大战结束至今，在亚太地区除了美国主导的同盟体系之外，还逐步建立了一系列东盟主导下的地区对话机制，这是东盟在冷战后着手通过制度设计构建自身"中心地位"的结果。迄今，亚太地区已经形成了包括东盟地区论坛、东盟防长扩大会议、东亚峰会等东盟主导下的一系列地区对话平台，东盟的地区"中心地位"因此确立并得到区域内外主要国家的认可。对此，中国也多次重申支持东盟在区域架构中的"中心地位"。

再次，亚洲其他次区域也根据自身安全态势的特点与需求，不断建立、完善各类安全机制。在这些对话框架下，亚洲各国协商集体性的综合问题，超脱了双边关系问题的制约,更容易维护地区的和平稳定大局。这方面最典型的案例包括中国与东盟自建立对话关系后,合作同步推进发展与安全双议程的地区实践;[①] 以及中国依托于上海合作组织,从整体上加强与中亚国家在安全领域的合作,通过以反对极端势力威胁为重点,推动综合关系发展,使中亚成为一个稳定、合作与发展的地区。上海合作组织是构建次区域安全共同体的重要平台,其形成和发展历程本身就是周边命运共同体构建的范例,包括各方从谈判解决边界问题到建立"上海五国"会晤机制,以及从"上海五国"发展为上海合作组织。[②]

通过各类地区安全机制的多年实践,亚洲各国形成磋商对话的行为规范,增进了战略互信,也由此在相当程度上减少了分歧,降低了摩擦烈度,发挥了预防和减少安全冲突的积极作用,同时也推进了地区国家形成共同、合作的安全意识,从而为亚洲安全共同体的建立提

[①] 张洁:《全球发展倡议和全球安全倡议的地区实践与历史经验——关于中国—东盟推动区域合作与治理南海问题的考察》,《亚太安全与海洋研究》2023年第4期。
[②] 邢广程:《习近平外交思想与周边命运共同体建设》,《当代世界》2021年第8期,第13页。

供了理念与制度的支撑。

最后，人类命运共同体理念提出后地区安全合作取得的新进展。自2013年至今，人类命运共同体理念在亚洲落地生根，不断走实，中国—东盟命运共同体建设持续推进，澜湄国家命运共同体建设取得新进展，上海合作组织命运共同体成果丰硕，中国—中亚命运共同体建设迈出坚实步伐，包括成功召开首届中国—中亚峰会，成立中国—中亚元首会晤机制，这些实践为地区和世界持久和平、共同繁荣作出积极贡献。

在双边层面，中国正在同越来越多的友好伙伴构建不同形式的命运共同体。根据不完全统计，在亚洲地区，中国同越南、老挝、柬埔寨、缅甸、印度尼西亚、泰国、马来西亚、文莱、东帝汶、巴基斯坦、蒙古国等国家就构建双边命运共同体发表行动计划、联合声明或达成重要共识，同中亚五国双边层面践行人类命运共同体全覆盖。命运共同体的理念更加深入人心，实践成果喷涌而出，实实在在地推动了当地发展建设，促进了民生福祉。而全球安全倡议从2022年4月提出，在两年多的时间里，也已经得到东南亚多数国家的认可。

三、构建亚洲安全共同体面临的主要挑战

当前，亚洲各国面临传统安全与非传统安全双重挑战，而美国对华全面战略竞争推动地区安全对话重回传统安全议程，削弱了地区国家合力治理非传统安全的合作成效。不仅如此，美国在"印太战略"框架下加强盟伴体系建设，加剧了本地区安全秩序的博弈，使得地区安全秩序的走向更具不确定性和不稳定性，也增加了亚洲安全共同体建设的复杂性与困难性。

首先，美国主导的亚太同盟体系与东盟主导的地区安全架构形成竞争。二战结束后，美国在亚太地区逐步建立了军事同盟体系，并在冷战后形成了优势地位。近年来，随着美国政府持续推进以遏制中国为目标的"印太战略"，不断强化其主导的亚太盟伴体系，使得地区阵营对抗日益激烈。特别是2023年以来，美国盟伴体系发生重要变化，从过去的扩大"朋友圈"转变为加

强盟友间合作的"深耕细作"。在推进美日印澳"四边机制"、美英澳三方安全伙伴关系等多边机制的合作议程的同时，美国以日本、菲律宾作为"双中心"，强化美日、美菲双边同盟，在此基础上推动美日韩、美菲日、美菲澳等小多边的军事合作。同时，美国还在持续推动亚太同盟体系与北约的战略对接。[①] 美国主导下的军事盟伴体系合作，导致亚太地区的军备竞赛加剧，东北亚、南亚地区的"新冷战"态势被强化，南海、台海局势重新升温并极大增加了军事冲突爆发的可能性。

在美国实施"印太战略"之前，东盟在亚太地区安全架构中的"中心地位"已经形成。然而，美国主导下的盟伴体系很大程度上冲击了东盟的"统一性"和"中心地位"。作为应对，从2022年前后开始，东南亚国家力图保持内部团结，加强自身"统一性"建设，重构"中心地位"。同时，东盟还依托东盟地区论坛、东亚峰会等地区机制，试图在协调大国关系、制定地区

[①] Derek Grossman, "America's Indo-Pacific Alliances are Astonishingly Strong," RAND, December 8, 2023, https://www.rand.org/pubs/commentary/2023/12/americas-indo-pacific-alliances-are-astonishingly-strong.html.

合作议程中发挥作用，从而维护自身在亚太地区架构中的"中心地位"。目前，在亚太地区至少形成了上述两种安全架构的竞争，他们代表了不同的安全合作模式。而这种竞争无疑削弱了地区国家合力治理安全的效率，也增加了地区秩序走向的不确定性。

其次，传统安全与非传统安全对地区稳定的挑战被忽视。在传统安全方面，国际局势的动荡与大国博弈的加剧导致近年来亚太地区军费开支与军备投入持续增加。南海、台海、朝鲜半岛、缅甸等长期存在的地区热点重新升温并成为大国博弈的焦点。在非传统安全方面，诸如恐怖主义、公共卫生安全、粮食安全、能源安全等各类挑战日益严重，与之形成鲜明对比的是，全球与地区治理赤字严重，特别是中小国家国力有限，多成为极端气候、粮食短缺、能源短缺等各类危机的受害者。

最后，地区安全治理赤字为安全共同体的构建形成严峻考验。人类命运共同体意味着每个民族、每个国家的前途命运都紧紧联系在一起，应该风雨同舟、荣辱与共、和谐共生、合作共赢。这一点在面对日益增加的非传统安全挑战时尤为重要。非传统安全问题往往具有突发性、跨地区的特征，一国之力难以治理，单打独斗不仅无法应对全球性的发展难题，也无法应对全球性的安全挑战，而只有各国通力合作才是唯一选择。但是，由于美国盟伴体系更倾向于通过传统安全议题遏制中国，地区中小国家多数国家安全治理能力薄弱，面对不断增加的非传统安全挑战，各自为战往往心有余而力不足，凸显了地区合作在治理非传统安全挑战方面的严重不足。

第三节　构建亚洲安全共同体的实践原则与路径选择

"共同体"的理念具有内在的逻辑性、深刻的理论性和很强的操作性，是从理念和实践两个维度推动人类进步发展。实现这一愿景，需要培育人类命运共同体的意识，强调坚守和弘扬和平、发展、公平、正义、民主、自由的全人类共同价值，逐步形成全球性的人类命运共同体网络框架。①

一、确定构建亚洲安全共同体的基本原则

既有的中国外交实践为推动构建安全共同体奠定了基础，积累了经验，包括在"一带一路"倡议实施中形成的共商共建共享原则，与地区国家达成的包容开放共识，以及基于多样化的地区特征摸索出的总体统筹与区别对待等原则。

（一）践行共商共建共享原则，打造利益共同体与责任共同体

共商共建共享原则是"一带一路"倡议实施中的一项重要国际法基本原则，它对于构建亚洲安全共同体

---

① 邢广程：《习近平外交思想与周边命运共同体建设》，《当代世界》2021年第8期，第11页。

具有重要的指导意义。共商就是"大家的事大家商量着办",强调各方平等参与、充分协商,以平等自愿为基础,通过充分对话沟通找到认识的相通点、参与合作的交汇点、共同发展的着力点。[①] 这一点与东盟国家倡导的"协商一致"具有相同性,中国与东盟国家以"双轨思路"处理南海问题就是这种共商精神的体现。

"共建"意味着各方都是平等的参与者、建设者和贡献者,也是责任和风险的共同担当者。共建,需要回答建立什么样的安全机制,以及怎么建的问题。例如,既要基于各方共识进行建设,又要在建设中承担责任与风险,特别是强调大国责任与大国担当。在这个过程中,中国经历了从被动参与地区机制与合作到主动构建的转变。一方面,中国积极参与以东盟为中心、开放包容的地区架构。这一架构既是东盟自身努力的结果,也离不开地区国家的支持和参与,特别是地区主要大国的认可。例如,中国创造了东盟对话伙伴关系中的数个

[①] 推进"一带一路"建设工作领导小组办公室:《共建"一带一路"倡议:进展、贡献与展望》,《人民日报》2019年4月23日,第7版。

"第一",包括率先同东盟建立战略伙伴关系,率先加入《东南亚友好合作条约》,率先同东盟商谈建立自贸区,率先明确支持东盟在区域合作中的中心地位,以及率先公开表示愿签署《东南亚无核武器区条约》议定书等。另一方面,中国也逐步尝试主动建立地区机制,为推动解决地区热点贡献中国智慧等。例如,中国从最初倡导成立上海合作组织、澜湄合作机制,到近年针对朝鲜半岛问题,创造性提出"双暂停"倡议和"双轨并进"的思路,针对阿富汗问题,则推动搭建阿富汗邻国协调合作机制等。

如果说共建体现的是参与者所要承担的责任和义务,共享体现的则是利益的分配,决定了参与者的动力。① "共享"强调兼顾合作方利益和关切,寻求利益契合点和合作最大公约数,使合作成果福及双方、惠泽各方。在共建"一带一路"过程中,贡献意味着不是"你输我赢"或"你赢我输"的零和博弈,而是双赢、

---

① 李向阳:《中国特色经济外交的理念、组织机制与实施机制——兼论"一带一路"的经济外交属性》,《世界经济与政治》2021年第3期。

多赢、共赢。同样，在地区安全合作中，新安全观倡导的是合作安全，强调的是"山水相连、命运与共"，安全的不可分割性，这对于同属亚洲的国家来说，更具现实意义与重要性。

因此，共商共建共享既紧密相连，又各有独立的内涵。其中，共商是前提条件，共建是实施路径，共享是宗旨目标。这一原则不仅是"一带一路"倡议所秉持的，而且与国际合作原则、国家主权平等原则等国际法基本原则也是一脉相承的。[①] 共商共建共享体现了尊重中小国家主权平等，体现了大国责任与大国担当，以及各方的利益共享、责任共担，与实现地区各国的和平共处、安全共享、利益共生、责任共担的亚洲安全共同体的愿景具有高度一致性。

当然，既有研究也指出，协商一致原则在一定程度上也导致了合作的低效率，对此，在学术与实践层面，出现了在多边主义、区域主义之外的诸边主义，对此的

---

① 杨泽伟：《共商共建共享原则：国际法基本原则的新发展》，《阅江学刊》2020年第1期，第87页。

研究与实践在一定意义上有助于提升多边合作的效率。

(二) 将优先原则与区别原则相结合

亚洲地区是多元化的,这就决定了在安全共同体的构建中对不同国家、不同地区、不同领域要区别对待。那么,是否需要有优先原则呢?特别是就安全共同体构建的实施路径中,确定优先合作的领域或议题。从亚洲的地区实践来看,亚洲合作、特别是东亚合作往往是危机驱动型,即在应对突发危机的过程中,形成新机制、达成新共识。可以说,这是一种问题导向型的合作模式,这说明不必然需要就合作议题进行前后排序,也不必然区分传统安全还是非传统安全议题合作的优先顺序。例如,面对新冠疫情,中国提出构建人类卫生健康共同体,与发展中国家开展疫苗合作生产;面对混乱失序的网络空间管理,中国提出构建网络空间命运共同体,发起《全球数据安全倡议》,分别同阿拉伯国家联盟、中亚五国发表《中阿数据安全合作倡议》及《"中国+中亚五国"数据安全合作倡议》,推动全球数字治理规则制定。

对于较为复杂的安全议题，中国尝试在解决方式上的创新。例如，中国提出构建海洋命运共同体，致力于通过对话协商和平解决领土主权和海洋权益争端。近年来，中国与东盟国家签署和全面有效落实《南海各方行为宣言》，持续推进"南海行为准则"磋商。提出共建蓝色经济伙伴关系，加强海上互联互通建设。坚持走搁置争议、共同开发的合作之路，同海上邻国积极探讨资源共同开发。

区别原则的运用是由于亚洲的地区具有多样性，各地区发展不平衡，安全特征差异性大，因此在共同体推进构建中应有所区别。既有实践表明，东盟经验在亚洲安全共同体构建中具有借鉴意义，中国—东盟命运共同体、中国—中亚命运共同体的构建已经走在人类命运共同体构建的第一方阵。[1]

---

[1] 邢广程：《习近平外交思想与周边命运共同体建设》，《当代世界》2021年第8期，第15页。

(三) 坚持开放包容的原则

构建人类命运共同体，不是以一种制度代替另一种制度，不是以一种文明代替另一种文明，而是不同社会制度、不同意识形态、不同历史文化、不同发展水平的国家在国际事务中利益共生、权利共享、责任共担。因此，应坚持开放包容、互利共赢与公道正义的原则，在推动地区安全合作、构建地区新安全秩序中，不以意识形态划线，不针对特定的对象，不搞排他的"小圈子"；也不能打着所谓维护"基于规则的地区秩序"的幌子，滥用规则，搞双重标准。而是要维护以国际法为基础的国际秩序，维护国际法权威，确保国际法平等统一适用。在亚洲安全秩序构建中，中国不仅应支持东盟在地区安全架构中的中心地位，同时，也应该根据不同议题开展多边合作，以对话与磋商解决纠纷。

应通过保持地区安全合作的开放性与包容性，妥处大国关系，因为大国关系仍然是影响地区安全事务与地区秩序走向的关键性因素。对美国同盟体系对于亚太安全的影响，要用历史的眼光加以对待。美国主导的联盟体系在亚太地区由来已久，并且长期处于优势地位。多数亚太地区中小国家也认为，从冷战时期到现在，美国为亚太地区的经济发展提供了重要的安全保障。未来，任何亚太地区的安全合作机制如果不能适当地包容和对接美国在亚太的安全影响力，都可能无法完全成功构建新的地区安全架构。

因此，要保持地区合作机制的开放性，在合作中求同存异，保持地区合作有差异、多样性的协调与统一，只有开放的区域主义，才是真正的多边主义，而只有真正的多边主义，才能真正实现各国的福祉。

二、构建亚洲安全共同体的路径选择与治理平台建设

构建亚洲安全共同体，需要中国与亚洲国家合作完成，这期间，中国应统筹国内、国际两个大局，在方向引领、机制建设以及公共产品提供等方面发挥更多大国

作用。

（一）加强国内、国际两个大局的统筹，中国始终要先把自己的事情办好

推动构建亚洲安全共同体，中国首先要把自己的事情办好。正如中央外事工作会议所指出的，要紧紧围绕党和国家中心任务，稳中求进、守正创新，坚定维护国家主权、安全、发展利益，开辟中国外交理论与实践新境界，塑造我国和世界关系新格局，把我国国际影响力、感召力、塑造力提升到新高度，为以中国式现代化全面推进强国建设、民族复兴伟业营造更有利国际环境、提供更坚实战略支撑。[①]

在安全方面，坚持走和平发展道路，坚持以和平方式解决国家间的分歧和争端，与各国共同维护地区持久和平；在经济方面，全面贯彻新发展理念，加快构建新发展格局，着力推动高质量发展。保持国内经济韧性，挖掘经济增长潜力，为地区经济企稳复苏提供强大动

[①] 《中央外事工作会议在北京举行》，《人民日报》2023年12月29日，第1版。

能，扩大高水平对外开放，为各国提供更广阔的市场机会，利用"双循环"战略推动本地区全球价值链的重塑。从而作为本地区最大的经济体和市场，为推动亚洲地区经济发展发挥更大作用，实现与地区国家的互利共赢。

（二）统筹推进全球发展、安全、文明三大倡议

全球安全倡议是新阶段推动构建亚洲安全共同体的行动指南。坚持共同、综合、合作、可持续的新安全观是全球安全倡议的要义。共同安全区别于美盟体系的"零和博弈"，强调在维护中国国家安全的同时，坚持重视各国合理安全关切；强调可持续性安全则体现了以发展促安全的中国特色。全球安全倡议还强调要坚持尊重各国主权、领土完整；坚持遵守《联合国宪章》宗旨和原则；坚持通过对话协商以和平方式解决国家间分歧和争端；坚持统筹维护传统领域和非传统领域安全等。

需要指出的是，在推进全球安全倡议的同时，还应

统筹推进全球发展倡议与全球文明倡议。因为在构建亚洲人类命运共同体的进程中，发展是总钥匙，安全是保障，文明是筑底。

发展与安全密切相关。正如习近平主席在整体国家安全观中指出，发展是解决一切安全问题的总钥匙。实践证明，没有和平，发展就是无源之水；没有安全，繁荣就是无本之木。只有坚持可持续性发展，才能实现可持续性安全。这一点在亚洲的历史实践中得到了充分验证。正是因为东亚国家以发展为优先导向，以区域合作为地区对话的核心议程，才在冷战后实现了集体性的快速经济发展，才在面对安全争端时，以更为务实、灵活的方式通过对话磋商加以解决。在新时期，中国应坚持落实推进全球发展倡议。中国与地区国家具有更广泛、深厚的经济联系，中国在市场、投资与产业等领域的优势仍然是稳定与塑造周边环境的重要"抓手"。因此，中国仍应努力凝聚地区发展共识，通过可持续性的发展，为突破地区安全困境提供新路径。特别是在减贫、粮食安全、抗疫和疫苗、发展筹资、气候变化和绿色发展、工业化、数字经济及互联互通等领域，不同程度上呼应了地区各国的发展需求，为中国拓展与亚洲国家的合作提供了广阔空间。

文明是发展和安全的精神支撑，推进落实全球文明倡议将为中国与地区国家进行安全与发展合作筑牢基础。亚洲国家数目众多，国情差异大，又多是多元文化、多元宗教、多元民族的聚居地。在相互尊重彼此价值观的基础上，求同存异，寻求共同价值，实现文明共建，尤其是加强各国间的民心相通，实现民众间的相知相亲，是实现国家间战略互信、开展可持续经济合作的重要基础。

优先统筹推进三大倡议在亚洲地区、特别是周边地区落地开花，既具有可行性，也具有重要的示范效应，是中国与广大中小国家共建命运共同体的重要试验田、引航灯。正如在纪念亲诚惠容周边外交理念提出十周年之际中国发表的周边外交政策展望中所提出的，"中国愿与地区国家一道……共同打造全球发展倡议先行区，建设更加平等均衡普惠的发展伙伴关系。共同打造全球安全倡议实验区，走共建共享共赢的亚洲安全之路。共同打造全球文明倡议首善区，持续扩大人文交流，促进文明交流互鉴、和合共生"。[1]

（三）整合地区安全机制，推进地区安全治理合作

中国建立亚洲安全共同体，不是另起炉灶，完全由中国主导打造一套新的地区机制，而是针对亚太地区现有安全机制既存在机制过剩，又表现为安全合作治理不足的现状，对现有地区安全机制有选择的支持、完善以及作出补充，进而在避免出现"意大利面碗现象"的同时，确保安全合作的公平性与高效性。

为此，一是积极支持、参与东盟主导下的现有地区对话机制，以此为基础，引导构建开放、包容、合作的地区秩序。需要指出的是，构建亚洲安全共同体是一个长时段的进程，是一个宏观愿景。在实现这一愿景过程中，应有不同的阶段性目标设置。当前，中国支持以东盟为中心的地区安全架构就是这种阶段性目标，而不应

---

[1] 《新时代中国的周边外交政策展望》，《人民日报》2023年10月25日，第6版。

被认为是亚洲安全共同体的最终愿景。

二是发挥战略主动性，构建新的地区安全机制。围绕地区热点与功能性议题，创新多边对话模式，探索综合解决地区热点问题的新思路，并有选择地、适时地将临时性对话"孵化"为常态化小多边合作机制。如中国已经积极参与的南海行为准则磋商，未来可考虑在此基础上形成南海沿岸国合作机制；以及由中国主导开展的"阿富汗问题系列会议"，未来或能为解决阿富汗问题提供更多地区方案。新安全机制的建设，是对现有地区安全机制的有益补充，特别是在功能性议题方面。

第六章　亚洲命运共同体之人文共同体

许利平　王晓玲[*]

亚洲人文共同体是亚洲命运共同体的社会和民意支柱，与亚洲安全共同体和亚洲发展共同体一起，构成构建亚洲命运共同体的三大平台。构建亚洲人文共同体，需要首先理解其内涵、基础及其愿景。

第一节　何为亚洲人文共同体？

2020年11月10日，习近平主席在上海合作组织成员国元首理事会第二十次会议上首次提出构建"卫生健

---

[*] 许利平，中国社会科学院亚太与全球战略研究院研究员、亚太社会文化研究室主任；王晓玲，中国社会科学院亚太与全球战略研究院副研究员。

康共同体""安全共同体""发展共同体""人文共同体"的重大倡议。他指出,"文明没有优劣之分,只有特色之别"。"要促进文明互学互鉴,增进各国睦邻友好,夯实上海合作组织长远发展民意基础"。①

"人文"一词在中国有几千年的历史了,根据现有文献记载,最早出现于《易经》中贲卦的象传:"刚柔交错,天文也。文明以止,人文也。观乎天文,以察时变;观乎人文,以化成天下。"②在西方,"人文"一词的含义则更为具体,一般指人文科学,是研究人类及其文化和自我表达的知识分支,包括语言和文学、艺术、历史和哲学的研究。③

从"人文共同体"概念出现的过程来看,"人文共同体"与"人文交流"一脉相承。这里的"人文"与作为人文学科存在的"人文"(humanity)含义不同。

---

① 参见2020年11月10日,习近平主席在上海合作组织成员国第二十次元首峰会上发表了题为《弘扬"上海精神"深化团结协作构建更加紧密的命运共同体》的讲话。2019年6月14日,习近平主席在上海合作组织比什凯克峰会上发表了题为《凝心聚力,务实笃行 共创上海合作组织美好明天》的讲话,他提出要把上合组织打造成团结互信、安危共担、互利共赢和包容互鉴的"四个典范",其中"包容互鉴"的典范可以看作人文共同体的概念雏形。

② 黄寿祺、张善文:《周易译注》,上海古籍出版社,2007,第155页。

③ Encyclopædia Britannica, 2024, *Humanities*, https://www.britannica.com/topic/humanities.

在我国政府文件的英文版中,"人文交流"最初被翻译为"人与人交流和文化交流"(people-to-people and cultural exchanges)。①自2018年起,"人文交流"的英文翻译缩短为"人与人交流"(people-to-people exchanges)。②但在《新时代的中国国际发展合作》白皮书(2021年)中,"民间交流"也被翻译为"人与人的交流";③习近平主席提出的"人文共同体"的英文翻译是"文化交流共同体"(community of cultural exchanges)。④由此可见,"人文交流"既指"人与人之间的交流",也指"文化交流",或者"民间交流"。

有学者指出,理想的"人文交流"不是政府牵头

---

① 参见《胡锦涛在中国共产党第十八次全国代表大会上的报告(全文)》,人民网—人民日报,2012年11月18日,http://politics.people.com.cn/n/2012/1118/c1001-19612670.html;《习近平在中非合作论坛约翰内斯堡峰会开幕式上的致辞》,中国政府网,2015年12月4日,https://www.gov.cn/xinwen/2015-12/04/content_5020184.htm,以及《习近平在中国共产党第十九次全国代表大会上的报告》,新华网,2017年10月28日,http://jjckb.xinhuanet.com/2017-10/28/c_136711404.htm。

② 参见《习近平在2018年中非合作论坛北京峰会开幕式上的主旨讲话》,新华网,2018年9月3日,http://www.xinhuanet.com/world/2018-09/03/c_129946128.htm。

③ 中华人民共和国国务院新闻办公室:《〈新时代的中国国际发展合作〉白皮书(2021)》,2021年1月,http://www.scio.gov.cn/gxzt/dtzt/2021/xsddzggjfzhzbps/。

④ 参见2020年11月10日,习近平主席在上海合作组织成员国第二十次元首峰会上发表了题为《弘扬"上海精神" 深化团结协作 构建更加紧密的命运共同体》的讲话的英文版,《习近平在上合组织成员国元首理事会第20次会议上的讲话(双语全文)》,新华网,2020年11月10日,https://language.chinadaily.com.cn/a/202011/11/WS5fab38e1a31024ad0ba934d8_3.html。

主导的文化单向输出，而是要"注重人民的主体性、活动的日常性和'人文'议题的广泛性"。① 也即要以民众参与为主，要经常高频地进行对话交流活动，要把议题拓展到除政治、经济、军事、安全等敏感领域外的人民生活工作的方方面面。此外，"人文交流"应该是双向的。综上所述，"人文交流"的真正含义是"人民与人民之间的广泛的、高频的、双向的交流"，旨在通过交流实现"民心相通"，而人文交流的目的就是构建人文共同体。②

人类命运共同体的构建是一个长期过程，构建区域性命运共同体将是这个长期过程中的关键环节。人文共同体不仅与发展共同体、安全共同体一起构成人类命运共同体三大支柱，同时也为其他共同体奠定基础。人文共同体旨在通过多层次、广泛的人文交流，为其他共同

---

① 庄礼伟：《中国式"人文交流"能否有效实现"民心相通"?》，《东南亚研究》2017年第6期，第67—84页。

② 尽管近年来我国官方文件中已经很少提及"文化外交"，这里我们还是要注意"人文交流"与"文化外交"的差异。"文化外交"作为一种政府主导的单向实施的政治手段，着眼于中短期的对外政策目标，一般把文化作为达到对外政策目标的手段。参见俞沂暄《人文交流与新时代中国对外关系发展——兼与文化外交的比较分析》，《外交评论（外交学院学报）》2019年第5期，第34—53页。

体的形成和发展提供民意和社会基础。

由此可见，亚洲人文共同体是人文共同体在亚洲的具体实践，是亚洲各国人民广泛参与并被赋予亚洲人文元素的区域性人文共同体。上述亚洲人文元素应该包含亚洲文化符号、亚洲历史叙事、亚洲价值观与行为规范、亚洲思想等多个方面。

第二节 构建亚洲人文共同体的两大基础

亚洲人文共同体并非基于空中楼阁，其生存与发展有着深厚的土壤。从亚洲历史发展进程来看，构建亚洲人文共同体具有两大基础。一是亚洲文化基础。亚洲文化具有多元、杂糅、包容开放的特征，这种文化特质有利于构建人文共同体。二是亚洲理念制度基础。亚洲已孕育出诸多次区域人文共同体的理念与制度，为亚洲人文共同体的构建提供了想象空间和方法经验。

一、亚洲文化基础

亚洲各国地域辽阔,历史悠久,民族林立,在语言、宗教和人种方面呈现多元化特征。不仅如此,在长期的历史发展过程中,各种文化开放包容,相互交流借鉴,呈现杂糅特征。

(一) 亚洲文化具有多元性

亚洲是世界三大古文明(西亚文明、南亚文明与东亚文明)的摇篮,现有48个国家,在语言、宗教和人种等方面都表现出了丰富的多元性。

第一,语言的多元性。亚洲语言种类繁多,主要可以划分为三大语系。一是阿尔泰语系,主要由突厥语、蒙古语和满-通古斯语组成。二是汉藏语系,主要由汉语和藏缅语组成。三是印欧语系,主要由印度雅利安语、伊朗语、斯拉夫语、亚美尼亚语组成。[①]

[①] Encyclopædia Britannica, 2024, *Asia*, https://www.britannica.com/place/Asia/Languages.

第二，宗教的多元性。亚洲是世界三大宗教（佛教、伊斯兰教、基督教）的发源地。目前，主要的宗教包括印度教、伊斯兰教、佛教和基督教等。[①] 每种宗教都有其独特的信仰体系和教义，对亚洲各国的文化、社会和政治产生了深远影响。

第三，人种的多元性。亚洲人种多样，主要包括黄种人和白种人。黄种人（蒙古人种）主要分布在东亚、东南亚、中亚和西伯利亚。白种人（高加索人种或欧罗巴人种）主要分布在西亚、南亚、中亚和西伯利亚。

（二）亚洲文化具有杂糅性

这一特征在中亚地区表现最为明显。中亚文化的杂糅主要表现在以下方面。第一，从宗教上看，以伊斯兰教为主，居民还同时信奉基督教、犹太教、佛教等多种宗教。五国伊斯兰教信徒占人口比例70%以上，基督教占7%以上。第二，从语言上看，除各国主体民族的语

[①] Pew Research Center, 2015, *Religious Composition by Country, 2010 – 2050*, https://www.pewresearch.org/.

言外，中亚各国国民还同时使用俄语、乌兹别克语等多种语言。尽管苏联统治时期，中亚国家主体民族的语言受到压制，苏联强制推行俄语，但苏联政府的目标并没有获得成功。中亚五国独立后，迅速恢复了主体民族的语言的主体地位，并保持了语言的多元性。[①]第三，从种族上看，各国除了主体民族之外，还有很大一部分居民属于其他国家的主体民族，例如乌兹别克族。[②]

历史上，中亚尽管被多个帝国（中国唐朝、阿拉伯帝国、突厥王朝、蒙古帝国）征服，但文化上并没有被一种文化彻底同化，而是传统文化与入侵文化之间相互影响、渗透，最终形成了杂糅形式的文化特点。[③]7世纪中叶开始，阿拉伯帝国开始侵入中亚，公元705—715年屈底波完成了征服中亚的任务，伊斯兰教随之传入中亚，但伊斯兰教在中亚的全面推广工作主要由中亚地区三个操突厥语民族建立的王朝（喀喇汗王朝、伽色尼王

---

① 王尚达、王文：《苏联对中亚的语言政策：评论和反思》，《俄罗斯中亚东欧研究》2005年第6期。

② Central Intelligence Agency, *The CIA World Factbook 2023-2024* (New York: Skyhorse Publishing Company, Incorporated, 2023) .

③ 王治来：《论中亚的突厥化与伊斯兰化》，《西域研究》1997年第4期，第17—27页。

朝、塞尔柱王朝）完成。中亚的"伊斯兰化"和"突厥化"同时进行，伊斯兰文化与操突厥语民族文化相互渗透，最终形成了"一种以操突厥语诸族传统文化为特质、以伊斯兰教为表象的新文化体系"。[①]

中亚在 19 世纪被纳入沙俄版图，后来成为苏联的一部分，苏联也试图用俄罗斯文化强制同化中亚，但未成功。独立后，中亚积极"去俄罗斯化"，强调本民族的文化特点，但总体上中亚各国的文化仍具有杂糅的特点：伊斯兰文化、突厥文化、俄罗斯文化和美国文化都在中亚有一席之地。

（三）亚洲文化具有包容开放性

这一特征在东亚地区表现较为突出。在古代东亚地区，朝鲜半岛、日本、越南等地均深受中华文化影响，其文化发展表现出明显的开放包容的特性。习近平指出，中华文明从来不用单一文化代替多元文化，而是由多元文化汇聚成共同文化，化解冲突，凝聚共识。中华

[①] 蓝琪：《论中亚的伊斯兰化》，《西域研究》2011 年第 4 期，第 1—7 页。

文化认同超越地域乡土、血缘世系、宗教信仰等，把内部差异极大的广土巨族整合成多元一体的中华民族。越包容，就越是得到认同和维护，就越会绵延不断。中华文明的包容性，从根本上决定了中华民族交往交流交融的历史取向，决定了中国各宗教信仰多元并存的和谐格局，决定了中华文化对世界文明兼收并蓄的开放胸怀。①中华文明绵延传承至今从未中断，从不具有排他性，而是在包容并蓄中不断衍生发展。通过古丝绸之路的交流，古希腊文明、古罗马文明、地中海文明以及佛教、伊斯兰教、基督教都相继进入中国，与中华文明融合共生并实现本土化，从未产生过文明冲突和宗教战争。②

一种文化的包容度高低与其拥有何种宗教、该宗教对文化的影响力大小密切相关。赵汀阳认为宗教、历史和语言构成文化最坚实的三角结构，而宗教因为拒绝理性而采取"相信以便理解"的奥古斯丁原则，具有最明显的排他性、唯一性和封闭性特征。③相比欧洲，东亚

---

① 习近平：《在文化传承发展座谈会上的讲话》，《求是》2023年第17期。
② 习近平：《在文化传承发展座谈会上的讲话》，《求是》2023年第17期；《习近平同希腊总统帕夫洛普洛斯会谈》，《人民日报》2019年5月15日，第1版。
③ 赵汀阳：《关于跨文化和跨主体性的一个讨论》，《思想战线》2023年第1期，第49页。

地区的世俗政治并未长期受到宗教的影响。在东亚文化中发挥着重要辐射作用的中华文化在形成之初不仅融合了中原地区的诸子百家，还长期吸取周边的少数民族文化。在漫长的历史长河中，中华文化一直具有这种跨文化性和多元杂糅性，很容易与文化他者兼容，在具有低排他性的同时还具有开放学习的意识。

中华文化在形成的初期经历了频繁战争，而接纳和同化对于维持和平、发展生产力而言成本最低。中华文化早期就出现了"变即是常"的《易经》思维以及开放的天下思维。《易经》以变化为基本，排除了拒绝变化的完美主义，追求矛盾的共存以及"动态均衡"。中华文化的动态性、跨文化特性和无边界的天下观使得这种文明所覆盖的地理范围远远超出今天的中国版图。受中华文化影响的古代东亚国家也不存在将文化与民族、国境进行一一对应的意识。日本、韩国、越南在深受中华文化开放思维的影响下，也持有积极学习的实用主义的文化态度。在古代，日本、韩国、越南都大量学习借鉴了汉字、儒学、禅宗以及唐朝以来逐渐成熟的律令制度。例如日本融合了神道教、东亚化佛教和儒家学说，萨满教、东亚化佛教和儒家学说则在朝鲜半岛共存，越南更是杂糅了中华文化与中国东南方少数民族、东南亚当地的文化。

近代转型以来，东亚国家在遭遇西方列强侵略后马上提出了"中体西用""和魂洋才""东道西器"等口号，开始尝试在保持文化主体的同时接纳西方文化。日本最先成功完成了"明治维新"，走出了独具特色的现代化道路，一度被称为"儒家资本主义"的代表。韩国在工业化过程中称自己的发展模式为"韩国式资本主义"，以兼容东西为骄傲。自20世纪90年代兴起的"韩流"文化更是全球性的杂糅文化的典型代表。越南的共产党也表现出高度的灵活实用性。中国经过更加曲折的探索完成了马克思主义与中国传统文化的结合，走出了中国特色的社会主义道路，并以革故鼎新为中华文化的优势，持续探索中华文化的传承与发展。

二、亚洲理念制度基础

经过长期历史长河的激荡与积淀,亚洲累积了众多优秀的理念制度,并形成了众多次区域人文共同体的话语,构建了东北亚、中亚、南亚、东南亚文化空间。

(一) 东北亚的文化共同体理念

自古至今,东北亚地区一直存在"文化环流",大致可以分为三个阶段:第一次"文化环流"以中国为源头,形成了"中华文化圈";第二次"文化环流"以西方文化以及日本化的西方文化为源头,形成了"东北亚近代化变革圈"。在冷战结束后,随着中国加速改革开放、经济全球化合作不断深入,东北亚地区内部以及东亚国家与全球的经济合作与人文交流都加速进行,并且向东南亚扩展,多方向的"文化环流"形成了一个覆盖东北亚和东南亚数国的"东亚文化空间"。每一次"文化环流"都以之前的文化为底色和媒介,历史纵向的以及地理横向的文化交流不断进行，最终形成目前东北亚文化的样貌。

古代东北亚地区存在一个因中国文化辐射而形成的"中华文化共同体"。其起始时间模糊，在隋唐时期迎来第一次高潮，持续至19世纪西方列强入侵中国。"中华文化共同体"是以汉字为载体的"文学艺术共同体"，以儒学和律令制度为特征的"政治文化共同体"，是受儒学、东亚化佛学、道教等哲学思想影响的"社会价值共同体"，而通过"封贡"关系连接起来的"宗藩共同体"则对这三个层面的文化共同体起到引导和约束作用。"中华文化共同体认同"包括三个层面：一是对于"中华文化"的认同；二是对于"中华文化身份"的认同；三是对于"中华文化秩序"的认同。

"中华文化共同体"在古代的东北亚地区是一种现实存在。中国、日本与朝鲜对"中华文化共同体"的认同却不尽相同，且随着历史更迭不断变化。古代朝鲜半岛不仅持续接纳"中华文化"，而且也接纳了"华夷秩序"。日本虽然认同中华文化，但与朝鲜半岛相比，其"中华文化同质度"较低。"明清鼎革"后，朝鲜依然认同"中华文化"与"中华文化身份"，但一度否认清朝的文化上国地位，认为自身是传承中华文化道统的"小中华"。日本原本就不认同"先中后朝再日"的"中华文化阶序"，"明清鼎革"后，日本不认可清朝统治者的文化优越性，不接受清的册封。

从17—19世纪初，来自朝鲜、中国与西方的文化在日本发生碰撞，激起两股思想潮流：一是追求实用学问进而"脱亚入欧"；二是重塑"文化自我"，文化民族主义走向极端。

在西方殖民者强迫中、日、韩签订不平等条约，打开三国大门后，殖民主义者进化论式的"单向发展观""文明等级观"甚至"种族等级观"筑起了"东北亚"的边界，而东西方文化的差异也凸显了东北亚地区的文化相似性，刺激着东北亚地区的知识分子们不断对于西方文化和自身文化进行着抽象塑造。"文化东北亚"的概念出现了。"文化东北亚"以"中华文化"为母体，以欧洲文化为框架，出现之日起就处于以欧洲为中心的世界文化的边缘。

20世纪初，东北亚出现了"东北亚文化共同体"观念。该"共同体"以当时知识精英的两个认同为基础。第一个认同是"脱华入欧"。自19世纪后半期起，中日韩三国知识分子就不断批判"中华文化"。20世纪初，中韩两国在与西方列强的抗争中节节失败，两国知识分子对自身文化的批判变得更加彻底。中国的"新文化运动"不但批判封建礼教，也批评中国人的国民性，主张以白话文代替文言文，"激进派"甚至主张废除汉字。第二个认同是"东洋道德优越论"。"东洋道德优越论"是对于"欧洲中心主义"的第一次回击。三国知识分子都指出东北亚在精神道德层面占据优势，而西方文化则有着物质主义的弊端。中国的知识分子提出"西学为用中学为体"，日本提出"东洋道德西洋技艺"，朝鲜提出"东道西器"。日本美术家冈仓天心在美国发表《东亚的理想》，指出"亚洲种族"的最大特性是热爱"终极"与"普世"，而"海洋民族"则更强调特殊性,[1] 类似这种论述将东北亚文化与欧洲文化摆在了平等的位置进行对比。然而"东亚文化共同体"话语后来沦为日本殖民者的遮羞布。在日本吞并朝鲜半岛且展开文化殖民统治后,其构建的"东亚文化共同体"话语也彻底破产。

20世纪90年代,随着日本与"亚洲四小龙"相继取得经济成功,东亚地区的文化自信心也随之增强。时任马来西亚总理马哈蒂尔1990年提出"东亚经济集团"构想,希望联合东亚国家抵制发达国家的歧视性贸易规则,推动关税总协定乌拉圭回合谈判。他与新加坡总理李光耀等东盟国家领导人成为"东亚价值观"话语的积极构建者。

马哈蒂尔和李光耀指出,东亚文化有别于美欧的突出特征是集体主义、尊重权威、选贤任能、重文教、节俭等,这些特点是东亚获得经济成功的关键。[2] 研究者们通过分析日本、"亚洲四小龙"的经济发展模式,还

---

[1] 宋念申:《发现东亚》,新星出版社,2018,第241页。
[2] 同上书,第286页。

提出了"儒家资本主义"的概念。世界银行1993年发布了名为《东亚的奇迹》的报告，把日本、"亚洲四小龙"等东亚国家和地区的经济发展成就归结为"东亚模式"。美国环太平洋研究所所长弗兰克·吉布尼指出，日本取得经济成功的原因是将古老的儒家伦理与战后美国的现代经济民主主义糅合在一起；日本是东西合璧的儒家资本主义；以人为中心的人力资本思想以及和谐高于一切的人际关系，"高产乃是为善"的劳动道德观是日本经济成功的原因。英国学者在《东亚各国经济发展与儒教文化》的演说中指出，"义理"与"非个人主义"在履行契约、达到目标方面发挥了极大作用，这些根源于儒教官吏的选拔制度。[1]

1991年1月新加坡内阁向国会提交了《共同价值观》白皮书，指出新加坡应该追求以下不同于西方的价值观：国家至上，社会为先；家庭为根，社会为本；关怀扶持，尊重个人；协商共识，避免冲突；种族和谐，

---

[1] 张文力主编《中外儒学比较研究》，人民出版社，1998，第228页。

宗教宽容。①李光耀还指出："在东方社会里，最重要的目标是建设一个井然有序的社会，让每一个人都享有最大的自由。当代美国社会的一些东西，是完全不能被亚洲人接受的，枪械、毒品、暴力犯罪、居无定所、粗野的社会行为，处处反映了公民社会的崩溃……新加坡成功的原因是大多数人民把社会利益的重要性放在个人利益之上，这也是儒家思想的基本概念。"1994年马哈蒂尔总理与日本右翼石原慎太郎合著的《亚洲能够说不》一书出版，批评欧美社会以个人主义和享乐主义为中心的价值观念导致家庭解体、社会冲突加剧、经济效率下降，而亚洲国家则持有集体主义、家庭主义、尊重传统的价值观念。②

较之20世纪初日本的"亚洲联合论"，90年代的"东亚价值观"以和平发展为目的，是东亚国家思考适合自身文化传统的现代化道路的一种尝试。

---

① 钟轩：《政府推动　全民参与　法治护航——新加坡共同价值观建设的启示》，人民网—人民日报，2015年6月19日，http://world.people.com.cn/n/2015/0619/c1002-27179288.html。
② 金英君：《亚洲价值观之争》，北京大学出版社，2015，第59—60页。

（二）印度和新加坡关于"亚洲世纪"论述

印度和新加坡提出了有关"亚洲世纪"的论述。早在百年前泰戈尔访华前后，当时的印度就出现了泛亚洲主义和亚洲价值观说，当然更多是出于反殖的政治目的，与当时包括日本在内亚洲国家的亚洲观念相互呼应，但后来日本走向了军国主义，盗用了亚洲观念，提出"大东亚共荣"。21世纪以来，特别是现代印度崛起后，又重提"亚洲世纪"，其实是希望建构亚洲多极化新秩序。

印度关于"亚洲世纪"的愿景先后经历了"亚洲主义""大印度主义""印度主义""亚洲世纪"和"印度世纪"的五个认知阶段。[①]"亚洲主义"是从文化亲缘、文明统一的角度对西方殖民主义的共同反映，内含对东方民族主义利益的理解。二战后，基于文化亲缘的"亚洲主义"深受印度民族主义影响，逐渐发展为

[①] 邱永辉、刘玲芳：《"亚洲世纪"：印度的认知和困境》，《中央社会主义学院学报》2022年第3期，第177—184页。

"大印度主义"。1966年英迪拉·甘地执政后，重新设计了印度的对外战略，旨在以印度为圆心，构建覆盖南亚圈层的势力范围，其理念被称为"印度主义"。1984年拉吉夫·甘地执政之后，坚信印度融入亚洲是正确的选择，1988年访问中国时与邓小平达成了中印共建"亚洲世纪"的共识。进入21世纪后，印度国内"亚洲世纪"的话语逐步演变成"印度世纪"话语。2014年莫迪执政后，承诺21世纪将实现"印度世纪"。在莫迪的第一个任期内，印度曾强调中印共建"亚洲世纪"的重要性。印度外交部长苏杰生在不同场合多次提出了"亚洲世纪"的构想。他认为，只有当中国和印度这两个大国真正走到一起时，"亚洲世纪"才能到来。他强调，中国和印度作为两个接壤的、人口均超过14亿的大国，如果联手，将能够创造一个"新世纪"。

近年来，新加坡学者马凯硕的《亚洲的21世纪》一书引发了国际社会的关注。马凯硕在该书中探讨了亚洲在21世纪的崛起及其对全球政治经济格局的影响，提出了以下观点：其一，西方主导时代终结。马凯硕认为西方虽然不愿正视和接受权力转移，但亚洲的经济成功却是事实。其二，马凯硕详细分析了亚洲在 21 世纪重返世界舞台中心的历史趋势，特别是中国和印度等国家的崛起。他认为，过去 200 多年是历史上的反常现象，中国和印度曾长时间是世界上最大的两个经济体，亚洲的生活水平也曾高于欧洲。现在，亚洲国家正在凭借自身实力回归其应有的地位。其三，马凯硕认为中国不是扩张主义者，也不寻求输出政治模式，而是在全球治理中发挥积极作用，成为推动亚洲世纪到来的关键力量。马凯硕认为，亚洲和西方应该相互学习和借鉴，共同应对全球性挑战，推动全球治理体系的完善。

（三）中亚地区的欧亚主义思想

欧亚主义思想主要源于中亚地区。中亚地区地处亚洲腹地，也被称为"中央亚洲"，从地理上看显然属于亚洲范畴。但是无论是从历史文化还是从现实地缘政治视角看，中亚国家的地域认同中，各国并不强调其亚洲身份，而是充分展现了其跨亚欧的欧亚主义的地域认同意识形态。

所谓欧亚主义，是指中亚国家大多数自认为是连接欧亚大陆的地缘政治、地缘经济和地缘文化的核心板块，文化上受"东方文化"和"欧洲文化"双重影响后具有多元文化包容性，在当代国际事务中扮演连接亚洲和欧洲政治、经济和文化的桥梁地带。

中亚国家之所以形成地区认同中的"欧亚主义"意识形态，与其俄罗斯帝国、苏联时期的统一文化空间以及当代地缘政治现实影响有关。无论是在俄罗斯帝国时期还是苏联时期，"欧亚主义"实际上是长期扮演这一地跨欧亚大陆的帝国地区认同的主要角色之一，背后也有俄苏帝国对"东方"和欧洲历史文化的双重认同。换言之，在俄苏帝国长达一百多年的国家身份构建中，中亚作为帝国的一个区域，也形成了高度一致的地区认同。随着中亚国家的主权独立，历史的惯性导致这些国家在地区认同中依然保留了"欧亚主义"这一具有双重身份认同的特点。该特点在以游牧民族文化为传统的哈萨克斯坦和吉尔吉斯斯坦尤为明显。

中亚各国除"欧亚主义"的国家身份认同外，目前最为强调其"中亚"身份的认同。中亚国家始终认同并强调本国的"中亚"区域属性，亚洲其他地区尚未能像中亚各国一样如此高度一致地认同自身的区域属性。尽管中亚隶属于亚洲，但中亚国家并不突出强调其亚洲身份。

（四）东南亚地区社会文化共同体的制度设计与实践

东盟社会文化共同体是东南亚地区社会文化共同体的制度设计，作为东盟共同体三大支柱之一，是亚洲地区制度化构架人文共同体的具体实践，夯实了亚洲人文共同体构建的制度基础，并具有较强的示范意义。

东盟社会文化共同体的建设目标是构建一个以人为本、具有整体意识和社会责任感的共同体，以实现东盟各成员国民众之间及各国之间的团结、稳定与统一，塑造共同身份，构建一个具有共同关怀、福祉共享、包容与和谐的社会，促进和改善区域内民众福利和生活。[1]

根据东盟领导人达成的共识，东盟社会文化共同体建设分为两个阶段。第一个阶段为成立阶段（2009—2015年），以《东盟社会文化共同体蓝图 2009—2015》为目标，重点推进教育、文化、媒体等合作领域，培育东盟成员国的"东盟意识"和身份认同。在这一阶段建立了涵盖文化、教育、青年、体育、妇女、环境、卫生等在内的部长级对话合作机制，比如东盟社会文化共同体委员会（ASCCC）、东盟文化和艺术部长会议（AMCA）、东盟教育部长会议（ASED）、东盟环境部长会议（AMME）、东盟卫生部长会议（AHMM）、东盟劳工部长级会议（ALMM）、妇女工作部长会议（AMMW）、东盟社会福利与发展部长会议（AMMSWD）、东盟青年事务部长级会议（AMMY）、东盟体育部长级会议（AMMS）[2] 等。

第二个阶段为建设阶段（2015—2025 年），以《东

---

[1] ASEAN, *Road map for an ASEAN Community 2009-2015*, http://www.asean.org/wp-content/uploads/images/ASEAN_RTK_2014/2_Roadmap_for_ASEAN_Community_20092015.pdf, p. 67.

[2] ASEAN Socio-Cultural Community Blueprint 2025, http://www.asean.org/wp-content/uploads/2012/05/8.-March-2016-ASCC-Blueprint-2025.pdf, p. 1.

盟社会文化共同体蓝图 2025》为目标，通过建立负责任的、具有包容性的、惠及东盟成员国民众的机制来构建一个坚定的、富有参与性的和有社会责任感的共同体，在保护弱势群体、促进环境可持续发展、妥善应对气候变化、构建充满活力与和谐共同体等方面采取行动，建立一个互相关怀、共享包容、多元可持续的社会。

2024 年东盟正在推进"2025 年后东盟社会文化共同战略规划"制定，为 2025 年后东盟社会文化共同体发展方向确立规划蓝图。

在具体实践中，该共同体以项目为引领，推动东盟各国之间在保护妇女儿童、推动性别平等、应对气候变化、促进卫生健康、生物多样性保护，推进治理跨境烟雾污染、处理缅甸人道主义危机等方面，逐步实现东盟社会文化共同体所设定的目标。

第三节　构建亚洲人文共同体的愿景

未来亚洲人文共同体是何种图景？应该建立何种亚洲人文共同体？这两个问题涉及亚洲人文共同体的愿景。从人文共同体在亚洲命运共同体的定位来看，未来亚洲人文共同体应成为亚洲命运共同体的社会和民意支撑，扮演亚洲大家庭"民心相通"和"社会融合"的角色。

就其具体内涵而言，亚洲人文共同体的愿景表现为亚洲身份更认同、亚洲人情感更融洽、亚洲环境更友好三个层面。在三个层面的互动之中，亚洲身份认同是构建基础，亚洲人情感融洽是表现形式，亚洲环境友好则是构建目标。

一、亚洲身份更认同

身份是一个社会学概念，它与类别、角色等概念密切相关，揭示的是社会中个体与社会的关系。"认同"译自英语的"identity"。"identity"本身有两重含义：一是"本身、本体、身份"，是对"我是谁"的认知；二是"相同性、一致性"，是对与自己有相同性、一致性的事物的认知。[①] 身份认同则是个体对社会某一特定群体的认知及其带来的情感和价值意义。

基于上述概念的界定，对于亚洲的个体即每个亚洲公民来说，所谓身份认同是指他们对亚洲身份的认同，具体表现为对亚洲区域的认同和对亚洲文化的认同。

首先，亚洲区域认同是前提。亚洲区域不是一个想象的政治共同体，而是具有文明独特性的地理空间。几个世纪以来，亚洲一直处于被动、挨打地位，除极少数

---

① 王莹：《身份认同与身份建构研究评析》，《河南师范大学学报（哲学社会科学版）》2008年第1期，第50页。

亚洲精英对亚洲区域认同具有强烈使命感与紧迫感之外，绝大多数的亚洲个体很难对亚洲区域认同抱有热情或兴趣，这是亚洲历史的至暗时刻。

进入21世纪，伴随百年未有之大变局的加速演变，以中国、印度、印度尼西亚等为代表的亚洲新兴经济体群体性崛起，亚洲区域身份逐渐开始走向前台。今天的亚洲不再是落后、弱小的代名词，而是崛起、活力的象征。尽管亚洲各个次区域拥有各自的亚洲区域认知，但建立在强大增长动力基础之上的亚洲区域认同，必将成为亚洲人文共同体的坚实基础，并随着亚洲新兴经济体群体性崛起步伐加快，亚洲区域认同也将随之强化。

其次，亚洲文化认同是关键。文化认同包括对文化符号、历史叙事和价值观规范等认同。亚洲文化认同是构建亚洲人文共同体的关键。亚洲文化符号包罗万象，具有多样性与多元性特点，包括语言文字、文化建筑、文化形象、历史遗迹、服装服饰、节日习俗等。这些文化符号经过历史积淀，守正创新，具有时代气息，彰显了亚洲文化符号的吸引力与影响力。

历史叙事是一种重要的人文知识,包括经典名著、神话传说等,属于历史认同范畴。历史上,亚洲产生了两河流域文明、古代印度文明和古代中华文明等。这些古代灿烂文明孕育着丰富的经典名著和神话传说等,是亚洲共同的精神财富。

价值观规范为文化的核心和灵魂,包括思想观念、伦理道德、价值观念、行为规范等。长幼有序、相互尊重、平等相待、照顾彼此舒适度等成为亚洲价值观和行为规范重要内容,体现了亚洲的一致性。

二、亚洲人情感更融洽

随着人文交流的进一步深化,亚洲人民之间的情感将更加融洽,具体表现为交往密度上升和彼此好感度提升。

首先,在交往密度上,需要破除阻碍交往的体制、机制,促进人员往来的便利化。在签证便利政策方面,亚洲各国需要出台覆盖范围更加广泛的互免签证政策,从阶段性有效过渡到永久有效。在交通便利方面，亚洲各国需加强交通互联互通基础设施建设，最大限度增加更多直航航班，或开通更多跨境高铁，促进人员往来快速化。在入境服务方面，无论是通关，还是酒店、餐饮等方面，提供更加贴心服务，增加人员往来频次。在改善上述体制、机制背景下，还需提升亚洲各国人民的收入水平，增加出境概率，从而在根本上提高交往密度。

其次，在彼此好感度上，推动亚洲各国人民之间相互了解与认知，提升彼此获得感和幸福感，最大限度减少彼此厌恶感。一方面，通过与对方的传统媒体和社交媒体合作，让对方受众讲好本国故事，传播彼此友好合作的声音。在关键议题上，及时有效引导大众传媒传播彼此的正能量和暖力量。另一方面，通过多种形式的人文交流，特别是在环境、卫生等领域，完善议题设计，增进双方民众的沟通与理解，提升"我们感"和"同理心"，将亚洲人文元素深入植入人文交流之中，提升亚洲语境下的彼此好感度，从而促进彼此感情更加融洽。

三、亚洲环境更友好

亚洲环境更友好具体表现为亚洲个体之间和谐相处与人和自然和谐共生，为推动亚洲人文共同体可持续发展奠定坚实基础。

首先，加强亚洲人与人和谐相处。这种和谐相处表现为人与人之间没有暴力、欺骗和谎言，彻底消除跨境电信诈骗、拐卖妇女儿童、贩卖毒品等跨境犯罪行为，增强人与人的相互信任感与依存感。实现上述目标的前提除了需要提升亚洲各国人民自身文明素质外，还需加强亚洲各国执法合作，共同对跨境犯罪行为等进行严厉打击，营造亚洲和谐、文明环境。

其次，推动亚洲人与自然和谐共生。亚洲是生物多样性保护的重要地区，保持亚洲人与自然和谐共生是共建亚洲家园的必然要求，也是构建亚洲人文共同体的重要目标。实现这一目标，需要践行可持续发展理念，推动绿色发展、共生发展。为此，中国率先出资15亿元人民币，成立昆明生物多样性基金，支持包括亚洲在内的发展中国家生物多样性保护事业，进一步推动建设亚洲人与自然和谐共生环境。

总之，亚洲人文共同体愿景体现了亚洲各国人民对构建亚洲人文共同体的美好愿望，是亚洲各国人民对共享未来的人文元素的期许和升华，充分展现了亚洲人文元素的活力与潜力，具有强大的生命力。

第四节 打造亚洲人文共同体平台

构建亚洲人文共同体，需重点推进其平台功能建设。基于亚洲人文交流的特点，平台功能建设应立足三大重点方向。这三大重点方向互为依托、相互支撑，共同促进亚洲人文共同体平台化建设。

一、打造文明互鉴平台

文明互鉴平台是构建亚洲人文共同体建设的基石。亚洲文明是一个多元、包容、开放的文明体系，文明互鉴是其存续与发展的重要体现，也是构建亚洲人文共同体的重要路径之一。

绵延数千年的亚洲文明历史，就是一部文明互鉴的历史画卷，生动展现了亚洲宗教、文化、艺术等领域交流与互鉴。当今世界交通、通信、知识传播工具空前发达，亚洲各国人民积极了解不同的文化拥有了更好的基础和条件，以文明互鉴超越文明冲突，在交流互鉴中积极建设一个没有文化冲突和铲除极端主义、分裂主义、恐怖主义产生土壤的亚洲，越来越成为广泛共识。

在打造文明互鉴平台中，可以将亚洲文明对话大会打造成文明互鉴平台的旗舰项目，引领亚洲文明互鉴各项活动。亚洲文明对话大会是中国主要面向亚洲搭建的一个重要对话合作机制，是亚洲文明互鉴的实践平台。

2015年3月28日,习近平主席在博鳌亚洲论坛开幕式上发表主旨演讲时倡议召开亚洲文明对话大会,旨在加强青少年、民间团体、地方和媒体等各界交流,打造智库交流合作网络,让亚洲人民享受更富内涵的精神生活,让地区发展合作更加活力四射。

2019年5月15日,亚洲文明对话大会在北京开幕。此次亚洲文明对话大会作为亚洲文明交流互鉴的平台,旨在传承弘扬亚洲和世界各国文明成果,增强亚洲文化自信,促进亚洲协作互信,凝聚亚洲发展共识,激发亚洲创新活力,为亚洲命运共同体和人类命运共同体建设提供精神支撑。

未来,需要将亚洲文明对话大会机制化,成为打造文明互鉴平台的重要支点,充分发挥其引领和示范作用。

二、打造文化交融平台

文化交融平台是构建亚洲人文共同体的重要动力。

亚洲各国都有自己的本土文化，但在文化交流中，不断吸收亚洲其他国家的文化，通过吸收、改造，不断丰富各自本土文化内涵，这生动体现了亚洲文化兼容并蓄的特征。打造文化交融平台旨在发扬亚洲文化交融的传统，在文化交融中将赋予更多现代化元素，促进亚洲各国文化的现代化。

打造文化交融平台不可能一蹴而就，需要亚洲各国政府多措并举、协力推进。一方面，需要亚洲各国政府签署更多的双边的文化交流协议。在协议框架下，双方制订中长期行动计划，奠定打造文化交融平台的制度基础；另一方面，在重点领域进行稳妥推进，打造文化交融平台的新高峰。可以继续发挥亚洲经典著作互译计划的牵引作用，鼓励亚洲各国出版机构与学者开展更加深度合作，让更多亚洲经典作品走进亚洲千家万户，让亚洲各国人民充分吸收亚洲各国的精神食粮。与此同时，开展更加丰富多样的文化产业合作。比如联合拍摄具有亚洲元素的电影、电视剧，共同打造亚洲元素的艺术展览、文艺演出等。充分利用现代科技，将亚洲传统文化遗产激活,并赋予现代内涵,打造文化产业合作的创新品牌。

"东亚文化之都"评选活动可以作为打造亚洲文化交融平台的一个示范。该活动是为落实2012年5月中日韩三国领导人在第五次中日韩领导人会议上达成的重要共识以及2012年5月第四次中日韩文化部长会议签署的《中日韩文化部长会议——上海行动计划(2012年至2014年)》。自2013开始,三国每年在本国各评选1—2个(2021年起中国评选2个)城市作为"东亚文化之都",以此为契机,三国开展丰富多彩的人文交流活动。获选的"东亚文化之都"一般地方文化特色鲜明,并有一定的东亚文化特色并反映东亚文化精神,对促进东亚文化交融具有引领与示范作用。截至2024年,中日韩共有37个城市获此殊荣。

三、打造人员交流平台

人员交流平台是构建亚洲人文共同体的"民心工

程"，是促进亚洲各国人民"心联通"重要路径。亚洲各国人民增进彼此了解、增强相互情感，人员交流为直接抓手。打造人员交流平台，需要排除政治干扰，增进彼此政治互信，关键在于疏通目前阻碍亚洲各国人员交流的堵点、痛点，推动人员交流的便利化与快捷化，使得亚洲各国人民更亲近、更友好、更团结。

首先，推动亚洲各国政府部门签署促进人员交流的协议，在签证、入境等方面，亚洲各国需要给予彼此更多便利，破除制约人员交流的制度性障碍。其次，充分激发现有旅游、教育、文化、体育等合作机制，以项目合作为导向，推动亚洲各国在上述领域开展深度合作，进一步推动人员交流走向深入。最后，打造人员交流品牌。品牌建设对于人员交流平台具有示范和引领作用，能有效激发人员交流向高质量方向发展，进一步推动人员交流的可持续发展。

中国—东盟教育交流周可以作为打造人员交流平台一个品牌。2008年，中国—东盟教育交流周在贵阳正式启动，外交部、教育部、贵州省人民政府联合主办，中国—东盟中心秘书处、东南亚教育部部长组织秘书处联合协办。交流周从教育交流为主已经发展为教育、文化、科技、卫生、体育等多领域交流的合作平台。其未来发展愿景包括一会（中国—东盟教育部长圆桌会议）、六平台（中国—东盟高等教育交流平台、中国—东盟职业教育交流平台、中国—东盟青少年交流平台、中国—东盟人文交流平台、"一带一路"交流平台、中国—东盟教育合作与人才交流平台）、两库（国别区域研究智库、中国—东盟人文交流信息云数据库）。

四、打造平台需坚守三项原则

在亚洲命运共同体框架打造亚洲人文共同体平台，既需要借鉴现存成功经验，也要结合亚洲各国的人文特点，采用创新方式进行构建。为此，打造过程需要坚守以下三项原则。

第一，平等原则。亚洲人文共同体涵盖亚洲全部国家的人民，目标是各国人民的和谐共存、共同发展。因此，在打造亚洲人文共同体的过程中，在任何对话合作平台，各个国家无论大小，一律平等。在决策机制上，各项议题也应该获得所有参与国的一致同意。只有在平等对话和协商的基础上，才能实现共同体的愿景。当然，平等原则不排斥大国发挥牵头作用。

第二，包容原则。亚洲是世界上差异化最大的地区之一，各国在政治体制、经济发展水平、文化、种族和宗教等诸多方面存在多样性。不仅如此，亚洲目前并不总是保持和谐状态，还面临着内部文化冲突、区域外大国干预等挑战。鉴于上述两个原因，在打造亚洲人文共同体的过程中，各国人民对各个议题的落实进度也会存在差别，对此，亚洲人文共同体应该借鉴东盟发展经验，[1] 在实现共同体愿景方面坚持包容原则和循序渐进的心态。

第三，灵活原则。亚洲人文共同体作为亚洲命运共同体的有机组成部分，总体上属于价值共同体的范畴，

---

[1] 东盟各国差异性大，但通过包容性原则，不追求硬性统一，成功建立东盟共同体，在社会—文化共同体方面也获得显著进展。参见张蕴岭《如何认识和理解东盟——包容性原则与东盟成功的经验》，《当代亚太》2015年第1期，第4—20页。

为软性的共同体。发展共同体、安全共同体的利益关系相对清晰，各项措施的落实效果也相对立竿见影，各方更易协商一致。人文共同体不同，各国人民对文化多样性的认识、尊重、借鉴以及对普适价值观的认同都需要一个潜移默化的过程。因此，在打造亚洲人文共同体的过程中，在对话交流合作形式上，不必谋求类似欧盟模式的硬性共同体规则和法律，而是通过多层次的对话交流合作平台或机制，尽可能采取灵活多样的对话方式进行交流和协商。只要能够实现人文共同体的愿景，在形式上不必拘泥于传统共同体的硬性规则。

总而言之，亚洲人文共同体内涵丰富，具有坚实的理念和制度基础。未来亚洲人文共同体的构建将是一个漫长过程，需要基于亚洲元素打造文明互鉴、文化交融和人员交流三大平台，从而实现亚洲身份更认同、亚洲感情更融洽和亚洲环境更友好的亚洲人文共同体愿景。

第三篇

构建亚洲命运共同体的路径

第七章 亚洲地区的双边与次区域命运共同体

沈铭辉 沈陈[*]

亚洲地区的双边与次区域命运共同体是人类命运共同体理念的重要理论和实践发展。自2013年习近平主席在莫斯科国际关系学院首次阐述以来，人类命运共同体理念因其科学性、时代性、先进性和实践性的理论特征，多次被纳入联合国、上海合作组织等国际组织的决议或宣言，得到了国际社会越来越广泛的理解、认可和支持。构建人类命运共同体理念是新时代中国特色大国外交的理论指导和政策方略，成为中国发展双边和次区域外交关系的新范式，推动新时代中国参与亚洲合作和

---

[*] 沈铭辉，中国社会科学院亚太与全球战略研究院研究员；沈陈，中国社会科学院世界经济与政治研究所副研究员。

全球治理的实践。同时，人类命运共同体的理论内涵也在亚洲地区的双边与次区域命运共同体构建过程中不断与时俱进、开拓创新。

第一节　过去十年亚洲命运共同体建设的探索

过去十年，中国始终坚持构建人类命运共同体理念，积极发展同世界各国的友好合作关系，在促进世界和平、发展和人类进步方面取得了举世瞩目的成就。在双边层面，中柬、中老、中越、中缅、中泰、中印尼、中巴、中哈、中吉、中塔、中乌等双边命运共同体不断发展，深化了中国与这些国家之间的友谊和合作。在次区域层面，上海合作组织、中国—中亚、中阿、中国同太平洋岛国等次区域命运共同体以及中国—东盟命运共同体建设不断推进，是中国外交的又一创新发展。亚洲双边命运共同体与次区域命运共同体一道，共同成为新时代中国特色大国外交的组成部分，为推动更加公正合理的新型国际关系提供有力支持。

一、中国与东南亚国家的命运共同体建设起步早、进展快，是亚洲命运共同体构建的先行者

2013年9月，习近平总书记首次提出，"中老关系不是一般意义的双边关系，而是具有广泛共同利益的命运共同体"。[①] 2016年5月，老挝党中央总书记、国家主席本扬访华期间，双方发表中老联合声明，首次在声明中阐明中老是具有战略意义的命运共同体。2017年11月，两党两国最高领导人在会谈时再次确认了这一共识，双方同意共同打造中老具有战略意义的命运共同体，并签署了《中老联合声明》，为两国关系的未来发展指明了方向。2019年4月，习近平总书记、国家主席同本扬总书记、国家主席签署了《中国共产党和老挝人

[①] 《习近平同朱马里总书记会谈强调丰富和发展中国老挝全面战略合作伙伴关系》，《人民日报》2013年9月27日，第1版。

民革命党关于构建中老命运共同体行动计划》，该计划围绕政治、经济、安全、人文、生态五个方面展开，为2019—2023年的两国合作规划了蓝图，给两国人民带来了实实在在的利益。2022年12月，中老双方发布了《关于进一步深化中老命运共同体建设的联合声明》，提出了在各领域进一步加强合作的具体措施，强调了"共建高标准、高质量、高水平的中老命运共同体"的目标。2023年10月，两党两国最高领导人签署新版构建中老命运共同体行动计划（2024—2028年）。2024年10月，双方发表中老联合声明。老挝也成为目前与中国在党际层面就双边命运共同体签署行动计划的先行国家，体现了中老两国在政治互信、战略沟通、务实合作等方面的紧密关系。

中柬两国之间的友谊与合作历史悠久，近年来两国关系不断迈上新台阶。从习近平主席提出构建中柬命运共同体的倡议，到双方签署行动计划，再到共同发表联合声明，中柬全面战略合作伙伴关系得到了持续深化和升级。2014年，习近平主席在会见洪森首相时提出了

"坚持做知心朋友和可靠伙伴"的重要倡议，这一倡议立即得到了洪森首相的积极响应和支持。[①]此后，在双方的共同努力下，中柬关系不断向前发展，结成了守望相助的命运共同体。2016年，习近平主席对柬埔寨进行国事访问，双方领导人进一步确认了推动中柬关系提质升级的必要性和重要性。在这一背景下，中柬率先构建命运共同体的理念在两国社会各界落地生根。2018年，两国一致同意在新的历史时期推动中柬关系向全方位、宽领域、深层次发展，携手打造具有战略意义的中柬命运共同体。这一共识为双方未来的合作指明了方向。2019年，两国签署了《构建中柬命运共同体行动计划》，柬埔寨成为率先同中国签署构建命运共同体行动计划的国家之一。这一行动计划的签署标志着中柬关系进入了新的发展阶段。2023年，中柬共同发表了《关于构建新时代中柬命运共同体的联合声明》，一致同意在中柬"钻石六边"合作架构下，积极打造"工业发展走廊"和"鱼米走廊"，开启了共同建设高质

---

① 《习近平会见柬埔寨首相洪森》，《人民日报》2014年11月8日，第1版。

量、高水平、高标准中柬命运共同体的新时代。

2016年3月,中国与湄公河五国(柬埔寨、老挝、缅甸、泰国、越南)一致同意共建澜湄国家命运共同体,确定了"3+5合作框架",即坚持政治安全、经济和可持续发展、社会人文三大支柱协调发展,优先在互联互通、产能、跨境经济、水资源、农业和减贫领域开展合作。在"3+5合作框架"下,澜湄国家命运共同体各领域合作取得了显著成果。中老铁路、中泰铁路等重大基础设施项目稳步推进,澜沧江—湄公河航道整治工程取得重要进展;六国还共同制定了《澜沧江—湄公河合作五年行动计划(2018—2022)》等文件,为未来澜湄地区的合作提供了有力保障。

作为"21世纪海上丝绸之路"的首倡地,印度尼西亚也是建设中国—东盟命运共同体的合作国家。2013年10月3日,习近平主席在印度尼西亚国会发表题为《携手建设中国—东盟命运共同体》的重要演讲,中国—

东盟命运共同体概念应运而生。[①] 这一倡议强调讲信修睦、合作共赢、守望相助、心心相印、开放包容，旨在使双方成为兴衰相伴、安危与共、同舟共济的好邻居、好朋友、好伙伴。近年来，中国和东盟陆续通过《中国—东盟战略伙伴关系2030年愿景》《中国—东盟关于"一带一路"倡议同〈东盟互联互通总体规划2025〉对接合作的联合声明》《落实中国—东盟面向和平与繁荣的战略伙伴关系联合宣言的行动计划（2021—2025）》等成果文件。2021年是中国与东盟建立对话关系30周年。30年来，中国与东盟战略伙伴关系内涵不断丰富，成为最大规模的贸易伙伴、最富内涵的合作伙伴、最具活力的战略伙伴。双方将以构建更为紧密的中国—东盟命运共同体为导向，为共建和平家园、安宁家园、繁荣家园、美丽家园、友好家园而共同努力。

在双边层面，中国的"一带一路"倡议与印度尼西亚的"全球海洋支点"构想形成了紧密的战略对接。

[①]《习近平：携手建设中国—东盟命运共同体——在印度尼西亚国会的演讲》，《人民日报》2013年10月4日，第2版。

2022年7月，双方就共建中印尼命运共同体达成了重要共识，印度尼西亚也成为与中国共建双边命运共同体的首个海上东盟国家。2023年10月，《中华人民共和国和印度尼西亚共和国关于深化全方位战略合作的联合声明》中再次确认，两国将深化务实协作，持续推进中印尼命运共同体建设。双方秉承中华文明"敦亲睦邻""和而不同"的传统思想和印度尼西亚"互助合作""殊途同归"理念，遵循《联合国宪章》宗旨和原则、和平共处五项原则和万隆精神，共建中印尼命运共同体，打造发展中大国相互尊重、互利共赢的典范，共同发展的样板，公平正义的表率，南南合作的先锋。

此外，中国与越南、缅甸、泰国、马来西亚的双边命运共同体也取得重要进展。2015年11月，习近平总书记访问越南时，强调中越山水相连、唇齿相依，中越是具有战略意义的命运共同体。[①] 2023年是中越全面战略合作伙伴关系15周年，双方宣布构建"具有战略意义的中越命运共同体"。2020年1月，在中缅建交70周

[①]《习近平同越共中央总书记阮富仲会谈》，《人民日报》2015年11月6日，第1版。

年之际，双方发表《中华人民共和国和缅甸联邦共和国联合声明》，一致同意弘扬中缅传统"胞波"情谊，深化两国全面战略合作伙伴关系，打造中缅命运共同体，推动中缅关系进入新时代。2022年11月，中泰发布联合声明，指出双方一致同意将共同建设中泰命运共同体作为两国关系未来发展目标和愿景，为"中泰一家亲"赋予新的时代内涵，开创中泰关系更为稳定、更加繁荣、更可持续的美好未来。2023年，中国与马来西亚宣布共建中马命运共同体。中马双方以高质量共建"一带一路"为主线，共同绘制发展合作"工笔画"，稳步推进教育、旅游、文化、数字技术、绿色能源等各领域务实合作，为两国关系持续发展提供不竭动力。

二、中国与中亚国家的命运共同体外交虽然起步相对较晚，但呈现出全方位、全覆盖态势

随着中亚地区在国际舞台上的地位逐渐上升，中亚

国家开始积极参与上海合作组织等新型合作机制。上合组织自成立以来，始终秉持互信、互利、平等、协商、尊重多样文明、谋求共同发展的"上海精神"，共同倡导新型国际关系理念，不断深化成员国在政治、经济、安全、人文等领域的地区合作，成为地区与多边并重的全方位合作平台。2018年，习近平主席在上合组织青岛峰会上首次提出构建上海合作组织命运共同体。[1] 这一倡议将弘扬"上海精神"与命运共同体理念紧密结合在一起，深度契合地区治理现实需要和上合组织自身发展内在要求，得到成员国高度认同，为推动上合组织命运共同体发展奠定了基础。2019年6月14日，习近平主席在上海合作组织成员国元首理事会第十九次会议上发表重要讲话，提出要把上合组织打造成团结互信、安危共担、互利共赢和包容互鉴的典范。[2] 这"四个典范"明确了上合组织未来发展目标，为携手构建更加紧密的上合组织命运共同体指明了方向。

---

[1] 《习近平在上海合作组织成员国元首理事会第十八次会议上的讲话》，《人民日报》2018年6月11日，第3版。

[2] 《习近平出席上海合作组织成员国元首理事会第十九次会议并发表重要讲话》，《人民日报》2019年6月15日，第1版。

2022年，中国与哈萨克斯坦、吉尔吉斯斯坦、塔吉克斯坦、土库曼斯坦、乌兹别克斯坦共同宣布建设中国—中亚命运共同体。2023年5月，中国—中亚峰会在西安举行，并发表了《中国—中亚峰会西安宣言》。与此同时，中国与中亚五国的双边共同体建设也在同步展开。2022年9月，中哈、中乌分别签署《中华人民共和国和哈萨克斯坦共和国建交30周年联合声明》《中华人民共和国和乌兹别克斯坦共和国联合声明》。前者指出中哈愿朝着打造世代友好、高度互信、休戚与共的两国命运共同体的愿景和目标努力；后者明确双方将扩大互利合作，巩固友好的伙伴关系，在双边层面践行命运共同体。2023年1月，中土发表《中华人民共和国和土库曼斯坦联合声明》，双方愿继续发展世代友好、休戚与共、互利共赢的伙伴关系，在双边层面践行命运共同体。2023年5月，《中华人民共和国和吉尔吉斯共和国关于建立新时代全面战略伙伴关系的联合宣言》《中华人民共和国和塔吉克斯坦共和国联合声明》分别首次以联合宣言或联合声明的形式确认构建双边命运共同体。随着中哈命运共同体、中吉命运共同体、中塔命运共同体、中土命运共同体、中乌命运共同体的建立,中国与中亚国家的命运共同体外交进入全覆盖阶段。

三、巴基斯坦、蒙古国与阿拉伯国家、太平洋岛国也是亚洲命运共同体建设的重要参与者

中国与巴基斯坦是传统友好邻邦,双方互为真诚朋友、战略合作伙伴,保持着深厚的政治互信。中巴建立了全天候战略合作伙伴关系,为中巴命运共同体的建设奠定了坚实的基础。2015年9月,中巴领导人提出不断充实中巴命运共同体内涵,并为中国与其他周边国家建设命运共同体发挥示范作用。2018年11月,中国和巴基斯坦发布了《中华人民共和国和巴基斯坦伊斯兰共和国关于加强中巴全天候战略合作伙伴关系、打造新时代更紧密中巴命运共同体的联合声明》,提出两国应围绕中巴经济走廊等双边层面进一步加强合作,同时要在联合国、上合组织等国际组织中密切协作,在重大国际和

地区事务中始终相互支持、共同发声，为维护国际和地区的和平与稳定作出积极贡献。

2022年11月，中蒙发表《中华人民共和国和蒙古国关于新时代推进全面战略伙伴关系的联合声明》，提出作为好邻居、好朋友、好伙伴，中蒙将携手推进现代化建设，朝着共建和平共处、守望相助、合作共赢的两国命运共同体方向作出努力。2023年6月，习近平主席指出中方愿同蒙方一道，以构建中蒙命运共同体为引领，不断深化两国友好、互信、合作，推动中蒙全面战略伙伴关系向更高水平迈进，为本地区注入更多稳定性和确定性。①

早在2014年举行的中阿合作论坛第六届部长级会议开幕式上，习近平主席就提出，"让建设成果更多更公平惠及中阿人民，打造中阿利益共同体和命运共同体"。② 2016年，习近平主席在开罗阿拉伯国家联盟总部全面阐述中国外交及对阿拉伯国家政策，明确指出中

---

① 《习近平会见蒙古国总理奥云额尔登》，《人民日报》2023年6月28日，第1版。
② 《习近平出席中阿合作论坛第六届部长级会议开幕式并发表重要讲话》，《人民日报》2014年6月6日，第1版。

国坚持走和平发展道路，扩大同各国利益汇合，打造人类命运共同体，做中东和平的建设者、中东发展的推动者、中东工业化的助推者、中东稳定的支持者、中东民心交融的合作伙伴。① 2022年12月举行首届中国—阿拉伯国家峰会，会议制定《中阿全面合作规划纲要》，提出支持发展、粮食安全、卫生健康、绿色创新、能源安全、文明对话、青年成才、安全稳定等八个领域合作，展现中阿命运共同体推进全方位合作的具体路径。

中国在2014年、2018年两次同建交太平洋岛国举行领导人集体会晤，确立了双方关系的新定位，即相互尊重、共同发展的全面战略伙伴关系。2021年10月，中国—太平洋岛国外长会机制的正式建立，为双方提供了一个定期沟通、协调立场和共商合作大计的平台。2022年5月31日，习近平主席向第二次中国—太平洋岛国外长会发表书面致辞指出："中国愿同太平洋岛国一道，坚定共迎挑战的信心，凝聚共谋发展的共识，汇

---

① 《习近平：共同开创中阿关系发展美好未来推动中阿民族复兴形成更多交汇》，《人民日报》2016年1月22日，第1版。

聚共创未来的合力，携手构建更加紧密的中国同太平洋岛国命运共同体。"[1] 构建中国同太平洋岛国命运共同体体现了中国致力于深化与太平洋岛国合作、共同面对挑战、推动共同发展的坚定意愿，为深化中国与太平洋岛国的友好合作关系注入动力和指明方向。

第二节　亚洲双边与次区域命运共同体的建设经验

人类命运共同体理念体现了中国传统文化中的"协和万邦""天下大同"的思想，同时融合了现代国际关系中的合作、共赢等元素。人类命运共同体理念决定了亚洲双边和次区域命运共同体的价值追求，要求中国同亚洲各国和地区从伙伴关系、安全格局、经济发展、文明交流、生态建设等方面作出努力，为中国特色大国外

---

[1] 《习近平向第二次中国—太平洋岛国外长会发表书面致辞》，《人民日报》2022年5月31日，第1版。

交提供了新的范式。与此同时,亚洲命运共同体强调遵循地区国家的政治、经济、文化差异性,采用多元化的合作机制。这意味着在构建人类命运共同体的共同目标下,不同地区和国家可以根据自身的特点、需求选择机制模式,分别侧重从不同层面加强合作。

一、推动高质量共建"一带一路",打造战略合作伙伴关系升级版

以中巴关系为例,中巴全天候战略合作伙伴关系不受国际风云变幻的影响,始终保持着稳定性和连续性,是两国在长期交往中形成的一种独具特色的伙伴关系。在新时代背景下,中巴双方继续弘扬传统友谊,共同打造新时代更紧密的中巴命运共同体。构建中巴命运共同体有利于双方进一步加强高层交往,加强治国理政经验交流,共同探讨符合各自国情的发展道路;扩大人员交流,增进两国民众之间的了解和友谊,确保全天候战略合作伙伴关系焕发新的生机与活力;推进中巴经济走廊

建设，加强在科技创新、数字经济等领域的合作，打造高质量共建"一带一路"的示范项目，推动中巴命运共同体建设不断走深走实；及时就共同关心的重大问题交换意见，共同打击恐怖主义、分裂主义、极端主义"三股势力"，维护国家安全和地区稳定。中巴作为亚洲地区的两个重要国家，通过加强中巴全天候战略合作伙伴关系、打造新时代更紧密中巴命运共同体，可以向周边国家展示中国坚持和平发展道路、致力于构建人类命运共同体的决心和行动，推动构建人类命运共同体在亚洲乃至全球范围内落地生根。

中国与柬埔寨通过签署行动计划构建高质量、高水平、高标准的新时代中柬命运共同体，着力打造中柬"钻石六边"合作架构。[1] 在政治领域，双方尊重各自的主权和独立，相互支持自主选择发展道路，深化战略沟通，加强治国理政经验交流；在产能领域，双方将深化"一带一路"倡议与柬埔寨"五角战略"的对接合作，涉及基础设施、制造业、建材、新能源等作为重点

---

[1] 《习近平会见柬埔寨首相洪森》，《人民日报》2023年2月11日，第1版。

合作领域，为柬埔寨经济发展注入新的驱动力；在农业领域，双方提出探讨打造以柬西北部和洞里萨湖区为中心的"鱼米走廊"，旨在通过科技合作，推动中国建设"鱼米之乡"的农业技术、标准和理念"走出去"；在能源领域，双方加大水电、光伏等清洁能源合作，探讨绿色环保、稳定可靠的能源合作方案，为柬埔寨提供了更多的能源选择，有助于改善其能源结构和促进经济发展；在安全领域，中柬通过联合行动打击跨境犯罪，以维护两国边境地区的安全与稳定，中方继续向柬方提供扫雷物资和人道主义援助，帮助柬埔寨实现2025年全面清除地雷的目标；在人文领域，双方将加强在教育、文化、旅游、媒体等社会人文领域的交流与合作，不断夯实两国友好的社会基础。中柬共同推动"一带一路"倡议从倡议变成现实，为构建亚洲命运共同体提供坚实基础。

二、立足传统友谊，通过党际合作机制增进国家间互信

人类命运共同体理念不仅是经济依赖、命运与共等客观实在的反映，还涉及共同的价值观、突出的政治纽带和特殊的友好感情等精神层面的内容。这意味着基于价值理念的政党在对于推动国家乃至全球范围内的社会、经济和政治进步具有不可忽视的作用。中国共产党作为世界大党，通过党际合作机制增进了国家间的政治互信，也为解决地区和国家问题、推动全方位合作提供了新的平台和途径。

中国与老挝山水相连，两党两国在长期的革命斗争中建立了深厚的友谊。近年来，随着国际和地区形势的变化，中老双方更加认识到加强合作、共同发展的重要性。中老两党是各自国家的核心领导力量，两党关系始终引领着两国关系的发展，构建中老命运共同体正是两国基于共同利益和共同发展的战略考量而作出的重大决

策。中老命运共同体在加强党的领导和社会主义制度建设上相互坚定支持，坚持大小国家相互尊重、平等相待，坚持不结盟、不对抗、不针对第三方，在国际和地区事务中密切协调、相互支持，维护各自正当权益。

中越两国社会制度相同，发展道路相近，命运相连。中越命运共同体从更高位置、更大视角、更广领域、更深层次把握两国关系发展方向，擘画两国关系发展蓝图。面对百年未有之大变局，两党两国均认识到，只有坚持相互尊重、平等互利的原则，才能确保关系的持续健康发展。中越双方宣布中越两党两国关系新定位，在深化中越全面战略合作伙伴关系基础上，携手构建具有战略意义的中越命运共同体，① 不仅彰显了中越两党两国在政治上的高度共识和深厚友谊，更为两国的未来发展注入了强大的动力。双方致力于在新型国际关系基础上探索社会主义国家间新型关系，共同发展具有各自特色的社会主义事业。这一政治共识为两国在经

---

① 《新华社评论员：携手构建具有战略意义的中越命运共同体》，新华网，2023年12月14日，http://www.xinhuanet.com/comments/2023-12/14/c_1130026104.htm。

济、文化、安全等领域的合作提供了坚实的政治基础，是双方在深刻认识国际和地区形势、着眼两国关系长远发展的基础上作出的重要战略选择，体现了中越两党两国之间的深厚情谊和高度信任。

三、双边与次区域命运共同体相互配合，打造协调性地区合作网络

中方将东盟视为周边外交优先方向和高质量共建"一带一路"的重点地区。中国与东盟国家推动《区域全面经济伙伴关系协定》相关规则及其他优惠措施的实施进一步提高货物贸易、服务贸易和投资市场开放水平，加快推进中国—东盟自由贸易区提质升级、中新合作共建国际陆海贸易新通道、中马"两国双园"和中国—印度尼西亚"两国双园"等，并与柬埔寨"四角战略"、泰国"泰国4.0"发展战略等结合，为中老铁路、越南河内轻轨、雅万高铁、中泰铁路等民生项目提供制度保障。中国—东盟命运共同体、澜湄国家命运共

同体以及中国与东盟国家的双边命运共同体通过互联互通、经济融合、经贸合作、人文交往等方面合作，使中国—东盟关系已成为亚洲区域合作中最为成功和最具活力的典范，成为构建亚洲命运共同体的生动例证。

中国与中亚国家的命运共同体外交涵盖了双边、次区域等多种形式，有利于夯实双方世代友好、休戚与共、互利共赢的伙伴关系。世代友好意味着国家间的关系超越了一时的利益纷争，着眼于长远的和平与发展，为地区的长治久安和持续发展提供了坚实的保障。休戚与共强调在气候变化、公共卫生、安全等全球性问题面前，各国命运紧密相连，因此应携手应对挑战、共担责任，实现共同发展。互利共赢旨在确保合作的双方或多方都能从合作中获得实实在在的利益，实现共同发展。这种合作关系不仅有利于提升各国的经济实力和国际竞争力，还能为推动全球经济增长和繁荣作出积极贡献。中阿命运共同体顺应阿拉伯国家推进经济多元化和工业化的发展需求。沙特"2030愿景"、埃及"振兴计划"、卡塔尔"2030国家愿景"、阿联酋"面向未来50年国家发展战略"、科威特"2035国家愿景"与共建"一带一路"相互契合，双方在能源、基础设施等领域实施200多个大型合作项目，合作成果惠及双方近20亿人民，[①]并对地区乃至全球共同发展产生了积极影响。

四、深化全球南方合作，推动全球治理体系改革

中印尼命运共同体致力于打造发展中大国相互尊重、互利共赢的典范，共同发展的样板，公平正义的表率，南南合作的先锋。首先，中印尼两国不断拓展合作领域，涵盖了基础设施建设、能源、农业、教育、卫生等多个方面。这种全方位的合作模式为其他发展中国家提供了借鉴和参考，推动了南南合作向更深层次发展。其次，作为发展中大国，中国和印尼在各自的发展过程中积累了丰富的经验。通过加强双边合作，双方可以分

[①]《共建"一带一路"走深走实推动构建中阿命运共同体》，新华社电，中国政府网，2022年12月8日，https://www.gov.cn/xinwen/2022-12/08/content_5730665.htm。

享彼此的发展经验，相互借鉴和学习，帮助其他国家解决发展中遇到的问题，提高南南合作的效果。最后，中印尼一道与联合国等多边平台密切配合，践行真正的多边主义，提升发展中国家在国际事务中的代表性和发言权，共同维护发展中国家的权利和利益。

中国与阿拉伯国家处于相近的发展阶段、面临相同的发展任务、互为对方的发展机遇。在政治方面，中国尊重阿拉伯国家选择符合自身国情的发展道路，不干涉内政，不附加政治条件，不谋求政治私利；双方在涉及国家主权、领土完整、稳定发展等核心利益和重大关切上相互理解、相互支持。在经济方面，中国与阿拉伯国家充分发挥各自的优势，优化贸易结构，拓展投资领域，创新合作模式，提高合作质量和效益，加快走共同发展、共同振兴之路，让发展成果惠及更多国家和人民；同时，双方将分享发展经验，传授专业技术知识，促进发展中国家能力建设，为实现全球共同发展繁荣贡献力量。在全球治理方面，双方秉持公平正义的原则，积极参与国际和地区热点问题的解决，维护国际公平正义；反对霸权主义和强权政治，积极倡导多边主义和新型国际关系，支持发展中国家在国际事务中发挥更大作用，共同推动全球治理体系改革。

上合组织成员国遵循互信、互利、平等、协商、尊重多样文明、谋求共同发展的"上海精神"，积极构建上海合作组织命运共同体。上合组织成员国坚定支持彼此的主权和领土完整，反对任何形式的干涉他国内政行为，共同做世界和平的建设者、全球发展的贡献者、国际秩序的维护者。上合组织主张落实全球安全倡议，坚持通过对话协商化解国家间分歧矛盾，推动政治解决国际和地区热点问题。在乌克兰危机、巴以冲突等地区热点问题上，上合组织通过外交途径推动各方对话与停火；在阿富汗问题上，上合组织继续在阿富汗问题上发挥特殊重要作用，推动阿富汗走上和平重建道路。上合组织成员国共同打击恐怖主义、分裂主义、极端主义等传统安全威胁，积极应对气候变化、粮食安全、流行病、网络攻击等非传统安全问题，拓展数据安全、生物安全、外空安全等非传统安全领域合作。上合组织积极维护以《联合国宪章》宗旨为核心的国际秩序,日益成为现行国际体系的参与者、建设者、贡献者。

第三节　进一步构建亚洲命运共同体的愿景与路径

构建人类命运共同体是中国对人类社会发展趋势的深刻洞察,更是新时代中国特色大国外交追求的崇高目标。不同于传统的盟友关系,构建人类命运共同体注重在经济、文化、安全等多领域的深度合作。这种关系不是基于短期利益的合作,而是建立在长远规划和共同理想之上发展同各国的友好合作关系,走出了一条对话而不对抗、结伴而不结盟的国与国交往新路,体现了中国共产党的国际观、秩序观、价值观,并顺应了各国人民的普遍愿望。经过10年的不懈努力,新时代中国特色大国外交在建设一个持久和平、普遍安全、共同繁荣、开放包容、清洁美丽的世界方面不断开创新局面。通过双边和次区域命运共同体建设，进一步构建亚洲命运共同体也将沿着持久和平、普遍安全、共同繁荣、开放包容、清洁美丽的亚洲愿景展开。

一、坚持不冲突不对抗、互相尊重、合作共赢理念，建设持久和平的亚洲

中国坚持和平发展的基本国策，倡导互利共赢的亚洲合作，打破了西方国家的侵略扩张模式，展现了中国的责任和担当。在大国关系上，中国推动构建不冲突、不对抗、互相尊重、合作共赢的新型国际关系，通过高层互访、战略对话、经贸合作等方式增进相互了解和信任，加强在涉及彼此核心利益和重大关切问题上的沟通和协调，维护地区和平稳定。在周边国家关系上，中国提出的亲诚惠容新理念以及正确义利观，旨在加强与周边国家的团结合作，实现共同发展繁荣。中国倡导共同、综合、合作、可持续的安全观，强调通过对话和谈判解决争端，反对冷战思维和零和博弈，积极与亚洲国

家开展防务与安全对话，增进相互了解，降低误解和误判的风险；积极劝和促谈，推动解决亚洲地区的热点问题，如朝鲜半岛问题、阿富汗问题等，为地区和平稳定创造有利条件；加强与东盟、阿拉伯联盟、上合组织等地区组织协调，致力于通过对话协商解决朝鲜半岛核问题、中东问题、南海争端等，为解决地区冲突和维护和平作出了积极贡献。展望未来，中国将始终站在历史正确一边，站在和平正义一边，站在国际道义制高点，继续为维护亚洲以及世界的和平稳定发挥不可或缺的作用。

二、倡导共同、综合、合作、可持续的安全观，构建普遍安全的亚洲

中国作为亚洲最大的发展中国家和联合国安全理事会常任理事国，始终将维护亚洲的公平正义和全球安全稳定作为自己的责任和使命。通过双边和次区域命运共同体外交，中国积极推动亚洲安全体系的构建和完善，

为亚洲地区的和平与发展提供了有力保障。中国积极倡导"共同、综合、合作、可持续"的安全观,这一观念不仅体现了中国对全球治理体系的独特见解,也为亚洲地区的安全合作提供了行动指南。在此基础上,中国提出了构建亚洲核安全体系的中国方案,坚定支持全球核不扩散事业,全面履行《不扩散核武器条约》义务,并积极推动《东南亚无核武器区条约》议定书的签署与生效,体现了中国对维护地区和世界和平的坚定承诺。中国倡议将亚洲相互协作与信任措施会议(亚信)打造成为覆盖全亚洲的安全对话合作平台,并在此基础上探讨建立地区安全合作新架构。[①] 面对气候变化、网络安全和恐怖主义等非传统安全问题,中国坚持通过综合、合作和可持续的方式加以应对,如加强亚洲国家的气候谈判协调、推动全球互联网治理体系建设、加强国际反恐合作等,积极推动网络、气候等非传统安全合作和规则制定。

[①]《亚洲相互协作与信任措施会议第四次峰会在上海举行 习近平主持会议并发表重要讲话》,《人民日报》2014年5月22日,第1版。

三、把实现共同富裕作为发展目标，构建共同繁荣的亚洲

中国坚持人民利益至上，通过减贫政策和改革开放，成功使上亿中国人民脱贫致富。作为发展中国家，中国积累了丰富的发展经验，并把实现共同富裕作为重要的发展目标。这些成就不仅为中国自身的发展注入了强大动力，也为其他发展中国家提供了宝贵的经验和借鉴。特别是"一带一路"倡议作为中国发展经验的凝练总结，已被写入联合国大会的正式决议。通过推进"一带一路"倡议高质量发展，中国加强与沿线国家的互联互通、优势互补。中国将坚持平等、开放、包容的原则，继续推动亚洲地区的双边与次区域命运共同体实践，让各国人民分享全球发展成果。一方面，继续加强发展能力建设。全球发展倡议不仅关乎亚洲关系的发展，也涉及促进全球经济繁荣。通过推动全球发展倡议，各国可以加强合作，分享发展经验，共同解决全球

挑战。这不仅为本国发展带来了巨大机遇，同时也为促进全球共同繁荣作出了重要贡献。中国应继续推动可持续发展、推动共同发展以及建立全球伙伴关系等实践，尤其是加大对发展中国家的支持力度，加强亚洲合作、共同应对全球性挑战，提升发展中国家防范和应对风险的能力。另一方面，推动亚洲发展伙伴关系走深走实。中国以务实的态度，通过发展经济、改善民生，让亚洲各国人民分享发展成果。中国坚持平等、开放、包容的原则，积极发展与地区各国的经贸合作，加强多边合作机制的建设，推动全球发展伙伴关系走深走实。中国通过"一带一路"倡议，加强亚洲国家之间的合作，实现利益的多元共享，为全球可持续发展议程提供有力支持。

四、依托亚洲国家和地区的文明多样性，构建开放包容的亚洲

亚洲文明具有丰富多样的特点，每个文明都有其独

特的价值和魅力。中国倡导的和平、合作、包容、融合的价值理念，正是基于对文明多样性的尊重和理解。这一价值观不仅有助于促进亚洲各国之间的和谐共处，还能为构建开放包容的亚洲提供精神支撑。文明多样性是人类社会的宝贵财富，各国文明之间的交流与互鉴日益频繁，各国文明得以不断发展和进步。中国的儒家文化强调以人为本、和谐相处，古代的丝绸之路也是中国开放包容的典型案例，这一理念与实践为亚洲文明交流互鉴中提供了宝贵的经验和启示。在构建亚洲双边与次区域命运共同体的过程中，中国倡导深化拓展平等、开放、合作的亚洲伙伴关系，推动亚洲朝着更加开放、包容、普惠的方向发展。这要求各国在尊重不同文明样态的前提下，推动不同国家文明间的交流互动，坚决反对任何形式的文明对立论或文明优越论，为推动多元主体共治奠定文明基础。

五、推动共商共建共享，构建清洁美丽的亚洲

人类命运共同体强调全人类都生活在同一地球上，同处于一个利益攸关的环境中。构建人类命运共同体的核心理念，就是各国在追求自身发展的同时，也要兼顾其他国家的合理关切，实现共同发展繁荣。这一理念同样适用于构建清洁美丽的亚洲。亚洲各国山水相连，生态环境的命运息息相关。只有各国共同努力，才能实现亚洲的可持续发展。人类命运共同体外交倡导的共商共建共享，通过推动新型国际关系，各国可以共同制定和实施有利于环境保护的国际规则和政策，维护国际环境气候合作的公平正义，为亚洲乃至全球的绿色发展创造有利条件。亚洲各国在环保领域拥有不同的技术优势，要求各国建立广泛的合作伙伴关系，通过加强技术交流与合作，共同推动亚洲地区的环保技术发展，为实现清洁美丽的亚洲提供有力支持。亚洲双边命运共同体可以通过签署双边协议、制订共同行动计划等方式，将环保

理念融入共建"一带一路",加强绿色基础设施建设、促进清洁能源合作、推动绿色金融等方式,为亚洲发展中国家提供环保领域的资金和技术援助,帮助其提高环保能力。亚洲次区域命运共同体可依托东盟、阿盟等合作机制,建立长效合作机制,定期召开环保领域会议,评估合作进展,及时调整合作策略,从而为这些机制成员国与中国在环保领域提供合作平台,确保合作的持续性和有效性。通过推动亚洲命运共同体建设,亚洲国家可以为全球环境治理提供更多有益的实践经验,为完善全球治理体系贡献亚洲智慧。

人类命运共同体理念融合了中国传统文化与现代国际关系理念,为亚洲乃至全球的双边与次区域合作提供了新的范式。构建亚洲命运共同体理念强调尊重差异性、多元性,促进双边、地区和全球等不同层面的合作。通过10年努力,中国推动高质量共建"一带一路",打造战略合作伙伴关系的升级版;立足传统友谊,通过党际合作机制增进国家间互信;加强双边与次区域命运共同体的相互配合,打造协调性地区合作网络;通过深化全球南方合作,推动全球治理体系的改革。构建人类命运共同体是中国对人类社会发展趋势的深刻洞察,也是新时代中国特色大国外交追求的崇高目标。中国将持续加强与亚洲国家在经济、文化、安全等领域的深度合作,共享发展成果、共谋发展繁荣,提升亚洲各国民众在现代化进程中的获得感、幸福感。随着人类命运共同体理念的深入人心,亚洲国家将越来越多地加入这一行列中来,推动构建持久和平、普遍安全、共同繁荣、开放包容、清洁美丽的亚洲命运共同体。

第八章 开放的区域主义与亚洲命运共同体

李志斐[*]

习近平主席在 2021 年 11 月召开的亚太经合组织第二十八次领导人非正式会议上明确指出,"亚太地区成为全球最具增长活力和发展潜力的地区,始终位于世界经济发展前沿,为世界经济增长和地区人民福祉作出了积极贡献。""开放是亚太合作的生命线","要坚持开放的地区主义","要推进落实 2040 年愿景,构建开放包容、创新增长、互联互通、合作共赢的亚太命运共同体"。[①] 在新的时代背景下,中国和其他亚洲国家从亚洲

---

[*] 李志斐,中国社会科学院亚太与全球战略研究院研究员。
[①]《习近平出席亚太经合组织第二十八次领导人非正式会议并发表重要讲话》,《人民日报》2021 年 11 月 13 日,第 01 版。

的文明和实践中汲取经验智慧，秉持和平、发展、自主、包容的理念，为开放的区域主义注入了新的时代内涵，通过"践行真正的多边主义，坚持对话而不对抗、包容而不排他、融合而不脱钩"，[1] 推进区域经济一体化和安全共同体建设，推动亚洲命运共同体构建。

第一节 新时代背景下的开放的区域主义

政治学领域的"地区"概念主要包含两层含义。根据约瑟夫·奈的说法，一是作为一个地理概念，主要依据所处在地球表面的自然位置而确定的区域范围；二是作为一个政治概念，主要依据人类政治经济文化活动内容与特点所确定的区域范围。由一种地缘关系和一定程度的相互依存联结在一起的一组有限数量的国家。[2] 区域主义起源于二战之后，是理论界基于欧洲一体化区

---

[1]《习近平出席亚太经合组织第二十八次领导人非正式会议并发表重要讲话》，《人民日报》2021年11月13日，第01版。

[2] Joseph S. Nye, *International Regionalism: Reading* (Boston: Little Brown & Co., 1968), p. 5.

域现象的思考,发展到现在经历了传统区域主义、新区域主义和开放区域主义三个阶段。在新时代背景下,开放的区域主义呈现出新的时代内涵与价值。

一、开放的区域主义的概念发展

关于区域主义的概念,比较有代表性的是英国学者安德鲁·赫里尔和中国学者肖欢容的定义。安德鲁·赫里尔认为区域主义包括 5 个不同程度的范畴,即地区化(自发的经济和社会互动)、地区意识或地区认同、地区国家间合作、国家推动的地区一体化。[①] 肖欢容认为,区域主义是在地缘意义上接近的,彼此间有着复杂关系的民族之间的一种交往,自愿地联合与合作进而一体化的过程,是国家间通过合作(建立国际制度或建立国家间的安排)实现调节国际关系的一种组织控制形式。概言之,它是以形成一个区域国际体系的广泛的国家合作

---

① Andrew Hurell, "Regionalism in Theoretical Perspective," in Louise Fawcett Andrew Hurrell (eds.), *Regionalism in World Politics*, Oxford: Oxford University Press, 1996, pp. 39-45.

运动。这种活动从深度上来说，包括了跨国交往、一般功能性组织化合作到程度较深的一体化运动；从广度来说，包括经济、政治（安全）与社会（文化）等各个方面。① 区域主义从根本上说是地区国家在政治、经济社会等方面的互动和合作增多的结果，是地区国家在互动与合作不断地增强过程中实现的地区整合。

20世纪80年代之后，随着全球化的发展，东亚、北美区域一体化进程加快，新区域主义（New Regionalism）理论产生。伯恩·赫特将新区域主义界定为"包括经济、政治、社会和文化层面在内的多层次的地区一体化的进程"，② 相对于传统区域主义而言，新区域主义不仅强调地区化的非经济层面，还包括地区化的政治、安全、文化、社会等诸多方面。东盟作为区域主义最早的实践者，通过《东南亚友好合作条约》对所有域外国家开放、东盟地区论坛、"东盟+"机制运行等手段，不仅整合区域内国家参与区域合作，同时将中国、美

---

① 肖欢容：《地区主义：理论的历史演进》，北京广播学院出版社，2003，第10页。
② Bjorn Hettne, "Globalism and the New Regionalism: The Second Great Transformation", Globalism and the New Regionalism (eds.), Biorn Hettne, et al (London: Palgrave Macmillan, 1999), pp. 1-24.

国、韩国、日本、澳大利亚等区域外国家纳入参与区域合作进程，推动"东盟方式"演变为开放的区域主义的实践规范。1994年，亚太经合组织名人小组率先提出"开放地区主义"概念和四个衡量标准，主要强调扩大成员的单边自由化，减少对非成员的壁垒，把地区自由化成果扩大到非成员，允许任何一个非亚太经合组织成员单边、有条件或无条件地把亚太经合组织自由化扩大到非成员。美国学者迈尔斯·卡勒（Miles Kahler）指出，对许多亚洲国家来说，开放的区域主义意味着在非歧视原则的基础上与非成员国之间分享区域利益。那些同意议事日程并且愿意承担责任的国家都可以加入进来，不管他们的版图在哪里。[①]

二、开放的区域主义的基本特性

"当前亚洲正站在新的历史起点上，面临着前所未

[①] 迈尔斯·卡勒：《从比较的角度看亚太的区域主义》，王正毅译，《世界经济与政治》1996年第6期，第19页。

有的发展机遇。同时,世界并不太平,围绕亚洲前途,出现了开放与封闭、合作与对抗、团结与分裂、进步与倒退两种截然不同的走向。"① 中国选择推动和实施的开放的区域主义具有鲜明的时代特性。

(一) 主体的多样性与平等性

相较于双边主义,开放的区域主义的参与主体是三个及以上的成员,且从参与主体的种类来说,不仅仅包括主权国家,还包括政府间国际组织、非政府间国际组织等其他行为体,体现出多样性特点。但非国家性行为体的参与还主要依靠主权国家推动。在亚太地区,开放的区域主义的重要载体——地区合作机制构建的一个突出特征是"双轨并行",即主权国家推动区域化进程,政府间组织、非政府间组织和半官方机构也在区域化过程中发挥重要的能动作用。

相比较于区域主义,开放的区域主义参与主体不局

---

① 王毅:《开放的区域主义应始终坚持和平、发展、自主、包容》,新华网,2022年7月12日,http://www.news.cn/world/2022-07/12/c_1128823278.htm。

限于本区域范围内的国家，一些区域外的国家如果有意愿，同时愿意接受，并且符合准入标准和规则等，也可以被吸纳进地区合作机制之中。新区域主义打破了传统区域主义的地域限制。新区域主义与全球化趋势并列而行，国家之间的合作打破了单一地区的限制，实现了跨区域间的融合，具有明显的外向型特征。

相较于封闭的集团政治和美西方国家奉行的"小多边主义"，开放区域主义的参与主体之间是平等、合作的关系。20世纪90年代亚洲金融危机之后，东亚国家意识到摆脱发达国家经济控制的必要性和紧迫性，需要推进东亚经济发展模式的变革，开始注重东盟"中心地位"建立和自主性建设，推动了新区域主义和开放区域主义的发展。在开放的区域主义地区化过程中，参与主体之间的关系摆脱了以往发达国家主导，发展中国家被主导的关系，而是体现为一种平等互利合作的关系。

（二）包容性与地区意识的建构性

开放的区域主义意味着在国际机制、国际规则的建立和制定必须容纳、包容不同国家政治制度、经济发展水平和社会文化传统方面的差异性,要突破传统区域主义国家间较为同质化的特点。开放的区域主义的包容性主要体现在三个方面。

第一,包容政治的多元性。各国在加强区域合作和建构地区合作机制的过程中,摒弃了政治体制、社会制度和意识形态的差异,着力推动地区意识的培养。第二,包容经济的多层性。亚洲地区各国的经济发展水平不一,既有发达国家,也包括大量发展中国家,甚至相当一部分属于欠发达国家,各国在产业结构方面也差异巨大。因此亚洲地区的开放区域主义必须以经济多层性的现实为基点,通过多样化的经济框架建设来对地区经济进行整合,促进地区经济和国家经济的双向发展,最终实现互利共赢。第三,包容文化的多样性。亚洲地区是众多文明、民族的汇聚交融之地。亚洲开放的区域主义在承认地区文化多样性的同时,提倡共同的价值观念，形成地区共同意识和地区认同。①

在多元的包容性环境中，行为体在组织、机制化的合作网络中互动、融合，逐渐建构出地区性的共同意识（Common Sense），形成一种地区意识（Regional Awareness）和一种共同价值观。这种共同价值观从本质上说是一种集体身份的建构。在一体化或区域主义进程中，集体身份成为界定共同体性质的基本特征之一。开放的区域主义中所形成共有价值观和社会认同，从本质上说是一种促进地区合作的理念型公共产品，不仅包括被国际社会广为接受的有利于促进人类发展的思想、观念和价值观，还包括为人类共同利益而被不断推进的知识分享（Knowledge Sharing）。②

（三）对内对外开放性与多层化

开放的区域主义包括内向开放和外向开放两个层面，内向开放是不排斥区域内国家参与地区合作，外向

---

① 苏浩：《东亚开放性地区主义的演进与中国的作用》，《世界经济与政治》2006年第9期，第48页。
② 田旭、徐秀军：《全球公共产品赤字及中国应对实践》，《世界经济与政治》2021年第9期，第135页。

开放是同意地区外行为体参与地区合作。内外融通是开放的区域主义的典型特征。开放性主要包括三个层面。一是观念的开放,即无论是地区内行为体,还是地区外行为体,无论是发达国家,还是发展中国家或欠发达国家,只要提出和推动的是有利于地区化进程的方案,都可以得到支持;只要同意接受现有的机制、规则,都可以加入合作机制中。二是进程的开放。在地区化进程中,无论行为体的经济发展水平是否一致,还是政治体制是否一样,都可以在尊重多样性的基础上,发展地区共识,促进地区共同利益。三是机制的开放。地区合作机制由行为体平等合作建立,国家无论大小和经济发展水平高低,都在机制建设过程中享有平等话语权,都对机制建设拥有话语权和影响力。

三、开放的区域主义的时代内涵

当前时代背景下,世界正处于新的动荡变革期之际,亚洲地区面临的不确定、不稳定、难预料因素不断增多，亚洲各国站在新的历史起点，习近平总书记明确指出，"开放是亚太合作的生命线，应当坚持开放的区域主义"。2022年7月，时任国务委员兼外长王毅在东盟秘书处阐释了中国支持的开放的区域主义政策内涵，[①]为中国践行开放的区域主义指明了方向和原则。

（一）理念：坚持和平共处[②]

在加强区域合作的过程中，中国所推动的开放的区域主义首要坚持的是和平共处理念。在行为体异质性突出、战略互信不足的情况下，只有在相互尊重的基础上不断增进行为体之间的平等协商，照顾彼此关切、努力寻求共识，才能化解"战略竞争对手""零和博弈"等权力政治和意识形态对抗思维，打破结构桎梏，逐步建设起相互尊重、平等合作新型国际关系，从而才能不断改革完善地区治理，维护并促进亚洲人类福祉，向着构建亚洲命运共同体的目标迈进。在此过程中，第一，反

[①]《王毅：中国和东盟为全球复苏提供信心和动能》，外交部，2022年7月11日，https://www.fmprc.gov.cn/wjbz_673089/bzzj/202207/t20220711_10718602.shtml。

[②] 王毅：《开放的区域主义应始终坚持和平、发展、自主、包容》，新华网，2022年7月12日，http://www.news.cn/world/2022-07/12/c_1128823278.htm。

对把地缘冲突、集团对抗引入亚洲，绝不希望制裁封锁、人道危机发生在亚洲。不仅要强调互相尊重主权和领土完整，重视各国合理安全关切，还要互相尊重社会制度意识形态、宗教信仰、传统文化、发展道路。第二，坚持共同、综合、合作、可持续的安全观，不仅做到互不侵犯，互不干涉内政，还通过对话协商以和平方式解决分歧，不搞对抗和冲突，推动构建安全对话与协商框架，追求实现普遍安全和共同安全。

（二）目标：坚持发展振兴

区域主义兴起于经济发展领域，国家间加强合作与融合的根本目的是实现经济发展。但当前由于美国等国家鼓噪脱钩断链，建立阵营化贸易体系，亚洲地区产业链、供应链稳定受到冲击，经济风险上升。习近平总书记提出的全球发展倡议，强调坚持发展优先，加强主要经济体的政策协调，推动构建更加平等均衡的全球发展关系，推动多边合作进程协同增效，加快落实联合国2030年可持续发展议程；同时坚持普惠包容，关注发展中国家特殊需求，着力解决国际间和各国内部发展不平衡、不充分问题。中国推动的开放的区域主义，从根本上是与亚洲国家共同推动全球发展迈向平衡协调包容的新阶段，是要坚持发展导向，正确看待彼此发展，共享发展机遇，维护以世界贸易组织为基石的多边贸易体制，确保全球市场自由开放，促进经济融合发展。[①]

（三）原则：坚持独立自主

在美国强推"印太战略"过程中，包括东盟在内不少地区、国家受到所谓"选边站队"的压力，地区战略环境面临被政治需要重塑的风险。中国强调，要坚持独立自主，相互尊重各自的主权和核心利益，尊重东盟作为共同体的完整性、自主权和领导力，让这个地区远离地缘政治的算计，远离丛林法则的陷阱，不当大国博弈的棋子，不受霸凌霸道的胁迫，把自己的命运和地区的前途牢牢掌握在自己手中。[②] 从根本上说，中国所

[①] 王毅：《开放的区域主义应始终坚持和平、发展、自主、包容》，新华网，2022年7月12日，http://www.news.cn/world/2022-07/12/c_1128823278.htm。

[②] 王毅：《开放的区域主义应始终坚持和平、发展、自主、包容》，新华网，2022年7月12日，http://www.news.cn/world/2022-07/12/c_1128823278.htm。

推动的开放的区域主义所坚持的基本原则就是独立自主。

(四) 精神：坚持开放包容

当今世界个别国家鼓吹"文明冲突论""文明优越论"论调，搞社会主义和资本主义意识形态对抗，意图通过制造价值观对立和制度差异对抗，来推动"小圈子"发展和制造地缘政治冲突。但文明多样性是人类社会的基本特征，多元文明共生并进是人类发展历史的主要特征，只有实现文明交流互鉴才能增进各个国家间的相互了解与合作，才能实现世界和平与稳定。

所以，中国所推动的开放的区域主义，承认并尊重价值和观念的多元，对不同理念原则秉持开放包容的态度，反对封闭和孤立，反对固守"非此即彼""非黑即白"思维，促进包容和开放，致力于普惠和共赢的实现。同时，"坚持和而不同、多元共生，反对党同伐异、画地为牢，坚持团结域内国家、包容域外国家的真区域合作，反对排斥特定国家、针对特定一方的伪区域合作"。[①] 基于包容求同的指导思想和基本原则，对不同制度形态的多边进程、不同类型的合作机制持开放态度，允许多元多层多重的多边机制并行发展、相互补充，共同完善地区治理制度体系，从根本上追求实现自我发展和共同发展的统一，实现各美其美与美美与共的统一。

第二节　开放的区域主义与亚洲命运共同体构建的关系

"我们所处的是一个充满希望的时代，也是一个充满挑战的时代。站在历史的十字路口，是团结还是分裂，是开放还是封闭，是合作还是对抗？如何抉择，关乎人类整体利益，也考验着各国的智慧。"[②] 习近平总书

[①] 王毅：《和平、发展、自主、包容坚定践行开放的区域主义——王毅国务委员兼外长在东盟秘书长的演讲》，外交部网，2022年7月11日，https://www.mfa.gov.cn/ziliao_674904/zyjh_674906/202207/t20220711_10718547.shtml。

[②] 《携手构建人类命运共同体：中国的倡议和行动》，中央政府网，2023年9月26日，https://www.gov.cn/zhengce/202309/content_6906335.htm。

记在2013年所提出的构建人类命运共同体理念回答了"人类向何处去"的世界之问、历史之问、时代之问，指出要坚持开放包容，坚持互利共赢，坚持公道正义，不同社会制度、不同意识形态、不同历史文化、不同发展水平的国家在国际事务中利益共生、权利共享、责任共担。[①] 开放的区域主义的践行，可以推动新兴经济全球化的发展，推动新型国际关系的构建，推动真正的多边主义的实践和亚洲价值观的形成，进而从根本上推动人类命运共同体在亚洲地区的构建。可以说，开放的区域主义在亚洲地区的践行，其终旨是实现亚洲命运共同体。

一、开放的区域主义推动新型经济全球化发展

现在全球经济增长放缓，全球发展不仅总量不足，发展失衡的特点也日渐突出，国家之间，尤其是发达国家与发展中国家、欠发达国家之间的发展差距不断加

[①] 《携手构建人类命运共同体：中国的倡议和行动》，中央政府网，2023年9月26日，https://www.gov.cn/zhengce/202309/content_6906335.htm。

大，部分国家的民粹主义、保护主义盛行，逆全球化呈现加剧趋势。目前的经济全球化模式，难以反映广大发展中国家呼声、体现广大发展中国家利益；"弱肉强食"的丛林法则和"你输我赢""赢者通吃"的零和博弈，造成富者愈富、贫者愈贫，发达国家与发展中国家以及发达国家内部的贫富差距越拉越大；个别国家把内部治理问题归咎于经济全球化，归咎于其他国家，动辄采取单边主义、保护主义、霸凌主义，破坏全球产业链、价值链、供应链、消费链，导致现有国际贸易秩序紊乱甚至冲突。[①] 推动新型经济全球化是构建亚洲命运共同体的路径。

推动新型经济全球化是开放的区域主义践行过程中所客观实现的结果。在开放的地区化合作过程中，参与行为体秉持开放原则和取向，反对保护主义，反对"筑墙设垒"，反对单边制裁、极限施压，推动各国经济联动融通，共同建设开放型世界经济；在地区合作机制中

---

① 《携手构建人类命运共同体：中国的倡议和行动》，中央政府网，2023年9月26日，https://www.gov.cn/zhengce/202309/content_6906335.htm。

推动构建公正、合理、透明的国际经贸规则体系，推进贸易和投资自由化便利化，促进全球经济进一步开放、交流、融合，推动形成开放、包容、普惠、平衡、共赢的经济全球化，使亚洲各国人民共享经济全球化和世界经济增长成果。

二、开放的区域主义推动新型国际关系构建

开放的区域主义坚持开放、包容、互利性的原则促进不同社会制度、发展水平、体量规模不一的国家之间开展合作，在不断的合作中构建平等、和平、互利的新型国际关系。新型国际关系从本质上包括三个层面：一是相互尊重，就是要相互尊重主权和领土完整，相互尊重社会制度和发展道路，相互尊重核心利益与安全关切，尊重世界文明多样性与各民族传统文化；二是公平正义，就是要做到国家不分大小、强弱、贫富一律平等，各国和各国人民应该共同享受尊严、共同享受发展成果、共同享受安全保障，各国要公平参与国际事务，

公平拥有在国际事务中的代表性和发言权；三是合作共赢，意味着各国要共同维护世界和平，共同追求发展，以和平促进发展，以发展巩固和平，每个国家在谋求自身发展的同时，要积极促进其他各国共同发展，各国要同心协力，妥善应对各种问题和挑战，以合作取代对抗，以共赢取代独占。

新型国际关系的构建，坚持各国都是平等的参与者、贡献者、受益者，奉行共同、综合、合作、可持续的安全观，通过践行共商共建共享原则、合作共赢理念与正确义利观，实现平等参与、沟通协商、集思广益，最大限度凝聚共识，共同推动问题的解决。"共商"是对治理的基本原则、重点领域、组织机制、发展方向等的共同认识、辨析、判断，[1]主张坚持各方共同参与，深度对接有关国家和区域发展战略，充分发掘和发挥各方发展潜力和比较优势，共同开创发展新机遇、谋求发展新动力、拓展发展新空间，实现各施所长、各尽所能、优势互补、联动发展。"共建"是对治理内容的共

---

[1] 杨洁勉:《全球治理的中国智慧：共商共建共享》,《光明日报》2016年6月16日。

同建设和创新，当前阶段的重点在于组织机制、重点议题、道义道德和思想理论等，①主张寻求各方利益交汇点和合作最大公约数，对接各方发展需求、回应人民现实诉求，实现各方共享发展机遇和成果，不让任何一个国家掉队。"共享"是通过制度性安排推动治理机制更加公正合理，需要体系、秩序、规则等方面的保障。②

"共商共建共享的国际规则制定意味着推动更具开放性的治理方式。开放指的是参与成员开放、议程开放、合作过程开放和结果开放，旨在防止治理机制封闭化和规则碎片化"。合作过程开放"应该以问题为导向，以有效应对跨国威胁、凝聚共识、促进合作与共同发展为宗旨，同意合作议程并且愿意承担责任的国家都可以加入进来，在实践过程中不断与时俱进地进行调整和协调，并以非歧视性原则为基础与非成员国共同分享利益"。③

---

① 杨洁勉：《全球治理的中国智慧：共商共建共享》，《光明日报》2016年6月16日。
② 同上。
③ 秦亚青：《在共商共建共享中积极构建人类命运共同体》，《中国教育报》2017年12月2日。

三、开放的区域主义践行真正的多边主义

开放的区域主义践行真正的多边主义,根本区别于美西方国家所倡行的选择性多边主义,其本质上是将多边制度视为个别国家或少数国家维持、巩固霸权地位的制度支撑,支配其他国家的工具,借助多边制度将自己的价值观、规范、规则强加给其他国家,无视其他国家的平等发言权和选择权。

习近平总书记指出:"多边主义的要义是国际上的事由大家共同商量着办,世界前途命运由各国共同掌握。"[①] 对于真正的多边主义的内涵,国内学术界给予了广泛关注和研究,认为真正的多边主义的重要规范主要包括三点。

第一,平等协商与参与。真正的多边主义是坚持开放包容,认为各个国家不分大小、强弱、贫富都是国际

---

① 《习近平谈多边主义要义:国际上的事由大家共同商量着办,世界前途命运由各国共同掌握》,中央政府网,2021 年 1 月 25 日,https://www.gov.cn/xinwen/2021-01/25/content_5582457.htm。

社会的平等一员，都能够参与全球性的多边制度，并有自己的发言权，共同决定多边事务。国际社会的多元主体和多元态势要求面对共同问题解决，需要进行平等、共同协商，凝聚更多规则共识，从而提炼出大家共同可以、愿意接受的规范，制定、完善和实施国际规则与机制。从目标上来说，真正的多边主义目的是促成合作、促进发展成果共享。各国都应成为全球发展的参与者、贡献者、受益者。不能一个国家发展、其他国家不发展，一部分国家发展、另一部分国家不发展。[①]

第二，共同制定和遵守。习近平总书记指出："国际社会应该按照各国共同达成的规则和共识来治理，而不能由一个或几个国家来发号施令。""在已经建立起来的多边制度中，各国应该按照相应的规则和程序行事，维护多边制度的权威性和有效性，在履行义务和遵守规则上不能按照自己的意愿取舍、选择"。国际规则应该由各国共同遵守，没有也不应该有例外。"多边制度还应在实践中不断革新完善，以更好协调各国行动、

[①] 陈志敏：《真正的多边主义的理论内涵》，《人民日报》2022年1月17日。

应对挑战,但不能把多边制度当作合则用、不合则弃的工具"。①

第三,国际法治。习近平主席强调:"我们必须完善全球治理,践行真正的多边主义。世界只有一个体系,就是以联合国为核心的国际体系。只有一个秩序,就是以国际法为基础的国际秩序。只有一套规则,就是以联合国宪章宗旨和原则为基础的国际关系基本准则。"② 开放的区域主义中践行的多边主义,必然是遵循"基于规则的国际秩序",坚定地维护以国际法为基础的国际秩序。

四、开放的区域主义推动亚洲价值观建设

国家主席习近平在2023年纪念亲诚惠容周边外交理念提出10周年国际研讨会的书面致辞中指出,"中国周边外交的基本方针是坚持以邻为善,以邻为伴,坚持

---

① 陈志敏:《真正的多边主义的理论内涵》,《人民日报》2022年1月17日。
② 《联合国大会上,总书记强调这"四个必须"》,求是网,2021年9月22日,http://www.qstheory.cn/zhuanqu/2021-09/22/c_1127889151.htm。

睦邻、安邻、富邻、突出亲诚惠容的理念。10年来，中国积极践行亲诚惠容理念，全面发展同周边国家的友好合作关系，双方政治互信不断增强，利益融合持续深化，走出了一条睦邻友好、合作共赢的光明大道"。习近平强调，"在新的时代背景下，赋予亲诚惠容理念新的内涵，弘扬以和平、合作、包容、融合为核心的亚洲价值观"。从学理的角度来看，亚洲价值观是一个很重要的新概念、新说法，它为地区团结、开放和进步提供新的助力。

开放的区域主义在实践过程中摒弃了"文明冲突论""唯我独尊论"，抛弃了以意识形态为依据的国家划分与理念对抗，崇尚不同文明、不同制度国家之间的相互尊重、和谐共生，致力于在推进区域经济一体化和安全共同体建设过程中实现平等的、互利的合作，从而为和平稳定奠定理念根基，使亚洲国家真正形成利益共同体，顺应和平、发展、进步的历史潮流。

第三节 开放的区域主义推动亚洲命运共同体构建的实践

当前，世界正处于新的重大变革期，和平赤字、发展赤字、安全赤字、治理赤字明显且不断加重，人类面临前所未有的挑战。构建人类命运共同体理念的提出为全球治理体系改革与完善指明了方向。中国推动开放的区域主义在发展与安全领域的实践，通过践行真正的多边主义，在加强双边交往、深化地区合作、解决全球发展与安全问题中把构建人类命运共同体从理念转化为行动，从愿景转化为现实。进入到21世纪之后，开放的区域主义在亚洲地区的发展和安全领域得到践行，地区内国家联合建立起多种适应本区域内国家利益需要的地区合作机制，在机制化的地区合作进程中，不仅推进经济、政治、社会和文化层面在内的多层次的地区一体化进程，还吸纳域外国家进行参与，把安全与发展、国内与国际、传统与非传统国际关系融合在一起，提升应对全球化和地区化挑战的能力。

一、区域经济一体化与亚洲命运共同体建设

进入 21 世纪之后，民族主义和民粹主义思潮在全球范围内沉渣泛起，逆全球化和反自由贸易趋势不断加强，在经济领域泛化国家安全概念，个别国家将经贸、科技问题政治化、工具化、武器化，搞"脱钩断链"，建"小院高墙"，人为干涉正常国际贸易，这些逆全球化、排除竞争、违背市场经济规律的行为，严重冲击世界产业链、供应链的稳定，以世界贸易组织为代表的全球治理机制受到单边主义和贸易保护主义的严重挑战，国际经贸环境的复杂性和不确定性不断增加。但互联网信息技术的高速发展，人员互动和交流比过往任何时代都更广泛和深入，世界相互依赖程度比过去任何时候都更加紧密和深厚，尊重和顺应经济全球化潮流和趋势，是实现全球可持续发展的现实基础。

在亚洲地区，区域经济整合成为经贸合作与重振经济的重要共识。2020年11月15日，《区域全面经济伙伴关系协定》第四次领导人会议上，15个国家在完成8年谈判后签署最终协定。该协定的签署，表明大多数亚太国家反对单边主义和支持自由贸易和多边机制。2022年1月1日，该协定顺利生效实施，该协定确定的协定框架和合作机制的逐步落地落实，会极大地促进区域经济一体化，推动亚洲国家的共同发展、合作共赢，会不断深化国家之间的经济交往、人文往来、互信建设，促进亚洲国家形成发展命运共同体。本节将《区域全面经济伙伴关系协定》作为发展领域的重点案例，分析其如何践行开放的区域主义，如何通过促进区域经济一体化的实现，推动开放融通、普惠共赢和新型发展观的实现和形成亚洲命运共同体。

（一）推动多边自由贸易发展，促进地区开放融通

《区域全面经济伙伴关系协定》自贸区包括东盟10国和中国、日本、韩国、澳大利亚、新西兰等15个成员国，是全球人口最多、经济体量最大的自贸区，涵盖了拥有22亿人口（占全球将近30%）的市场、26.2万亿美元GDP（占全球约30%）和将近28%的全球贸易（基于2019年数据）。①《区域全面经济伙伴关系协定》自贸区的建成，意味着全球约1/3经济体量将形成一体化大市场。

在成员构成上，《区域全面经济伙伴关系协定》体现出鲜明的包容性。成员中既包括日本、澳大利亚和新西兰等发达国家，也包括中国和东盟10国发展中国家，经济发展水平、文化传统、政治法律制度各不相同。《区域全面经济伙伴关系协定》照顾到不同国家国情，给予最不发达国家特殊与差别待遇，通过规定加强经济技术合作，满足了发展中国家和最不发达国家的实际需求。可以说，《区域全面经济伙伴关系协定》最大限度兼顾了各方诉求，将促进本地区的包容均衡发展，使各方都能充分共享《区域全面经济伙伴关系协定》

---

① 《〈区域全面经济伙伴关系协定〉（RECP）领导人联合声明》，商务部网，2020年11月15日，http://m.mofcom.gov.cn/article/news/202011/20201103015906.shtml。

成果。①

在议题构成上，《区域全面经济伙伴关系协定》的议题设置实现全面和高质量的统一。《区域全面经济伙伴关系协定》是全面自由贸易协定，涵盖货物贸易、服务贸易，而且包括投资、原产地规划、经济技术合作等。在贸易货物方面，整体开放水平达到90%以上，货物贸易最终零关税产品数整体上将超过90%，服务贸易和投资总体开放水平显著高于原有"10+1"自贸协定，还纳入了高水平的知识产权、电子商务、竞争政策、政府采购等现代化议题。②

《区域全面经济伙伴关系协定》的实施结束了东亚长期处于"成熟的生产网络、紧密的区域内贸易"与"缺失整体性经济合作制度安排"的不平衡状态，也表明坚持多边主义、推动经济一体化是东亚区域国家的广

---

① 《商务部国际司解读〈区域全面经济伙伴关系协定〉（RECP）之一》，中央人民政府网，2020年11月15日，http://www.gov.cn/xinwen/2020-11/15/content_5561731.htm。

② 《〈区域全面经济伙伴关系协定〉（RECP）领导人联合声明》，商务部网，2020年11月15日，http://m.mofcom.gov.cn/article/news/202011/20201103015906.shtml。

泛共识。[①] 正如《区域全面经济伙伴关系协定》第三次领导人会议发布的《〈区域全面经济伙伴关系协定〉领导人联合声明》中强调的，"可以预见，《区域全面经济伙伴关系协定》将极大地促进该地区未来的发展，为世界经济作出积极贡献，同时对多边贸易体系也将发挥强大的支撑作用，并可以促进该地区各国的开发。"[②]

（二）促进经贸规则整合，实现普惠共赢

《区域全面经济伙伴关系协定》成员之间经济结构高度互补，域内资本要素、技术要素、劳动力要素齐全。《区域全面经济伙伴关系协定》使成员间货物、服务、投资等领域市场准入进一步放宽，原产地规则、海关程序、检验检疫、技术标准等逐步统一，将促进域内经济要素自由流动，强化成员间生产分工合作，拉动区域内消费市场扩容升级，推动区域内产业链、供应链和

[①]《RECP呼之欲出东亚共同体更进一步》，中央政府网，2019年11月5日，https://www.gov.cn/xinwen/2019-11/05/content_5448682.htm。
[②]《〈区域全面经济伙伴关系协定〉（RECP）领导人联合声明》，商务部网，2020年11月15日，http://m.mofcom.gov.cn/article/news/202011/20201103015906.shtml。

价值链进一步发展。

《区域全面经济伙伴关系协定》是区域内经贸规则的"整合器"。《区域全面经济伙伴关系协定》整合了东盟与中国、日本、韩国、澳大利亚、新西兰多个"10+1"自贸协定以及中、日、韩、澳、新西兰5国之间已有的多对自贸伙伴关系，还在中日和日韩间建立了新的自贸伙伴关系。《区域全面经济伙伴关系协定》通过采用区域累积的原产地规则，深化了域内产业链、价值链；利用新技术推动海关便利化，促进了新型跨境物流发展；采用负面清单推进投资自由化，提升了投资政策透明度，都将促进区域内经贸规则的优化和整合。[①]

区域经济一体化的推动，有助于共同发展的实现。《区域全面经济伙伴关系协定》强调"高标准"与"灵活性"之间的权衡，如承诺给予发展中经济体特殊和差别待遇，包括更长的国内过渡期等；通过经济和技术合作帮扶发展中国家等。《区域全面经济伙伴关系协定》

---

① 《商务部国际司解读〈区域全面经济伙伴关系协定〉（RECP）之一》，中央人民政府网，2020年11月15日，https://www.gov.cn/xinwen/2020-11/15/content_5561731.htm。

许多制度设计有助于其他国家以合适的"速度"走符合自身国情的道路。据预测，到 2035 年，东盟整体真实 GDP 累计增长率将因《区域全面经济伙伴关系协定》增加 4.47%，其中为柬埔寨、菲律宾、泰国、越南带来的真实 GDP 增幅均超过 6.3%。

（三）亚洲新型发展观形成与命运共同体建设

习近平总书记多次强调，发展是解决一切问题的总钥匙。开放是亚太合作的生命线，要坚持开放的区域主义。

区域经济一体化的持续推进，是抵制单边主义、保护主义逆流，维护多边自由贸易合作的重要力量。在区域一体化过程中，双边经贸关系实现更大跨越发展，中国和东盟互为第一大贸易伙伴，中国是日本、韩国第一大贸易伙伴，韩国和日本是中国第二、第三大经贸合作伙伴，区域内部国家之间形成"你中有我，我中有你"的产业链、供应链格局。截至 2023 年 12 月，《区域全面经济伙伴关系协定》区域内贸易达到 5.6 万亿美元，较协定正式生效前的2021年略有增长,《区域全面经济伙伴关系协定》区域内共吸引绿地投资2 341亿美元,增长29.8%,是2021年的2.2倍。《区域全面经济伙伴关系协定》的全面生效极大促进了区域内原材料、产品、技术、人才、资本、信息和数据等生产要素的自由流动,推动逐步形成更加繁荣的区域一体化大市场,促进成员国更大范围、更高水平、更深层次的开放合作。

以《区域全面经济伙伴关系协定》全面实施为代表的开放的区域主义在经济领域的实践,从根本上符合了全球发展倡议中坚持发展优先和普惠包容的原则。一方面,实施"发展优先"的多边主义,将发展置于全球宏观政策框架的突出位置,加强经济体之间的政策协调,保持连续性、稳定性、可持续性,构建更加平等均衡的全球发展伙伴关系,推动多边发展合作进程协同增效,加快落实联合国2030年可持续发展议程。[①] 另一方面,坚持普惠包容,关注发展中国家特殊需求,支持发

[①] 《习近平出席第七十六届联合国大会一般性辩论并发表重要讲话》,《人民日报》2021年9月22日,第01版。

展中国家尤其是困难特别大的脆弱国家经济发展，着力解决国家间和各国内部发展不平衡、不充分问题。《区域全面经济伙伴关系协定》针对域内国家发展实际，协定设置中小企业和经济技术合作章节，推动各国企业充分利用自贸平台建立的合作项目，更好地融入区域产业链；技术合作章节规定的能力建设项目，将惠及最不发达成员的基本需要，帮助缩小区域间发展差距。[1]

发展是安全、文明的物质基础，只有通过发展，才能消除不安全的土壤，和平才能持久、文明才能进步。中国所推动的开放的区域主义是站在亚洲地区整体发展的制高点上，将亚洲国家发展紧密结合起来，把亚洲人民的共同和根本利益结合起来，在实现共同发展的同时，逐步建构起团结、平等、均衡、普惠的全球发展伙伴关系，为推动实现和平稳定、物质丰富、精神富有的亚洲国家社会发展提供强大支撑，推动亚洲命运共同体的构建。

---

[1] 《商务部国际司解读〈区域全面经济伙伴关系协定〉（RECP）之三》，中央人民政府网，2020年11月17日，https://www.gov.cn/xinwen/2020-11/17/content_5562033.htm。

二、地区共同安全实现与亚洲命运共同体建设

受国际局势动荡和大国博弈加剧影响，亚太地区的传统安全与非传统安全挑战不断增多，亚太地区形势不稳定性增加。以恐怖主义、跨境犯罪、公共卫生问题为代表的非传统安全问题日渐凸显，成为威胁亚太地区稳定与可持续发展的重要影响因素。习近平总书记强调，"安全是发展的前提，人类是不可分割的安全共同体"。[①] 面对新的全球与地区安全形势，亚洲国家逐渐意识到应坚持平等理念，秉持包容心态，建立系统安全的思维，统筹维护传统领域和非传统领域安全，针对当前安全问题传导性、联动性、跨国性越来越突出的趋势，加强协调、合力应对，只有守望相助、同舟共济，才能实现共同安全，保障自身安全。[②] 上海合作组织（以下简称"上合组织"）就是最具有代表性的开放区域主

[①] 《习近平在博鳌亚洲论坛2022年年会开幕式上发表主旨演讲》，《人民日报》2022年4月22日，第01版。

[②] 《筑牢人类是不可分割的安全共同体意识》，央视网，2022年4月22日，http://opinion.people.com.cn/n1/2022/0422/c1003-32406235.html。

义的代表。20多年来，该组织始终遵循"互信、互利、平等、协商、尊重多样文明、谋求共同发展"的"上海精神"，共促政治互信，共护安全稳定，共谋繁荣发展，共担国际道义，致力于世界和平与发展和人类进步事业，为构建新型国际关系和人类命运共同体作出重要理论和实践探索。[①]

（一）开放包容实践与新安全合作模式建立

上合组织是由本区域内国家共同倡导发起，以互利合作为主要特征与内容的新型合作模式，体现出鲜明的开放包容特性。合作机制是开放性的，在发展中吸纳和欢迎域外国家、组织参与其中。2001年，上合组织由中国与俄罗斯、哈萨克斯坦、吉尔吉斯斯坦、塔吉克斯坦、乌兹别克斯坦共同发起，截至2024年6月，上合组织大家庭已经覆盖三大洲26个国家。上海合作组织秘书处已经同联合国、东盟、独联体、集安条约组织、

[①] 《习近平：上海合作组织为构建新型国际关系和人类命运共同体作出重要理论和实践探索》，中央人民政府网，2021年9月17日，https://www.gov.cn/xinwen/2021-09/17/content_5638029.htm。

亚信、红十字国际委员会、欧亚经济联盟等建立了合作关系。现在上合组织已经形成了典型的圈层互动模式架构，第一圈层是上合组织的正式成员国，第二圈层是上合组织的观察员国，第三圈层是上合组织的对话伙伴国。[①]

上合组织最重要的特征之一是异质性基础上的包容性。上合组织成员国多元异质，不同物质实力、文化背景、政治体制和宗教信仰在此聚合，突出的异质性导致了成员国不同的利益取向和政策诉求。为实现成员国的利益对接，上合组织倡导利益共享的价值理念，公平合理地分享发展成果，在共享的前提下，所有国家都可以平等地利用这些机会提高本国的国家建设能力。在政治原则上，上合组织三次扩容都秉持包容开放的态度，无意将政治体制和意识形态作为挑选成员国的标准。作为一项由新兴国家主导的区域间国际制度，上合组织所秉持的互利共赢和成果共享的新型区域合作模式、非意识形态化的政治原则、非排他性的组织制度安排，

[①] 曾向红、罗金：《试析"上海合作组织发展模式"的内涵与价值》，《南亚研究》2024年第2期，第17—18页。

以及以开放性为内核的"上海精神",体现了宽容的政治文化。①

从上合组织成员扩容与合作深化的路径来看,上合组织遵循"开放外溢"路径,从本质上属于开放区域主义,超越了属于"西方中心"的"封闭地区主义"②的有条件外溢和封闭外溢路径。上合组织开拓出一种新型地区定位。"以中亚为核心区、周边为重要延伸"。上合组织的地区定位,在某种程度上超越了欧盟和东盟基本框定的地区定位:一方面,上合组织的地区定位更加开放,随着成员扩容进程不断推进,该组织的实际地区定位也不断得到拓展;另一方面,上合组织的成员构成赋予其以更全面的"地区代表性",使得该组织有资格成为欧亚大陆的"地区代表"。秉持"对外开放"原则,上合组织不断扩大"朋友圈",对接新发展理念以及各成员国发展战略与地区合作倡议,拓展和深化多领域地区合作,反对通过集团化、意识形态化以及对抗性

---

① 陈小鼎、李珊:《制度认同:扩员后上海合作组织的发展动力》,《当代亚太》2022 年第 3 期,第 113 页。

② Fredrick Soderbaum and Alberta Sbrangia, "EU Studies and the New Regionalism: What Can Be Gained from Dialogue?" *Journal of European Integration* 6 (2010): 569.

思维解决国际和地区问题，统筹应对各类传统和非传统安全挑战，构建更加紧密的上合组织命运共同体，彰显出"上合大家庭"的生机活力。[1]

（二）渐进式合作开展与安全共同体的逐步构建

上合组织安全合作内容和机制的建立与完善具有渐进性。上合组织的运行主要依托《上海合作组织宪章》和《上海合作组织成员国长期睦邻友好合作条约》两个基本的纲领性文件，逐步建立起元首理事会引领下，包括不同层级的定期会晤、功能性常设机构和针对特定问题的解决机制在内的合作架构，保证了组织内部运转和相关合作进程的开展。上合组织建立了复合型的安全合作机制。"上海五国"最先是签署《关于在边境地区加强军事领域信任的协定》和《关于在边境地区相互裁减军事力量的协定》，为上合组织区域安全治理奠定了政治互信。[2]之后将打击三股势力作为合作的重要内

---

[1] 李孝天:《上海合作组织的新发展：开创地区主义的"上合模式"》,《当代亚太》2023年第4期, 第128页。

[2] 邢广程:《中亚的利益取向和上海合作组织的发展》,《俄罗斯研究》2009年第6期, 第4页。

容,签署《打击恐怖主义、分裂主义和极端主义上海公约》《上海合作组织成员国元首关于构建持久和平、共同繁荣地区的宣言》《上海合作组织成员国边防合作协定》《上海合作组织反极端主义公约》《上海合作组织成员国元首理事会关于打击利用互联网等渠道传播恐怖主义、分裂主义和极端主义思想的声明》。

现在上合组织的合作内容涵盖宏观、中观、微观领域,从打击三股势力到粮食安全、生态安全、信息安全、公共卫生安全合作,并从非传统安全领域扩展至安全、经济和人文三大领域。2020年11月,中方提出"构建安全共同体",随着安全治理地理范围和安全合作内容的拓展,上合组织安全共同体的建设呈现出中亚连接南亚、中东和东南亚地区的由"点"到"面"的形态。安全治理空间的拓展过程中深化了成员国间"结伴而不结盟"的新型国际关系。[①]

[①] 李孝天、陈小鼎:《上海合作组织参与地区安全治理的特征、限制与改进路径》,《太平洋学报》2021年第9期,第32页。

（三）"上海精神"发展与亚洲价值观弘扬

新安全观和命运共同体理念是上合组织建立和发展的根本价值理念。2001年6月上合组织成员国国家元首签署《"上海合作组织"成立宣言》，明确了"互信、互利、平等、协商、尊重多样文明、谋求共同发展"为基本内容的"上海精神"。2007年签署《上海合作组织成员国长期睦邻友好合作条约》基本理念原则。经过20多年的发展，"上海精神"已经内化为成员国的共同价值规范，成为弥合成员国分歧、汇聚组织认同的核心要素，赋予了上合组织持久的生命力。没有"上海精神"的指引，上合组织不可能将合作从解决成员国边界争端这种传统安全领域拓展到打击"三股势力"等非传统安全合作，也不可能将合作领域从安全外溢到经济、文化、金融、农业等其他领域。[1]

"上海精神"超越了国强必霸、文明优越、文明冲

---

[1] 陈小鼎、李珊：《制度认同：扩员后上海合作组织的发展动力》，《当代亚太》2022年第3期，第96页。

突等陈旧观念为重要内容的西方国际关系理论范式，"是国际关系理论和实践的重大创新"。[①] 2018年6月，习近平主席在上合组织青岛峰会上提出"新五观"，即创新、协调、绿色、开放、共享的发展观；共同、综合、合作、可持续的安全观；开放、融通、互利、共赢的合作观；平等、互鉴、对话、包容的文明观和共商共建共享的全球治理观，涵盖政治、安全、经济、人文、国际关系多个维度，及时为"上海精神"注入新的时代内涵，成为构建上合组织命运共同体系统性、理论化的指导思想。[②] 2020年，习近平主席进一步深化上合组织命运共同体理念，明确提出在该组织框架内构建卫生健康共同体、安全共同体、发展共同体和人文共同体的重大倡议。[③]

2024年7月，习近平主席出席上合组织成员国元首理事会第二十三次会议时概括了上合组织对亚洲价值观

[①] 习近平：《弘扬"上海精神" 构建命运共同体——在上海合作组织成员国元首理事会第十八次会议上的讲话》，上海人民出版社，2018，第2页。

[②] 《习近平在上海合作组织成员国元首理事会第十八次会议上的讲话（全文）》，求是网，2018年6月10日，http://www.qstheory.cn/2018-06/10/c_1122964175.htm。

[③] 《习近平出席上海合作组织成员国元首理事会第二十次会议并发表重要讲话》，求是网，2020年11月10日，http://www.qstheory.cn/yaowen/2020-11/10/c_1126723175.htm。

构建的推进与实践成就，即"我们秉承守望相助、同舟共济优良传统，坚定支持维护彼此核心利益，成为各自发展振兴道路上可信赖的伙伴；我们践行共同、综合、合作、可持续的安全观，照顾各方合理安全关切，统筹应对各类传统安全和非传统安全挑战，共同守护地区和平和安宁；我们秉持创新、协调、绿色、开放、共享的发展理念，对接各国发展战略和区域合作倡议，促进各国经济协同联动发展；我们传承睦邻友好精神，坚持文明平等互鉴、对话包容，倡导不同文明和平共处、和谐共生；我们维护国际公平正义，反对霸权霸道霸凌的行径，构建起对话不对抗、结伴不结盟的伙伴关系，壮大了维护世界和平稳定的进步力量"。[①] 上海合作组织一直秉持人类命运共同体理念，不断推动上海合作组织命运共同体的构建。

---

① 《习近平出席上海合作组织成员国元首理事会第二十三次会议并发表重要讲话》，《人民日报》2023年7月5日，第01版。

第九章 "一带一路"与亚洲命运共同体

谢来辉[*]

构建亚洲命运共同体,需要亚洲国家积极探索国际合作的新路径。那么,迈向亚洲命运共同体的有效路径究竟是什么?本章认为,共建"一带一路"作为构建人类命运共同体的实践平台,是推动构建亚洲命运共同体的有效路径。二战结束以后,亚洲地区国家在探索推动地区合作与一体化过程中建立起了一些制度安排。这些制度安排具有不少亚洲特色,但是依然存在不少局限性,表现为碎片化、市场化、功能化和依附化等特征。相比之下,"一带一路"倡议在合作主体、合作机制、合作领域、合作原则以及合作动力方面都展现了对现有

---

[*] 谢来辉,中国社会科学院亚太与全球战略研究院副研究员。

的理论和实践的重要超越和创新，突破了亚洲地区传统国际合作模式的局限性。以"和平合作、开放包容、互学互鉴、互利共赢"为内容的丝路精神与以和平、合作、包容、融合为核心的亚洲价值观的内容高度一致，共同统一于构建亚洲命运共同体和人类命运共同体的目标。高质量共建"一带一路"将能够深入贯彻习近平主席关于构建亚洲命运共同体的四个原则，有助于帮助亚洲国家克服目前的困境，最终迈向亚洲命运共同体。

第一节　亚洲是"一带一路"建设的起点

共建"一带一路"倡议源于亚洲发展经验，也针对亚洲地区合作面临的问题与挑战。理解构建亚洲命运共同体的需求以及亚洲传统合作模式的局限性，才能理解"一带一路"建设的创新意义。

第三篇　构建亚洲命运共同体的路径

一、构建亚洲命运共同体需要创新合作路径

过去几十年来，亚洲地区受益于经济全球化和科技进步，发展成为全球最具活力的地区之一。许多人认为，21世纪是"亚洲的世纪"。[①] 但是，亚洲地区经济发展不平衡，经济社会发展面临现代化多重风险叠加的挑战，面临贫富分化加剧、恐怖主义、网络安全、能源安全、环境退化和气候变化等全球性挑战不断增多的局面。亚洲国家在实现可持续发展目标方面仍然面临巨大的挑战，推动亚洲地区更加相互依赖、命运与共。亚洲地区是世界上面对自然灾害风险最为脆弱的地区。据联合国减少灾害风险办公室的统计数据，2000—2019年，全世界报告了7 348起灾害事件，造成123万人死亡，其中亚洲是受灾最严重的地区，同期共发生3 068起自然灾害。据世界气象组织（WMO）2023年发布的亚洲

[①] 帕拉格·康纳：《亚洲世纪：世界即将亚洲化》，丁喜慧、高嘉璇译，中信出版社，2019。

气候灾害报告，亚洲是目前世界上气候灾害最多发的地区，洪水和暴雨造成的伤亡人数和经济损失最高，而热浪的影响则更加严重。世界气象组织预计，到2030年，亚洲受气候变化影响的年度损失预计将超过1 600亿美元，接近本地区国内生产总值的0.6%。① 世界银行2023年的报告认为，全世界每年因自然灾害造成的损失有一半以上发生在东亚和太平洋地区。2021年，这一数字约为500亿美元。如果全球气温上升两度，到2100年，该地区将会有另外5 000万人经常遭受沿海洪水。如果没有重大的适应措施，到2100年，仅沿海、河流和长期洪水就可能导致印度尼西亚、越南、菲律宾和中国GDP损失5%—20%。②

在这种背景下，亚洲地区各国有必要加强合作，共同建设命运共同体。近年来，曾有不少亚洲国家领导人呼吁建立基于共同利益和加强合作的亚洲共同体（Asian Community），对于应对跨境挑战实现可持续发

---

① World Meteorological Organization, *State of the Climate in Asia 2023*, WMO, No. 1350, 2024.
② World Bank, *East Asia and Pacific Update: Reviving Growth*, April 2023.

展，对于亚洲地区在 21 世纪实现预期的增长目标极为重要。[①] 在 2015 年博鳌亚洲论坛上，习近平主席发出倡议，建议亚洲各国"共同营造对亚洲、对世界都更为有利的地区秩序，通过迈向亚洲命运共同体，推动建设人类命运共同体"。

建设亚洲命运共同体是构建人类命运共同体的必要发展阶段和重要组成部分。如果人类命运共同体要从理念成为现实，亚洲地区国家需要探索成为一个关键的实践先行区。但是长期以来，亚洲地区一直处于发展与合作的双重困境之中。一方面，亚洲地区面临加强国际合作促进区域一体化的迫切需求，需要更加团结更好来应对风险挑战并获得发展机遇；另一方面，亚洲地区的传统合作又存在碎片化、市场化、功能化、依附化等严重局限，始终缺乏统一的制度化安排。为此，亚洲地区国家需要积极探索国际合作的新路径，克服现有地区合作模式的不足。

[①] 哈瑞尔达·考利、阿肖克·夏尔马、阿尼尔·索德等：《2050 年的亚洲》，姚彦贝等译，胡必亮校，人民出版社，2012，第 224 页。

二、亚洲传统合作的局限性

长期以来，亚洲地区也积极探索区域合作，但是存在一些明显的局限，具体表现为以下主要特征。

（一）亚洲地区合作的碎片化

二战后，亚洲国家陆续开展多种形式的区域合作与一体化。亚洲地区多数国家是从殖民主义寻求解放实现民族独立后建立的发展中国家，工业化水平很低，发展基础较为薄弱。1947年，联合国成立亚洲和远东经济委员会，试图为该地区发展中国家的经济发展问题提供政策建议，后来更名为亚洲及太平洋经济社会委员会。另外，因为冷战的需要，西方国家也先后提出了"第四点计划"（Point Four Program）、"科伦坡计划"等，提出要推动发达国家的资本和技术援助支持本地区发展中国家的发展，但是发达国家最终没有意愿和能力兑现承诺，收效甚微。

由于地缘政治等，亚洲地区的区域合作缺乏亚洲共同体的意识和身份认同，一直是以碎片化、分割化的形式推进的，合作效果参差不齐，整体水平都不够高。其中，东南亚地区起步较早，是区域合作较为成功的范例。1967年，东南亚国家联盟成立，在1992年达成了《东盟自由贸易区协定》以及先后签署的一系列其他贸易和投资框架，在2015年正式成立东盟经济共同体。中国、日本和韩国分别与东盟签署了自贸区协定，并以东盟为中心建立了"10+3"机制以促进相互之间的合作。在该地区还有一些次区域合作安排。比如1992年大湄公河次区域合作计划（GMS）正式启动，1993年和1994年分别建立了印度尼西亚—马来西亚—泰国增长三角计划（IMT-GT）和文莱—印度尼西亚—马来西亚—菲律宾东盟东部增长区计划（BIMP-EAGA）。南亚地区国家在1985年也成立了南亚区域合作联盟（SAARC），2004年建立了南亚自由贸易区（SAFTA），但对区域内贸易的影响一直非常有限。1997年，环孟加拉湾多领域经济技术合作倡议（BIMSTEC）成立，试图推动南亚与东南亚地区之间的经济联系。2001年，南亚次区域经济合作计划（SASEC）成立，试图推动交通、贸易便利化、能源和经济走廊建设。除了印度、尼泊尔和孟加拉国等南亚国家以外，缅甸也在2017年加入了该计划。在中亚地区，1991年苏联解体以后，中亚国家实施了一些合作，努力恢复经济互联互通，在2001年启动了中亚区域经济合作（CAREC），在2010年建立了关税同盟，然后在2015年建立了合作范围更广的欧亚经济联盟。在南太地区，1971年成立了南太平洋论坛以加强区域经贸合作，在1999年改名为太平洋岛国论坛，但是在区域合作与一体化方面进展不大。

在美国和澳大利亚的推动下，1989年成立亚太经合组织（APEC），其中成员包括了东亚和东南亚地区主要的发展中国家以及美国、日本、加拿大和澳大利亚及新西兰等发达国家，还有大多数的亚洲内陆国家都不在其中。另外，美国在2011年曾经提出过"新丝绸之路计划"，试图以阿富汗为中心，推动中亚和南亚地区在政治、安全、能源、交通等领域的合作。

(二) 亚洲经济合作的市场化

亚洲地区的发展成就主要依靠向市场经济的结构转型，尤其是20世纪80年代以后许多发展中国家开始启动转型。亚洲国家通过积极融入参与全球价值链形成了"亚洲工厂"，并通过培育不断壮大的中产阶级创造了"市场亚洲"（Marketplace Asia）。亚洲开发银行认为，亚洲地区获得成功所奉行的政策，与"华盛顿共识"所倡导的政策主张并没有太大的不同，只是在执行时采取了更加务实的态度，重视加强制度建设。[①] 正因为如此，亚洲国家在推动区域合作时也突出强调市场导向。所以不少学者认为，与其他地区依靠协议和制度安排推动的模式不同，亚洲地区的区域经济一体化是一种市场驱动型模式，亚洲地区的贸易投资自由化是由全球价值链发展的需要驱动的。[②]

这种模式固然有其优点，因为它与美国、英国以及

[①] 亚洲开发银行：《亚洲繁荣之路》，经济科学出版社，2021，第8—9页。
[②] 李向阳：《亚洲区域经济一体化的"缺位"与"一带一路"的发展导向》，《中国社会科学》2018年第8期，第34页。

世界银行和国际货币基金组织等推动新自由主义全球化的发展方向契合，有利于吸引跨国资本的投资。但是对于亚洲地区不少未能有效融入全球价值链的地区而言，它们不能获得区域合作和一体化发展的红利。对于不少因为缺乏基础设施互联互通的内陆国家而言，这个问题尤其突出。

（三）亚洲国际合作的功能化

亚洲地区的国际合作具有非常明显的功能主义特征。相关合作安排往往是伴随各国发展转型的不同阶段需求而自发产生，或者是响应全球多边治理层面的某些政策方向，具体针对或者侧重某个领域的功能需要，处于零敲碎打的状态。比如，长期以来亚洲地区的合作主要侧重在贸易自由化和投资便利化的领域。随着1998年亚洲金融危机的爆发，出现了一些受危机驱动的合作机制，比如"清迈倡议"（2000年）和"亚洲债券市场倡议"（2002年），试图推动各国加强在货币和金融议题上的合作，成为地区合作的转折点。在安全领域，亚洲地区仍然缺乏一个有效的对话平台，"地区安全合作进程正处在承前启后的关键阶段"。①从理论上看，功能主义者所期望的功能性合作外溢到其他有共同利益的领域以推动形成更大范围合作的预期，在亚洲地区并没有很好地实现。

（四）亚洲传统合作的依附化

亚洲地区的突出特点在于经济和安全领域都严重依靠域外大国。在经济方面，亚洲地区很多国家长期主要依靠美国和欧盟的出口市场，区域内的贸易很多是中间品贸易，在投资方面大量依赖美欧跨国公司的直接投资以及以欧美地区为中心的国际金融市场的间接融资。在安全方面，很多亚洲地区国家依赖与域外国家的安全合作，特别是与美国签订军事防务双边协议，美国基于双边军事同盟关系构建的辐轴体系主导了地区安全架构。这种局面导致亚洲地区推动区域合作与一体化时存在

---

① 习近平：《积极树立亚洲安全观，共创安全合作新局面》，载《习近平谈"一带一路"（2023年版）》，中央文献出版社，2023，第23页。

"区域外国家与区域内国家作用的失衡"问题,美国往往是这种区域合作的主导者,本地区的国家处于从属地位。区域内国家之间长期无法有效推动合作,因为"本地区的大国没有能够提供全面的区域公共产品","区域经济一体化不仅要求大国提供出口市场,而且还要求大国提供与此相配套的安全保障机制"。[①] 与此同时,亚洲不同区域大国之间也往往缺乏团结合作,相互信任不足甚至纷纷争夺地区合作的领导权,这也给域外大国提供了更多干预的机会。美国一直以来试图主导亚洲地区的区域合作与一体化进程,对于区域内国家倡导的某些区域合作计划肆意进行干预和阻挠。随着实力的相对衰落以及"美国优先"的政策转向,美国提供区域公共产品的能力和意愿进一步下降。

上述碎片化、市场化、功能化、依附化等四个方面的突出特征,严重阻碍了亚洲地区国家的国际合作与区域一体化。多年来一直有学者呼吁,地区合作迫切需要

---

① 李向阳,《亚洲区域经济一体化的"缺位"与"一带一路"的发展导向》,《中国社会科学》2018年第8期,第35—36页。

打破旧的政策思维，探索一种新的政策范式。①

三、"一带一路"建设始于亚洲

亚洲命运共同体的建设显然需要有一个适当而有效的路径。"一带一路"倡议是探索构建人类命运共同体的重要实践平台。习近平主席强调，"构建人类命运共同体，首先要从亚洲做起"。② "一带一路"倡议的提出，是基于东亚地区国家的发展经验，主要着眼于亚洲地区国家的发展需求，最初也是主要得到了亚洲地区国家的响应。

习近平主席在2013年分别在哈萨克斯坦和印度尼西亚提出"丝绸之路经济带"和"21世纪海上丝绸之路经济带"倡议，最初是针对亚洲地区国家发展合作的迫切需求。长期以来，有识之士一直在呼吁亚洲国家加

---

① Akmal Hussain, "A Perspective on Peace and Economic Cooperation in South Asia," in Sadiq Ahmed, Saman Kelegama and Ejaz Ghani (ed.), *Promoting Economic Cooperation in South Asia: Beyond SAFTA* (Los Angeles: Sage, 2010).

② 习近平：《构建具有战略意义的中越命运共同体开启携手迈向现代化的新篇章》，《人民日报》2023年12月12日第1版。

强基础设施投资促进区域互联互通，提高应对全球性风险挑战的能力。2006年5月，时任印度总理辛格在亚洲开发银行的年会上发表演讲，建议亚洲国家把贸易顺差用于本地区的开发建设中来。① 亚洲开发银行2009年的研究报告预测，2010—2020年亚太地区每年需要7 500亿美元的基建投资。② 2017年2月亚洲开发银行再次发布报告指出，亚洲在2030年以前每年至少需要1.5万亿美元的铁路、桥梁及其他基建投资才能保持增长势头。报告预计，当前亚洲地区目前每年在基建方面的投资为8 800亿美元左右；过去20年亚洲基础设施尽管有大幅改善，但是未能赶上经济、人口和城镇化的快速发展的需要，基础设施短缺在本地区除了中国以外都极为严重。该报告提出，为了提振经济产出、缓解贫困和应对气候变化，预计2016—2030年亚洲地区需要26万亿美元基建项目支出，其中电力、运输、通信以及供水和卫生领域分别需要14.7万亿美元、8.4万亿美元、2.3

---

① 谢来辉：《从"扭曲的全球治理"到"真正的全球治理"：全球发展治理的转变》，《国外理论动态》2015年第12期，第10页。

② ADB, *Infrastructure for a Seamless Asia*, Manila: Asian Development Bank, 2009.

万亿美元和 8 000 亿美元。① 此前就有学者在 21 世纪初就曾经指出，亚洲国家必须加强跨境互联互通以释放地区内贸易的潜力，从而保障各国经济的长期增长；因为"国家的比较优势，如果不能与地区优势，如地区内连接程度相结合，就很可能会被完全抹杀。目前，由于完整的区域性连接尚未成形，亚洲仍然处在一个重要的转折点上"。② 新加坡国立大学东亚研究所余鸿研究员认为，中国提出"一带一路"倡议的主要动力之一，就是为了"帮助亚洲国家实现基础设施现代化，改善跨境运输和其他关键基础设施"，进而推动"中国与其亚洲邻国建立强大的双边贸易和经济一体化"。③

共建"一带一路"倡议，源于东亚地区的发展经验和增长模式转型。一方面，东亚地区作为亚洲最早走

---

① ADB, *Meeting Asia's Infrastructure Needs*, February 2017, https://www.adb.org/publications/asia-infrastructure-needs.

② Prabir De, Biswa N. Bhattacharyay:《重修丝绸之路：迈向亚洲一体化》，刘小雪译，《当代亚太》2009 年第 3 期，第 39、50 页。

③ 余鸿认为，"中国对亚洲外交政策的主要目标之一是通过促进区域经济一体化和改善区域连通性来维护友好邻邦关系，以实现在该地区和其他地区的首要地位。"参见 Hong Yu, "Motivation behind China's 'One Belt, One Road' Initiatives and Establishment of the Asian Infrastructure Investment Bank", *Journal of Contemporary China*, 2017, Vol. 26, No. 105, p. 357。

向经济腾飞的地区，受益于较为良好的基础设施条件，政府在经济获得增长后也有较强的意愿去投资开发基础设施，以更好融入地区生产网络。中国和东盟国家在参与东亚生产网络以后都更加重视陆海联动，以帮助内陆地区扩大参与沿海地区的出口导向型经济。另一方面，受亚洲金融危机和美国国际金融危机的冲击，东亚国家依赖美国作为主要出口市场的增长机制面临转型需求，必然转向更加重视亚洲区域内市场的建设，加强亚洲内部的互联互通建设自然需要提上合作议程。①

共建"一带一路"倡议虽然面向全球，但是始终以欧亚大陆作为主体，合作重点在亚洲地区。从实践来看，"一带一路"建设的重点也在亚洲。其中，六大经济走廊以中国为起点，分别连接东北亚、东南亚、南亚、中亚、西亚，通过新亚欧大陆桥连接欧洲。从过去十年的实践来看，亚洲地区是共建"一带一路"的先行示范区和优先受益者。

---

① 朴光姬：《"一带一路"与东亚"西扩"——从亚洲区域经济增长机制构建的视角分析》，《当代亚太》2015年第6期。

第二节 "一带一路"推进构建亚洲命运共同体的探索

"一带一路"作为构建人类命运共同体的实践平台,也是建设亚洲命运共同体的重要实践路径。"一带一路"建设致力于突破亚洲地区合作传统路径的局限,在很多方面都是非常重要的创新,致力于实现亚洲命运共同体和人类命运共同体。

一、"一带一路"国际合作模式的创新与亚洲命运共同体

"一带一路"倡议顺应了亚洲地区的发展潮流和地区国家的期待,体现了中国在新时期关于经济全球化和全球治理问题的一系列重要新思想新理念,突出体现了命运共同体意识。习近平主席在2015年博鳌亚洲论

坛的演讲中,强调了各国迈向亚洲命运共同体必须坚持的四个原则:必须坚持各国相互尊重、平等相待;必须坚持合作共赢、共同发展;必须坚持实现共同、综合、合作、可持续的安全;必须坚持不同文明兼容并蓄、交流互鉴。① "一带一路"建设不仅能够有效地发挥促进区域合作,也能够有效贯彻上述四个原则。

"一带一路"具有诸多方面的创新,是构建亚洲命运共同体和人类命运共同体的有效路径。具体来说,共建"一带一路"在合作主体、合作机制、合作领域、合作原则、合作动力等治理结构方面都有非常重要的创新。

(一)从合作主体上看,共建"一带一路"不预设合作门槛,所有不同发展阶段的国家/组织都可以平等参与

与世界其他地区一样,亚洲地区的区域合作往往以

---

① 习近平:《迈向命运共同体,开创亚洲新未来》,载习近平《论坚持推动构建人类命运共同体》,中央文献出版社,2018,第206—210页。

地缘政治界定成员身份，形成各种封闭的小圈子。与此同时，区域经济合作也往往以各国的经济发展水平作为门槛条件。无论是跨太平洋经济伙伴关系（TPP），还是印太经济框架（IPEF），无一例外都对潜在的成员方设置了一定的门槛。正因为如此，习近平主席在2017年世界经济论坛发表演讲时强调，当前全球"贸易和投资规则未能跟上新形势，机制封闭化、规则碎片化十分突出"。在2016年11月亚太经合组织工商领导人峰会的演讲中，习近平主席曾专门指出，亚太地区"亟待解决区域经济合作碎片化等挑战。任何区域贸易安排要获得广泛支持，必须坚持开放、包容、普惠、共赢。我们应该构建平等协商、共同参与、普遍受益的区域合作框架，封闭和排他性安排不是正确选择"。[①] 中国明确反对把各国割裂开来，搞排他性、碎片化的区域合作。

与此同时，中国主张要以命运共同体意识来推动区域合作，实现开放包容合作共赢的新模式。习近平主席

---

① 习近平：《让经济全球化进程更有活力、更加包容、更可持续》，载《习近平谈"一带一路"（2023年版）》，中央文献出版社，2023，第131页。

强调，"坚持协同联动，打造开放共赢的合作模式。人类已经成为你中有我、我中有你的命运共同体，利益高度融合，彼此相互依存。每个国家都有发展权利，同时都应该在更加广阔的层面考虑自身利益，不能以损害其他国家利益为代价"。① "我们要深化命运共同体意识，让彼此越走越近，而非渐行渐远。要不断提升区域合作的深度和广度，共同搭建平台，共同制定规则，共享发展成果，绝不应该相互拆台、相互排斥。要平等参与、充分协商，要相互帮助、共同发展，全力营造健康稳定的发展环境，不让任何因素干扰亚太发展进程"。②

不设任何门槛条件的共建"一带一路"倡议，是中国践行这种新的合作理念的重要实践平台，中国欢迎所有支持这一理念的国家参与共建。习近平主席在2017年首届"一带一路"国际合作高峰论坛的主旨演讲中强调，"'一带一路'建设植根于丝绸之路的历史土壤，重点面向亚欧非大陆，同时向所有朋友开放。不论来自

---

① 习近平：《共担时代责任，共促全球发展》，载《习近平谈"一带一路"（2023年版）》，中央文献出版社，2023，第143页。

② 习近平：《让经济全球化进程更有活力、更加包容、更可持续》，载《习近平谈"一带一路"（2023年版）》，第133页。

亚洲、欧洲，还是非洲、美洲，都是'一带一路'建设国际合作的伙伴"。①"源自中国，但属于世界。是一个开放包容的合作平台，是各方共同打造的全球公共产品。它以亚欧大陆为重点，向所有志同道合的朋友开放，不排除、也不针对任何一方"。②共建"一带一路"倡议的高度开放性，是与现有的众多区域合作机制相比所独有的特征。③从理论上看，经济发展水平滞后与无力参与国际经济合作是互为因果的，"一带一路"的开放性为后发国家参与区域合作创造了条件，最终有助于打破这种恶性循环。④"一带一路"倡议倡导包容、平等、普惠，非排他，为扩大域外发达国家的参与引入了第三方市场合作的机制。正因为如此，目前已经有全球150多个国家和30多个国际组织与中国签署了共建"一带一路"倡议。

---

① 习近平：《携手推进"一带一路"建设》，载《习近平谈"一带一路"（2023年版）》，2023，第174页。
② 习近平：《开辟合作新起点 谋求发展新动力》，载《习近平谈"一带一路"（2023年版）》，第179页。
③ 朴光姬：《"一带一路"与东亚"西扩"——从亚洲区域经济增长机制构建的视角分析》，《当代亚太》2015年第6期，第56页。
④ 李向阳：《亚洲区域经济一体化的"缺位"与"一带一路"的发展导向》，《中国社会科学》2018年第8期，第37页。

（二）在合作机制方面，超越传统的"看不见的手"，基于市场经济配置资源的同时又重视发挥有为政府的作用，帮助后发国家实现和培育比较优势

经济全球化既有机遇，也有挑战。发展中国家参与经济全球化需要勇气，也需要掌握其中的规律，从而适应和引导好经济全球化。习近平主席在亚太经合组织领导人非正式会议上强调："我们要主动作为、适度管理，让经济全球化的正面效应更多释放出来，实现经济全球化进程再平衡；我们要顺应大势、结合国情，正确选择融入经济全球化的路径和节奏；我们要讲求效率、注重公平，让不同国家、不同阶层、不同人群共享经济全球化的好处"。[①] 这种思想超越了"华盛顿共识"，体现了中国和东亚地区的发展经验，体现了新发展理念。

长期以来，主导国际经济关系的基本社会科学理论就是"看不见的手"原理。这种观点认为，个体对利

[①] 习近平：《习近平谈"一带一路"（2023年版）》，中央文献出版社，2023，第141页。

益的理性追求可以实现社会总体福利的最大化，这使得市场导向成为必然选择，自由贸易最大化往往成为地区合作追求的唯一目标。从理论上看，自由贸易本身具有重要的转型力量，它意味着向市场经济的转型以及拥抱经济全球化。但是过分强调自由贸易最大化的目标，会损害制度的多样性和发展的独特性，限制各国根据自身需要去制定自身发展战略的能力。过分强调自由贸易最大化的贸易体制会有利于发达工业化国家的利益，但是会成为后发国家的枷锁。当前国际经济贸易体系的主要问题在于，发展中国家在现有的国际分工条件下参与世界经济无法获得有利的贸易条件，而既定的贸易规则又约束和限制了落后的发展中国家去改变自身的比较优势。这必然导致国家之间的发展差距越来越大。"贸易体制的发展目标不只是实现自由贸易的最大化，而是促使各种发展战略及各种经济、政治与社会形态和谐共存。为此，我们必须把大部分精力用于调和开放与多样化（包括方向和组织的多样化）之间的矛盾"。① 所以，一种合理的国际经济规则必须能够允许甚至帮助后发国家培育新的比较优势。

"一带一路"倡议突出体现既利用现有比较优势又主动营造新的比较优势的政策思维。习近平主席在2013年哈萨克斯坦纳扎尔巴耶夫大学的演讲中提道："中国和中亚国家都处于关键发展阶段，面对前所未有的机遇和挑战，我们提出了符合本国国情的中长期发展目标。我们的战略目标是一致的，那就是确保经济长期稳定发展，实现国家繁荣富强和民族振兴。我们要全面加强务实合作，将政治关系优势、地缘毗邻优势、经济互补优势转化为务实合作优势、持续增长优势，打造互利共赢的利益共同体。"② 这意味着，"一带一路"建设不仅限于利用现有的比较优势，还要创造比较优势。如果说传统的国际经济合作是各国利用原有的比较优势，那么"一带一路"还将承担起为部分沿线共建国家创新比较

---

① 罗伯托·曼格贝拉·昂格尔：《重新想象的自由贸易：劳动的世界分工与经济学方法》，高健译，北京大学出版社，2010，第151页。
② 习近平：《共同建设"丝绸之路经济带"》，载《习近平谈"一带一路"》（2023年版）》，中央文献出版社，2023，第3页。

优势的任务。① 在这种意义上,"一带一路"为共建国家提供的是"造血"功能,而非简单地对其"输血"(如对外援助)。②

这对于南南合作来说尤其重要。从理论上看,需要政府发挥积极的作用,需要基于命运共同体意识和正确义利观,各方共同积极构建援助、投资和贸易协调推动的新的利益格局。林毅夫教授认为,中国所倡导的新的发展合作模式,特别是变革性的基础设施,能够将一个国家的禀赋结构和其当前的以及潜在的比较优势联系起来,转化为在全球市场上的竞争优势。③ 他认为,"合作伙伴可以寻求建立'命运共同体'来寻找利益共同点,使得东道国和伙伴国都受益……在一个双边方式中,每个国家都有自己的国家利益,但在南南合作中,可以通过建立'命运共同体'来利用彼此的比较优势以实现

---

① 李向阳:《构建"一带一路"需要优先处理的关系》,《国际经济评论》2015年第1期。
② 李向阳:《亚洲区域经济一体化的"缺位"与"一带一路"的发展导向》,《中国社会科学》2018年第8期。
③ 林毅夫、王燕:《超越发展援助:在一个多极世界中重构发展合作新理念》,宋琛译,北京大学出版社,2016,第123页。

双赢的结果"。①"在双边的南南发展合作中,如果双方意见一致,那么贸易、援助和投资能被更好地结合……将贸易与援助和合作相结合,能够更好地发挥比较优势,双方也都将从这种商业交易中获利。"②中国针对发展中国家提出的正确义利观,对于在"一带一路"建设中构建这种新的利益格局,进而实现命运共同体具有非常关键的意义。③

(三) 在合作领域方面,以共同发展为导向,推动一种多功能、宽领域的整体性的全面合作

共建"一带一路"明确以实现共建国家的共同发展为最终目标,超越了亚洲传统的具体功能领域的区域合作机制,非常契合构建亚洲命运共同体的内在要求。

"一带一路"建设强调从多个方面综合推进互联互通,其中既强调基础设施建设的硬联通和制度的软联

---

① 林毅夫、王燕:《超越发展援助:在一个多极世界中重构发展合作新理念》,宋琛译,北京大学出版社,2016,第207—208页。
② 同上书,第208—209页。
③ 李向阳:《"一带一路"建设中的义利观》,《世界经济与政治》2017年第9期;秦亚青:《正确义利观:新时期中国外交的理念创新和实践原则》,《求是》2014年第12期。

通,又重视文明交流互鉴和心联通。亚洲是文化和文明多样性非常丰富的地区,相互尊重、平等相待,加强文化和文明交流互鉴,是开展国际合作的前提条件。共建"一带一路"的合作模式强调发展战略的有效对接,可以照顾共建国家的具体情况和舒适度"量体裁衣",有利于克服传统的局限于具体领域功能性合作的负面溢出效应,更好促进政治互信和务实合作。从理论上看,"一带一路"建设的这种合作路径,不仅有利于各国追求发展的经济合作利益,也有利于构建亚洲经济一体化所需要的政治互信和亚洲命运共同体意识。[①]

(四)在合作原则方面,基于共商共建共享原则,有助于增强共建国家的自主发展能力

在治理结构方面,共建"一带一路"强调合作不以现有的西方国家主导建立的国际规则为前提条件,而是基于相互尊重和平等相待,根据共商共建共享原则在

---

① 张天桂:《亚洲经济一体化的现实路径与推进策略——共建"一带一路"的视角》,《国际展望》2018年第6期,第123页。

实践中通过协商推动形成共识和规则。习近平主席在国际场合反复强调全球治理应该遵循这一原则，因为"国家不分大小、强弱、贫富，都是国际社会平等成员，理应平等参与决策、享受权利、履行义务。"[①] 在实践中，亚洲地区一些国家/组织并不是世界贸易组织的成员，但是也加入了共建"一带一路"倡议，其实现发展的权利和愿望能够获得充分的尊重。

"一带一路"建设高度重视尊重国家主权，强调国家自主性对于推动深入合作的重要意义，最终也将有助于增强相关国家的自主发展能力。英国牛津大学经济学家戴维·瓦因斯（David Vines）认为，亚洲为实现更深层次的经济一体化而努力，需要一个新的结构。在这种新的结构中，亚洲一体化需要一种适当的领导方式：这种领导方式能够将不同国家的行动汇集在一起，并创建一个论坛，在其中交换信息。这种论坛的目标是让各国能够自主采取行动，实现自己的利益。在这样的框架

[①] 习近平：《共担时代责任，共促全球发展》，载《习近平谈"一带一路"（2023年版）》，中央文献出版社，2023，第144页。

下，国际环境将可以支持各地区/国家内部所期望的发展。瓦因斯教授认为，"一带一路"就是这样的新结构，它代表着亚洲地区贸易自由化的最佳前进方向。[①]

（五）在合作动力方面，中国通过发挥示范效应，通过积极溢出效应，带动共同发展

中国主动提出共建"一带一路"倡议，推动中国与外部世界的关系进一步发生积极的互动。中国作为全球第二大经济体和第一大货物贸易国，通过共建"一带一路"加大自身的全方位对外开放，推动构建开放型世界经济，将产生积极的正向外溢效应，惠及共建国家。习近平主席在2017年1月参加达沃斯世界经济论坛的演讲中总结了中国参与经济全球化的经验，强调"中国的发展是世界的机遇，中国是经济全球化的受益者，更是贡献者"。他在解释中国自改革开放以来的发展道路时特别强调，"这是一条在开放中谋求共同发展的道路。

[①] 这种模式被称为"协作自主"（Collaborative Autonomy）。David Vines, "The BRI and RCEP: Ensuring Cooperation in the Liberalisation of Trade in Asia," *Economic and Political Studies* 6, no. 3 (2018): 338–348.

中国坚持对外开放基本国策，奉行互利共赢的开放战略，不断提升发展的内外联动性，在实现自身发展的同时更多惠及其他国家和人民"。[1]中国经济快速增长，为全球经济稳定和增长提供了持续强大的推动力。中国同一大批国家的联动发展，使全球经济发展更加平衡。中国减贫事业的巨大成就，使全球经济增长更加包容。中国改革开放持续推进，为开放型世界经济发展提供了重要动力。[2]

地区合作必然需要地区大国发挥领导作用，中国作为区域合作的主要贡献者，体现出中国作为一个大国的责任感。中国同时也具备推动亚洲经济一体化的合法性和能力。著名亚洲问题研究专家、印度裔美国学者阿米塔夫·阿查亚（Amitav Acharya）曾经在2014年讨论亚洲区域合作问题时精辟地指出这一点。他认为，美国和日本在推动亚洲一体化方面虽然具备足够的能力但不具备合法性，东盟具备合法性但是缺乏能力，也许只有中

---

[1] 习近平：《共担时代责任，共促全球发展》，载《习近平谈"一带一路"（2023年版）》，中央文献出版社，2023，第146页。

[2] 同上，第147页。

国和印度才同时具备合法性和能力。[1] 中国传统文化中所主张的"平天下"是强调负责任大国发挥以身作则的示范引领的作用，而非将自己的规则强加于人。中国在共建"一带一路"过程中更多是通过自身的对外开放和结构转型产生积极带动作用，绝不走霸权国家的老路，也不输出自身的发展模式。中国已经是140多个国家和地区的主要贸易伙伴，是越来越多国家的主要投资来源国。其中，中国与共建国家合作建设了一系列经贸合作区，截至2022年底，累计投资超过600亿美元。中国国际进口博览会已经连续成功举办了六届，成为全球共享的国际公共产品。[2]

---

[1] Amitav Acharya, "Foundations of Collective Action in Asia: Theory and Practice of Regional Cooperation," in Giovanni Capannelli, Masahiro Kawai (eds.), *The Political Economy of Asian Regionalism* (Berlin: Springer, 2014), pp. 19-38.

[2] 王文涛：《在高质量共建"一带一路"中推进经贸合作走深走实》，《求是》2023年第21期。

二、丝路精神和亚洲价值观与亚洲命运共同体的目标相统一

丝路精神与亚洲价值观都是源于亚洲地区的历史文化传统，并且都是在当今时代命运共同体的意识下升华提炼出来。以"和平合作、开放包容、互学互鉴、互利共赢"为内容的丝路精神与以和平、合作、包容、融合为内容的亚洲价值观，二者内容在本质上高度一致，都强调和召唤伙伴精神和命运共同体意识。

共建"一带一路"倡议源于对古代丝绸之路的借鉴。习近平主席基于对和平、发展、合作、共赢的时代潮流的认识，从中汲取智慧和力量总结提炼了丝路精神，作为指引共建国家开展合作的宝贵精神财富。习近平主席在第三届"一带一路"国际合作高峰论坛的主旨演讲中特别指出："和平合作、开放包容、互学互鉴、互利共赢的丝路精神，是共建'一带一路'最重要的力

量源泉"。① 相应地，习近平主席在2013年周边工作会议上提出了亲诚惠容理念，将其作为指导中国处理与周边国家关系的重要基本原则之一。在新的时代背景下，亲诚惠容理念被赋予了新的内涵，进一步发展成为亚洲价值观，旨在为地区团结、开放和进步提供新的助力。②

丝路精神与亚洲价值观存在内在的高度一致性，二者统一于构建亚洲命运共同体的目标。在2023年12月访问越南之际，习近平主席指出："亚洲地区的未来，掌握在亚洲人民自己手中。10年来，亚洲人民越来越深刻地认识到，只有共同践行亲诚惠容理念，弘扬和平、合作、包容、融合的亚洲价值观，才能融入人类和平、发展、进步的潮流；只有坚持合作共赢，共商共建共享'一带一路'，把开放的大门越开越大，才能促进区域经济循环畅通升级，为亚洲人民带来更多福祉；只有积极推动构建亚洲命运共同体，把本国发展寓于各国共同发展之中，才能共同建成和平安宁、繁荣美丽、友

---

① 习近平：《习近平谈"一带一路"（2023年版）》，中央文献出版社，2023，第350页。
② 《习近平主席向纪念亲诚惠容周边外交理念提出10周年国际研讨会发表书面致辞》，《人民日报》2023年10月25日，第1版。

好共生的亚洲家园。"[1] 亚洲人民正在日益形成一个共识：亚洲命运共同体的建设，应该大力弘扬亚洲价值观，积极推动共建"一带一路"作为实现路径，三者是有机统一体。

从理论上看，丝路精神与亚洲价值观的重要意义，在于对目前主导亚洲地区合作的传统思维方式的超越。曾有巴基斯坦学者指出，亚洲地区的一体化进程面临巨大的障碍，背后存在一些深层次的原因。其中一个重要的原因是西方国家历史经验形成的某些基本理论假设主导了人们对区域合作的理解，比如：一国的经济收益转化为军事力量进而对其他国家施加霸权性力量，最终可能引发战争，或者导致地区合作往往陷入零和博弈的困境。[2] 在实践中，树立合作共赢共同发展的理念，克服"贸易的猜忌"，摆脱对邻国经济增长的恐惧，从而超越这种在发展与安全之间恶性循环的思维方式，对于构

---

[1] 习近平：《构建具有战略意义的中越命运共同体开启携手迈向现代化的新篇章》，《人民日报》2023年12月12日，第1版。

[2] Akmal Hussain, "A Perspective on Peace and Economic Cooperation in South Asia," in Sadiq Ahmed, Saman Kelegama and Ejaz Ghani (ed.), *Promoting Economic Cooperation in South Asia: Beyond SAFTA* (New Delhi: Sage, 2010).

建命运共同体是至关重要的前提条件。相反，美国和亚洲地区的日本、印度等推动"印太战略"和"印太经济框架"（IPEF）等排他性、对抗性的倡议，会加剧地区合作机制的碎片化、割裂化甚至会制造对立紧张局面，从而极大破坏亚洲命运共同体的共同愿景。

倡导丝路精神和亚洲价值观，是习近平主席为解决当前世界面临的重大问题而提出的中国方案，其中蕴含着东方文明的宝贵智慧。近年来，习近平主席一直在国际场合倡导构建新型国际关系和人类命运共同体，特别是通过共建"一带一路"倡议的实践，努力建设利益共同体、责任共同体和命运共同体，从而在根本上摆脱西方现代化过程中的负面历史教训和旧思维的束缚，为构建亚洲命运共同体以及人类命运共同体走出一条新路。其中，丝路精神和亚洲价值观与相关思想理念在本质上是高度一致的。比如，习近平主席在2015年首次倡导构建亚洲命运共同体的博鳌亚洲论坛主旨演讲中强调，要"尊重各国自主选择的社会制度和发展道路，尊重彼此核心利益和重大关切，客观理性看待别国发展壮大和政策理念，努力求同存异、聚同化异"；要"摒弃零和博弈、你输我赢的旧思维，树立双赢、共赢的新理念，在追求自身利益时兼顾他方利益，在寻求自身发展时促进共同发展"。[①] 在2017年1月达沃斯世界经济论坛上，习近平主席提出了引领世界经济走出困境的四点建议，其中之一就是建议世界各国要"坚持协同联动，打造开放共赢的合作模式"，强调"每个国家都有发展权利，同时都应该在更加广阔的层面考虑自身利益，不能以损害其他国家利益为代价"。[②] 在2023年10月召开的第三届"一带一路"国际合作高峰论坛上，习近平主席再次强调共同发展理念的重要性，"经济发展快一些的国家，要拉一把暂时走在后面的伙伴。只要大家把彼此视为朋友和伙伴，相互尊重、相互支持、相互成就，赠人玫瑰，则手有余香，成就别人也是帮助自己。把别人的发展视为威胁，把经济相互依存视为风险，不

[①] 习近平：《迈向命运共同体，开创亚洲新未来》，载《论坚持推动构建人类命运共同体》，中央文献出版社，2023，第207页。

[②] 习近平：《共担时代责任，共促全球发展》，载《习近平谈"一带一路"（2023年版）》，中央文献出版社，2023，第143页。

会让自己生活得更好、发展得更快"。①弘扬以和平、合作、包容和融合为核心的亚洲价值观,牢固树立共同发展观和新的亚洲安全观,对于亚洲地区国家不断加强政治互信、减少战略互疑非常重要,这也是共建"一带一路"顺利推进的前提条件。

中国不仅是丝路精神和亚洲价值观的积极倡导者,而且通过共建"一带一路"倡议成为积极的践行者,体现出在认知与行动上的高度统一。习近平主席在参加达沃斯世界经济论坛时明确表示,"中国人民深知实现国家繁荣富强的艰辛,对各国人民取得的发展成就都点赞,都为他们祝福,都希望他们的日子越过越好,不会犯'红眼病',不会抱怨他人从中国发展中得到了巨大机遇和丰厚回报。中国人民张开双臂欢迎各国人民搭乘中国发展的'快车''便车'"。②过去十年来,共建"一带一路"取得了举世瞩目的重大成就,是体现中国在新

---

① 习近平:《建设开放包容、互联互通、共同发展的世界》,载《习近平谈"一带一路"(2023年版)》,中央文献出版社,2023,第350页。
② 习近平:《共担时代责任,共促全球发展》,载《习近平谈"一带一路"(2023年版)》,中央文献出版社,2023年,第147页。

时期以开放包容为导向，统筹与共建国家的共同利益和具有差异性的利益关切，积极寻找更多利益交汇点的生动实践。①

第三节 "一带一路"与亚洲命运共同体构建的愿景

"一带一路"作为互利共赢的新模式和国际合作新平台，对于推动亚洲区域合作与经济一体化作出了积极的贡献，未来仍有很大的潜力有待发挥。从过去十年的实践来看，"一带一路"建设已经在亚洲区域合作和一体化方面发挥了非常积极的作用。亚洲开发银行的研究认为，从过去的历史经验来看，亚洲区域合作与一体化有五个方面的动因。一是能够促进和平与稳定，创造有利于各国深化经济合作和相互依存的、相互信任的环

---

① 王文涛：《在高质量共建"一带一路"中推进经贸合作走深走实》，《求是》2023年第21期；国务院新闻办公室：《共建"一带一路"：构建人类命运共同体的重大实践》，《人民日报》2023年10月11日，第10—11版。

境；二是增加跨境经济发展机会，有利于缩小国家间的发展差距，促进地区国家参与区域和全球价值链；三是为区域公共产品提供创造条件，在区域范围内共同应对跨境风险；四是提供一个增强亚洲发言权的平台，为全球议程的制定和实施作出贡献；五是可以提供吸引区域外国家的平台，促进更大范围的区域对话与合作。[1] 如果我们对比和回顾"一带一路"建设在过去十年的实践，就会发现"一带一路"建设之所以取得重大成就的经验之一，就在于高质量共建"一带一路""始终坚持以构建人类命运共同体为最高目标，积极推动构建双边、区域和相关领域命运共同体，有力促进世界和平安宁和共同发展。"[2]

高质量共建"一带一路"将是推动构建亚洲命运共同体的有效路径。构建亚洲命运共同体，必须在区域经济一体化的基础上进一步打造安全共同体和社会共同

---

[1] 亚洲开发银行：《亚洲繁荣之路：50年政策、市场和科技发展的回顾》，经济科学出版社，2021，第408—410页。

[2] 推进"一带一路"建设工作领导小组办公室：《坚定不移推进共建"一带一路"高质量发展走深走实的愿景与行动——共建"一带一路"未来十年发展展望》，2023年11月24日，新华网，http://www.xinhuanet.com/silkroad/2023-11/24/c_1129991247.htm。

体。中国政府提出未来要推进高质量共建"一带一路"走深走实，需要更加明确相关的目标和行动。习近平主席在第三届"一带一路"国际合作高峰论坛开幕式的主旨演讲中提出了支持高质量共建"一带一路"的八项行动，明确表示期待同广大发展中国家在内的各国一道，共同实现现代化，愿同各方一道深化"一带一路"合作伙伴关系，推动共建"一带一路"进入高质量发展的新阶段。[1] 在规划共建"一带一路"未来十年的文件中，中国政府明确发展目标是："为实现和平发展、互利合作、共同繁荣的世界现代化作出更大贡献，共同构建政治互信、经济融合、文化包容的利益共同体、责任共同体和命运共同体。"[2] 为了实现相关目标，中国政府提出了"五个统筹"的新理念，其中包括"统筹规模和效益"，强调要将"小而美"项目作为合作优先事项，注重项目的经济、社会和环境效益；包括"统筹发

---

[1] 习近平：《建设开发包容、互联互通、共同发展的世界》，载《习近平谈"一带一路"（2023年版）》，中央文献出版社，2023，第351页。
[2] 推进"一带一路"建设工作领导小组办公室：《坚定不移推进共建"一带一路"高质量发展走深走实的愿景与行动——共建"一带一路"未来十年发展展望》，2023年11月24日，新华网，http://www.xinhuanet.com/silkroad/2023-11/24/c_1129991247.htm。

展和安全",强调要秉持共同、综合、合作、可持续的安全观,强化安全共同体意识。其中也明确要"不断丰富完善构建人类命运共同体的内涵体系,通过发布构建双边命运共同体的行动计划、联合声明等多种形式,积极与友好伙伴构建命运共同体,推动实现更多实践成果,更好促进民生福祉"。[①] 可以预测,"一带一路"高质量发展未来将在践行以人民为中心的发展思想,促进地区和平发展稳定,提供区域公共产品等方面发挥更大作用。展望未来,高质量共建"一带一路"坚持共商共建共享原则,以高标准、惠民生、可持续为目标,积极开展绿色、数字、创新、健康等新领域的合作,将为构建亚洲命运共同体提供更加强劲的动力支持。

加强与亚洲现行治理体系的对接,将是高质量共建"一带一路"的重要内容。习近平主席在相关国际场合先后提出了构建双边、区域命运共同体的具体目标,相

[①] 推进"一带一路"建设工作领导小组办公室:《坚定不移推进共建"一带一路"高质量发展走深走实的愿景与行动——共建"一带一路"未来十年发展展望》,2023年11月24日,新华网,http://www.xinhuanet.com/silkroad/2023-11/24/c_1129991247.htm。

互之间并行不悖，都统一于人类命运共同体的总体目标之下。① 习近平主席已经明确提出"一带一路"建设要加强与亚洲现有的区域合作机制对接，"要把'一带一路'建设国际合作同落实联合国 2030 年可持续发展议程、20 国集团领导人杭州峰会成果结合起来，同亚太经合组织、东盟、非盟、欧亚经济联盟、欧盟、拉共体区域发展规划对接起来，同有关国家提出的发展规划协调起来，产生'一加一大于二'的效果。"② 近年来，习近平主席在参加亚太经合组织领导人会议、上海合作组织成员国元首理事会、中国—东盟博览会、中国—中亚峰会、欧亚经济联盟欧亚经济论坛等国际组织的相关活动上，积极推动"一带一路"建设与相关区域合作机制的对接。有学者认为，通过推动"一带一路"倡议，中国政府"对现有的各种区域合作机制进行了重新定位和整合，以促进区域经济一体化，并通过改善区域

---

① 中央文献出版社在 2019 年出版的习近平总书记的专题文集《论坚持推动构建人类命运共同体》一书，收集了党的十八大以来习近平总书记论述人类命运共同体的 85 篇文章，其中有 20 多篇是与亚洲命运共同体相关的双边、区域命运共同体。参见冯俊《致力于迈向亚洲命运共同体》，《社会科学报》2019 年第 1653 期，第 3 版。

② 习近平：《习近平谈"一带一路"（2023 年版）》，中央文献出版社，2023，第 181 页。

间的连通性来推进其国家利益。这些合作机制包括上海合作组织（SCO）、东盟与中国（10+1）、中国—东盟（东南亚国家联盟）博览会、亚太经济合作组织（APEC）和大湄公河次区域经济合作（GMS）。通过在这些合作机制中发挥积极作用，中国寻求获得各国对推动共建'一带一路'倡议的支持"。[1]

推动"一带一路"建设与亚洲相关区域合作机制的对接，是构建亚洲命运共同体的内在要求。首先，这有利于克服亚洲地区现有机制的碎片化、市场化、功能化和依附化等缺陷，对于推动实现亚洲经济一体化和构建亚洲命运共同体有非常重要的意义。从理论上看，"一带一路"建设与亚洲现有的区域经济一体化机制可以做到并行不悖，相互促进，发挥各自优势，共同造福于本地区人民和世界各国人民。[2] "一带一路"的发展导向决定了它需要同现有的区域经济一体化机制进行对接，也可以实现有效的对接。"一带一路"建设涉及的

---

[1] Hong Yu, "Motivation behind China's 'One Belt, One Road' Initiatives and Establishment of the Asian Infrastructure Investment Bank", *Journal of Contemporary China*, Vol. 26, No. 105 (2017), p. 356.
[2] 李向阳：《亚洲区域经济一体化的"缺位"与"一带一路"的发展导向》，《中国社会科学》2018年第8期，第40页。

成员范围非常广阔，可以在亚洲地区现有的机制之间建立广泛的联系，更好发挥现有机制的运行效果。比如，上海合作组织签署的《上海合作组织成员国政府间国际道路运输便利化协定》，将推动建设亚洲地区成员国的交通运输走廊，为推动共建"一带一路"提供良好基础。当然，这种对接不会自然发生，而是需要积极探索对接的目标和方式。[①] 但是，只有坚持构建亚洲命运共同体的目标，才能为加快这种对接提出具体的要求和提供根本的动力。

其次，与亚洲现有合作机制的对接也有利于改善"一带一路"的治理结构，对于实现高质量共建"一带一路"的目标也有重要推动作用。比如英国经济学家戴维·瓦因斯认为，《区域合作经济伙伴关系协定》可以帮助"一带一路"建设实现向"多边化和机制化"的方向转变。《区域全面经济伙伴关系协定》框架可以在制度结构中提供多边管理，这种多边管理可能有助于为"一带一路"建设提供合法性。"一带一路"建设与

[①] 李向阳：《"一带一路"的经济学分析》，中国社会科学出版社，2020，第158页。

《区域全面经济伙伴关系协定》的对接可能会为共建国家提供外向型贸易自由化的可能性,有利于促进开放的区域主义,可为"一带一路"建设增加影响力与合法性。《区域全面经济伙伴关系协定》制定的投资议程,也可能为管理"一带一路"建设中的国际投资提供一个可贵框架。[①]

总之,"一带一路"建设与亚洲地区现有的合作机制进行有效对接,不仅有利于实现共建"一带一路"高质量发展的目标,也有利于推动现有合作机制的融合和衔接,从而更好发挥作用,共同服务于构建亚洲命运共同体的目标。

[①] 另外,瓦因斯认为,"一带一路"倡议关注通过世界贸易组织(WTO)加强全球贸易合作的必要性,未来也可能为世界贸易组织的改革提供一个平台。David Vines, "The BRI and RCEP: Ensuring Cooperation in the Liberalisation of Trade in Asia," *Economic and Political Studies* 6, No. 3 (2018): 338-348.

参考文献

专著

中共中央党史和文献研究院：《习近平关于中国特色大国外交论述摘编》，中央文献出版社，2020。

中共中央宣传部、中华人民共和国外交部：《习近平外交思想学习纲要》，人民出版社、学习出版社，2021。

中共中央宣传部、中华人民共和国外交部：《习近平外交思想学习问答》，人民出版社、学习出版社，2024。

《习近平著作选读》第一卷、第二卷，人民出版社，2023。

习近平：《习近平谈"一带一路"（2023年版）》，中央文献出版社，2023。

习近平：《论坚持推动构建人类命运共同体》，中央文献出版社，2018。

习近平:《高举中国特色社会主义伟大旗帜为全面建设社会主义现代化国家而团结奋斗》,人民出版社,2022。

习近平:《携手同行现代化之路——在中国共产党与世界政党高层对话会上的主旨讲话》,人民出版社,2023。

习近平:《习近平谈治国理政》第一卷,外文出版社,2014。

习近平:《习近平谈治国理政》第二卷,外文出版社,2017。

习近平:《习近平谈治国理政》第三卷,外文出版社,2020。

习近平:《习近平谈治国理政》第四卷,外文出版社,2022。

中共中央宣传部、中华人民共和国外交部:《习近平外交思想学习纲要》,人民出版社、学习出版社,2021。

中共中央党史和文献研究院编《习近平关于总体国家安全观论述摘编》,中央文献出版社,2018。

习近平外交思想研究中心:《推动构建人类命运共同体》,五洲传播出版社,2024。

李向阳主编《未来5—10年中国周边环境评估》，社科文献出版社，2017。

袁堂军主编《亚洲的挑战：迈向命运共同体》，复旦大学出版社，2018。

王帆、凌胜利：《人类命运共同体——全球治理的中国方案》，湖南人民出版社，2017。

杨洪源等：《人类文明新形态研究丛书：构建命运共同体的人类文明》，社科文献出版社，2022。

张小明：《中国周边安全环境分析》，中国国际广播出版社，2003。

唐世平：《塑造中国的理想安全环境》，中国社会科学出版社，2003。

中国国际发展知识中心：《全球发展报告2023》，中国发展出版社，2023。

马振铎等：《儒家文明》，中国社会科学出版社，1999。

陈玉龙等：《汉文化论纲》，北京大学出版社，1993。

刘建等：《印度文明》，中国社会科学出版社，2004。

刘卫东：《"一带一路"建设案例研究》，商务印书馆，2021。

李向阳：《"一带一路"的经济学分析》，中国社会科学出版社，2019。

巴瑞·布赞等：《新安全论》，朱宁译，浙江人民出版社，2003。

麦迪森：《世界经济千年统计》，伍晓鹰、施发启译，北京大学出版社，2009。

安东尼·瑞德：《东南亚的贸易时代：1450—1680》第二卷，孙来臣等译，商务印书馆，2013。

徐中约：《中国进入国际大家庭：1858—1880年间的外交》，屈文生译，商务印书馆，2018。

佩雷菲特：《停滞的帝国：两个世界的撞击》，王国卿等译，三联书店，1995。

李光耀：《经济腾飞路：李光耀回忆录（1965—2000）》，外文出版社，2001。

罗伯特·阿克塞尔罗德：《合作的进化（修订本）》，吴坚中译，上海人民出版社，2017。

马凯硕：《亚洲人会思考吗?》，韦民译，海南出版社，2005。

约翰·鲁杰：《多边主义》，浙江人民出版社，2003。

迈克尔·祖恩：《全球治理理论：权威、合法性与论争》，董亮译，社会科学文献出版社，2024。

查尔斯·威尔伯编《发达与不发达问题的政治经济学》，商务印书馆，2015。

阿米塔·阿查亚：《建构安全共同体：东盟与地区秩序》，王正毅等译，上海人民出版社，2004。

王轶编《世界眼中的全球发展倡议》，中国人民大学重阳金融研究院译，外文出版社，2023。

亨利·基辛格：《世界秩序》，胡利平等译，中信出版社，2015。

雷奈·格鲁塞：《东方的文明》上下册，常任侠、袁音译，中华书局，2003。

David Shambaugh, *Where Great Powers Meet: America and China in Southeast Asia*, Oxford University Press, 2020.

ADB: Meeting Asia's Infrastructure Needs, Manila, Philippines, 2017.

论文

习近平：《加强文化遗产保护传承弘扬中华优秀传统文化》，《求是》2024年第8期。

张蕴岭：《中国的周边区域观回归与新秩序构建》，《世界经济与政治》2015年第1期。

吴心伯：《论亚太大变局》，《世界经济与政治》2017年第6期。

李向阳：《中国特色经济外交的理念、组织机制与实施机制——兼论"一带一路"的经济外交属性》，《世界经济与政治》2021年第3期。

邢广程：《习近平外交思想与周边命运共同体建设》，《当代世界》2021年第8期。

苏长和：《和平共处五项原则与中国国际法理论体系的思索》，《世界经济与政治》2014年第6期。

张洁：《全球发展倡议和全球安全倡议的地区实践与历史经验——关于中国—东盟推动区域合作与治理南海问题的考察》，《亚太安全与海洋研究》2023年第

4期。

牛可：《冷战与美国的大战略、国家安全理念和国家构建》，《国际政治研究》2021年第1期。

周方银：《大国周边战略比较：苏联、美国与中国周边战略的比较分析》，《拉丁美洲研究》2023年第1期。

李志斐：《总体国家安全观与全球安全治理的中国方向》，《中共中央党校〈国家行政学院〉学报》2022年第1期。

杜维明：《家庭、国家与世界：全球伦理的现代儒学探索》，张友云译，《国外社会科学》1999年第5期。

袁明：《从亚洲价值观谈起》，《世界知识》2000年第20期。

王毅：《思考二十一世纪的新亚洲主义》，《外交评论》2006年第3期。

彼得·卡赞斯坦：《美国帝国体系中的中国与日本》，白云真译，《世界经济与政治》2006年第7期。

刘振民：《为构建亚洲命运共同体营造和平稳定的

地区环境》，《国际问题研究》2015 年第 1 期。

赵汀阳：《天下理论的先验逻辑：存在论、伦理学和知识论的三维一体》，《中央民族大学学报》2024 年第 3 期。

王汉新、朱艳新：《全球发展倡议与新型全球经济治理》，《上海经济研究》2024 年第 1 期。

王嘉珮、徐步：《全球发展倡议：时代特点与实践路径》，《现代国际关系》2023 年第 7 期。

侯冠华：《习近平全球发展倡议的多维论析》，《理论探索》2023 年第 2 期。

王栋、李宗芳：《国际社会对全球发展倡议的认知述评》，《国外理论动态》2023 年第 5 期。

毛瑞鹏：《全球发展倡议及其对全球治理体系变革的意义》，《国际展望》2022 年第 6 期。

廖炼忠：《全球发展倡议与人类命运共同体构建》，《世界民族》2023 年第 1 期。

曹德军：《全球发展倡议下的全球治理路径与中国方案》，《国际论坛》2024 年第 1 期。

乔茂林：《构建人类命运共同体：一种新型现代发展理论》，《哲学研究》2022年第9期。

曹德军：《全球发展倡议下的全球治理路径与中国方案》，《国际论坛》2024年第1期。

赵洋：《全球治理转型与中国对全球治理的观念公共产品供给》，《东北亚论坛》2024年第3期。

王明国：《全球发展倡议的国际制度基础》，《太平洋学报》2022年第9期。

赵汀阳：《以天下重新定义政治概念：问题、条件和方法》，《世界经济与政治》2015年第6期，第4—22页。

廖凡：《多边主义与国际法治》，《中国社会科学》2023年第8期，第60—79页。

廖凡：《全球治理背景下人类命运共同体的阐释与构建》，《中国法学》2018年第5期，第41—60页。

秦亚青：《多边主义研究：理论与方法》，《世界经济与政治》2001年第10期，第9—13页。

陈伟光、王燕：《共建"一带一路"：基于关系治理与规则治理的分析框架》，《世界经济与政治》2016年第6期，第93—112页。

张中元：《人类命运共同体理念对双边外交关系的影响》，《世界经济与政治》2021年第12期，第24—53页。

李向阳：《"一带一路"：区域主义还是多边主义?》，《世界经济与政治》2018年第3期，第34—46页。

李向阳：《亚洲区域经济一体化的"缺位"与"一带一路"的发展导向》，《中国社会科学》2018年第8期，第33—43页。

李向阳：《"一带一路"建设中的义利观》，《世界经济与政治》2017年第9期，第4—14页。

福田康夫：《构建"人类命运共同体"与亚洲的合作发展》，《东北亚学刊》2019年第4期，第3—10页。

何星亮：《文明交流互鉴与人类命运共同体建设》，《人民论坛》2019年第21期。

惠春琳：《文明交流互鉴的理论逻辑与实践启示》，《山东大学学报（哲学社会科学版）》2022年第2期。

胡守勇:《习近平新时代文明交流互鉴思想的三维解读》,《中共福建省委党校学报》2018年第6期。

刘建飞:《构建人类命运共同体中的文明交流互鉴》,《当代世界与社会主义》2021年第3期。

刘同舫:《人类命运共同体的文化构建与文明新能量的增添》,《武汉大学学报(哲学社会科学版)》2024年第2期。

吴志成、李佳轩:《新时代文明交流互鉴观析论》,《世界经济与政治》2022年第6期。

张蕴岭:《构建中国与周边国家之间的新型关系》,《当代亚太》2007年第11期。

刘宗义:《亚洲命运共同体的内涵和构建思路》,《国际问题研究》2015年第4期。

吴白乙:《对中国外交重心与周边秩序构建的几点思考》,《当代亚太》2009年第1期。

刘振民:《坚持合作共赢携手打造亚洲命运共同体》,《国际问题研究》2014年第2期。

王帆:《美国对华战略:战略临界点与限制性竞

争》,《当代世界与社会主义》2020年第1期。

吕存凯:《近代中国世界秩序观的转变》,《中央社会主义学院学报》2020年第3期。

王帆:《命运共同体的理论意义与实践推动》,《当代世界》2016年第6期。

唐世平:《国际秩序变迁与中国的选项》,《中国社会科学》2019年第3期。

李慧明:《人类命运共同体与国际秩序转型》,《世界经济与政治》2021第8期。

阎学通:《无序体系中的国际秩序》,《国际政治科学》2016年第1期。

Amitav Acharya, "Asia Is Not One," *Journal of Asian Studies* 69, no. 4 (2010): 1001-1013.

So Young Kim, "Do Asian Values Exist? Empirical Tests of the Four Dimensions of Asian Values," *Journal of East Asian Studies* 10, no. 2 (May-August, 2010): 315-344.

Pasha L. Hsieh, "Against Populist Isolationism: New Asian Regionalism and Global South Powers in International

Economic Law," *Cornell International Law Journal* 51, no. 3 (2018): 683–729.

Tyler Harlan and Juliet Lu, "The cooperation-infrastructure nexus: Translating the 'China Model' into Laos," *Singapore Journal of Tropical Geography* 45, no. 2 (2024): 204–224.

Ian Johnstone and Joshua Lincoln, "Global Governance in an Era of Pluralism," *Global Policy* 13, no. 4 (2022): 563–570.

Angel Saz-Carranza, Enrique Rueda-Sabater, Marie Vandendriessche, Carlota Moreno and JacintJordana, "The Future (s) of Global Governance: A Scenarios Exercise," *Global Policy* 15, no. 1 (2024): 149–165.

Behrooz Morvaridi and Caroline Hughes, "South-South Cooperation and Neoliberal Hegemony in a Post-aid World," *Development and Change* 49, no. 3 (2018): 867–892.

Marco Liverani, Kayla Song and James W. Rudge, "Mapping Emerging Trends and South-South Cooperation in

Regional Knowledge Networks: A Bibliometric Analysis of Avian Influenza Research in Southeast Asia," *Journal of International Development* 35, no. 7 (2023): 1667-1683.

Alastair Iain Johnston, "China in a World of Orders: Rethinking Compliance and Challenge in Beijing's International Relations," *International Security* 44, no. 2 (Fall 2019).

William Nordhaus, John R. Oneal and Bruce Russett, "The Effects of the International Security Environment on National Military Expenditures: A Multi country Study," *International Organization* 66, no. 3 (Summer 2012).

Taylor Fravel, "China's Strategy in the South China Sea," *Contemporary Southeast Asia* 33, no. 3.

Maxym Alexandrov, "The Concept of State Identity in International Relations: a Theoretical Analysis," *Journal of International Development and Cooperation* 10, no. 1 (2003).

Christopher Layne, "The Waning of U.S. Hegemony-Myth or Reality? A Review Essay," *International Security*

34, no. 1 (2009).

Victor Cha, "Allied Decoupling in an Era of US-China Strategic Competition," *The Chinese Journal of International Politics* 13, no. 4 (2020).

David A. Lake, Lisa L. Martin, and Thomas Risse, "Challenges to the Liberal Order: Reflections on International Organization," *International Organization* 75 (Spring 2021): 225-257.

Loh, Dylan MH., "The 'Chinese Dream' and the 'Belt and Road Initiative': Narratives, Practices, and Sub-state Actors," *International Relations of the Asia-Pacific* 21, no. 2 (2021): 167-199.

Maurice Obstfeld, "Economic Multilateralism 80 Years after Bretton Woods," *PIIE Working Paper*, No. 24-9.

Stephen, Matthew D., "China's new multilateral institutions: A framework and research agenda," *International Studies Review* 23, no. 3 (2021): 807-834.

Allinson, Robert Elliott, "The Possibility of a Global

Civilization," *Comparative Civilizations Review* (2023): 8.

Homeira Moshirzadeh, "The Idea of Dialogue of Civilizations and Core-Periphery Dialogue in International Relations," *All Azimuth: A Journal of Foreign Policy and Peace* (2020): 211-228.

L Jianchao, "Work Actively to Implement the Global Civilization Initiative and Jointly Advance Human Civilizations," *China Daily* (2023): 1.

Sterling. D. P., "A New Era in Cultural Diplomacy: Promoting the Image of China's 'Belt and Road' Initiative in Asia," *Scientific Research* (2018): 102-116.

Winter, Tim, "Civilisations in Dialogue? UNESCO and the Politics of Building East and West Relations," *International Journal of Cultural Policy* 28, no. 3 (2022): 259-273.

重要网站

中央政府网：https://www.gov.cn

外交部网：https://www.fmprc.gov.cn

商务部网：https://www.mofcom.gov.cn/index.html

一带一路网：https://www.yidaiyilu.gov.cn

新华网：https://www.xinhua.net.cn

人民网：https://www.people.com

后 记

本书是中国社会科学院亚太与全球战略研究院（以下简称"全球院"）的一项集体研究成果。作为对习近平外交思想进行学理化阐释的探索，我们选择从人类命运共同体理念出发聚焦亚洲命运共同体的内涵、实践平台与建设路径。这是与全球院的研究领域相吻合的。全球院的研究涵盖两个领域，一是中国周边问题研究，二是"一带一路"研究。周边是中国外交的核心领域，多年来也是中国国际关系学界关注的重点，甚至有构建中国周边学的提法。无论是研究中国周边的现实问题还是构建中国周边学都需要一个坚实的理论基础。亚洲命运共同体理念在这方面发挥着不可或缺的作用。

在习近平外交思想中，除了亚洲命运共同体还有两个与此相关的概念：周边命运共同体、亚太命运共同体。在我们看来，一方面，这三个概念的内涵具有一致性。他们都源于人类命运共同体，换言之，他们是人类命运共同体理念在本地区的实践与理论映射。另一方面，他们的外延又存在差异，分别对应亚太地区、中国周边地区和亚洲地区。基于开展学理化阐释的便利性，我们选择了亚洲命运共同体作为研究对象。这样做并不意味着亚洲命运共同体理念可以完全替代亚太命运共同体与周边命运共同体。因而，在研究过程中，我们试图把亚太命运共同体中的美国因素视为一种外生变量，把周边命运共同体中的亲诚惠容理念融入亚洲命运共同体之中。

构建人类命运共同体是习近平外交思想的核心理念，为此我们始终坚持把它作为研究亚洲命运共同体的理论指南和参照系。我们认为，理论上亚洲命运共同体是融入"亚洲元素"的人类命运共同体，是人类命运共同体在亚洲地区的映射，同时也是在本地区的实践。人类命运共同体理念的过程性决定了其实践性，进而亚洲命运共同体理念也能够指导中国的周边战略。这为系统研究如何塑造良好的周边环境、构建新时期中国周边战略奠定了坚实的理论基础。

开展对亚洲命运共同体、人类命运共同体及习近平外交思想的学理化阐释需要多学科的参与。全球院的学科设置与人员构成提供了必要条件。本书作者的研究涵盖了政治、经济、外交、文化等领域。这种跨学科的研究是本项目能够得以顺利完成的必要条件之一。过去十年，全球院围绕"一带一路"所做的研究也充分证明了这一点。

我们也意识到，跨学科研究固然重要，但客观上也增加了研究的难度。不同学科都有其特定的研究方法，甚至对同一概念的界定都存在差异。为此，我们举行了多次研讨会，以求各章的研究方法、核心概念统一，内容符合全书的理论框架。在这方面，世界知识出版社编辑刘豫徽女士给予了我们很多专业、中肯的意见和建议。需要特别指出的是，外交部政策规划司的冯家亮参赞应邀专门参加我们组织的研讨会，从政治方向、研究思路提供了有价值的指导。此外，作为全球院科研处的负责人，李志斐研究员为本项目的组织实施付出了辛勤的努力。在此，对他们所作的贡献一并表示感谢。

对我们而言，开展习近平外交思想学理化阐释是一项长期任务，对亚洲命运共同体进行理论研究还处于起步阶段。作为一项探索性的研究成果，本书无疑还有许多不成熟之处，有待学界同仁批评指正。

李向阳
2024 年 10 月 24 日
于中国社会科学院亚太与全球战略研究院